INTEGRADO

LÍNGUA PORTUGUESA · MATEMÁTICA
HISTÓRIA · GEOGRAFIA · CIÊNCIAS
ARTE · LÍNGUA INGLESA

CÉLIA PASSOS

Cursou Pedagogia na Faculdade de Ciências Humanas de Olinda, PE, com licenciaturas em Educação Especial e Orientação Educacional. Professora do Ensino Fundamental e Médio (Magistério), coordenadora escolar e autora de materiais didáticos.

ZENEIDE SILVA

Cursou Pedagogia na Universidade Católica de Pernambuco, com licenciatura em Supervisão Escolar. Pós-graduada em Literatura Infantil. Mestra em Formação de Educador pela Universidade Isla, Vila de Nova Gaia, Portugal. Formação em *coaching*. Professora do Ensino Fundamental, supervisora escolar e autora de materiais didáticos e paradidáticos.

4ª edição
São Paulo
2022

2º ANO
ENSINO FUNDAMENTAL

Coleção Eu Gosto Mais
Integrado 2º ano
© IBEP, 2022

Diretor superintendente	Jorge Yunes
Diretora editorial	Célia de Assis
Coordenadora editorial	VIviane Mendes
Editores	Mizue Jyo, Marília Pugliese Branco, Deborah Quintal, Adriane Gozzo, Soraia Willnauer
Assistentes editoriais	Isabella Mouzinho, Stephanie Paparella, Daniela Venerando, Patrícia Ruiz
Revisores	Denise Santos, Yara Afonso, Pamela P. Cabral da Silva, Marcio Medrado
Secretaria editorial e processos	Elza Mizue Hata Fujihara
Departamento de arte	Aline Benitez, Gisele Gonçalves
Assistentes de iconografia	Victoria Lopes, Irene Araújo, Ana Cristina Melchert
Ilustração	João Anselmo e Izomar, José Luís Juhas, Dawidson França, Mw Ed. Ilustrações, Lu Kobayashi, J. C. Silva/ M10, Anderson de Oliveira Santos, Fábio/Imaginário Studio, Eunice/Conexão, Imaginário Studio e Ulhôa Cintra
Produção Gráfica	Marcelo Ribeiro
Projeto gráfico e capa	Departamento de Arte - Ibep
Diagramação	Dilex Editoração, Dinâmica Produção Editorial, Formata Produções Editoriais, Nany Produções Gráficas, NPublic

Dados Internacionais de Catalogação na Publicação (CIP) de acordo com ISBD

P289e   Passos, Célia

       Eu gosto m@is: Integrado / Célia Passos, Zeneide Silva. - 4. ed. - São Paulo : IBEP - Instituto Brasileiro de Edições Pedagógicas, 2022.
       480 p. ; 20,5cm x 27,5cm. – (Eu gosto m@is ; v.2)

       ISBN: 978-65-5696-252-8 (aluno)
       ISBN: 978-65-5696-253-5 (professor)

       1. Educação infantil. 2. Livro didático. I. Silva, Zeneide. II. Título. III. Série.

2022-3012   CDD 372.2
                                          CDU 372.4

Elaborado por Vagner Rodolfo da Silva - CRB-8/9410

Índice para catálogo sistemático:
1. Educação infantil : Livro didático 372.2
2. Educação infantil : Livro didático 372.4

4ª edição – São Paulo – 2022
Todos os direitos reservados

Rua Gomes de Carvalho, 1306, 11º andar, Vila Olímpia
São Paulo – SP – 04547-005 – Brasil – Tel.: (11) 2799-7799
www.grupoibep.com.br/ – editoras@ibep-nacional.com.br
Impresso na Leograf Gráfica e Editora - Abril/2025

APRESENTAÇÃO

Querido aluno, querida aluna,

Ao elaborar esta coleção, pensamos muito em vocês. Queremos que esta obra possa acompanhá-los em seu processo de aprendizagem pelo conteúdo atualizado e estimulante que apresenta e pelas propostas de atividades interessantes e bem ilustradas.

Nosso objetivo é que as lições e as atividades possam fazer vocês ampliarem seus conhecimentos e suas habilidades nessa fase de desenvolvimento da vida escolar.

Por meio do conhecimento, podemos contribuir para a construção de uma sociedade mais justa e fraterna: esse é também nosso objetivo ao elaborar esta coleção.

Um grande abraço,

As autoras

SUMÁRIO

	PÁGINA
LÍNGUA PORTUGUESA	5
MATEMÁTICA	115
HISTÓRIA	231
GEOGRAFIA	281
CIÊNCIAS	354
ARTE	409
LÍNGUA INGLESA	447
ALMANAQUE	479
ADESIVOS	505

LÍNGUA PORTUGUESA

2º ANO
ENSINO FUNDAMENTAL

SUMÁRIO

Lição 1 – Bê-a-bá 8
Alfabeto 10

Lição 2 – Balaio de gatos 13
Vogais e consoantes 16

Lição 3 – Banguela! 18
Letras **D** e **T** 21

Lição 4 – Carol vai ao dentista 24
Ordem alfabética 26
Letras **B** e **P** 27

Lição 5 – De Renata para Marina 29
Letras cursivas 32

Lição 6 – Carta para a vovó Joana 33
Sílabas 35
Letras **F** e **V** 37
Acento agudo e acento circunflexo 39

Lição 7 – Frutas no palito 41
Letras **M** e **N** 45
Til (~) 46

Lição 8 – Aniversário 49
Frase 51
Letras maiúsculas e minúsculas 51
Sinais de pontuação 52

Lição 9 – Um pulo na floresta 55
Letras **R** e **RR** 58

Lição 10 – Perna de pau dos Xavante 61
Letras **C** e **Q** 64

Lição 11 – O diário da Julieta 66
Singular e plural 68
S e **Z** em final de palavra 71

Lição 12 – Rosa flor e rosa cor 73
Masculino e feminino 74
Letras **S** e **SS** 78

Lição 13 – Poluição dos oceanos 80
Sinônimos 84
Antônimos 87

Lição 14 – O menino que vendia palavras 89
Dicionário 91
H inicial, **LH**, **CH**, **NH** 93
Palavras com **IM-** e **IN-** 95
Palavras com **ÃO** e **INHO** 95

Lição 15 – Por que o morcego só voa de noite 98
Parágrafo 101
Consoante seguida de **R** 102

Lição 16 – O jabuti de asas 106
Consoante seguida de **L** 109

Ampliando o vocabulário 113

LIÇÃO 1
BÊ-A-BÁ

VAMOS COMEÇAR!

 Acompanhe a leitura da canção que o professor vai fazer.

Bê-a-bá

[...]
Com **A** escrevo **a**mor,
Com **B b**ola de cor,
Com **C** eu tenho **c**orpo, **c**ara e **c**oração.
Com **D** ao meu **d**ispor, escrevo **d**ado e **d**or,
Com **E** eu sinto **e**moção!
Com **F** falo **f**lor,
Com **G** eu **g**rito **g**ol
E com **H** de **h**aver eu posso **h**armonizar.
Com **I** desejo **i**r,
Com **J** volto **j**á,
Com **L** eu tenho **l**uar.
Com **M** digo **m**ão, **m**amãe, **m**anjericão,
Com **N** digo **n**ão e o verbo **n**ascer.
Com **O** eu posso **o**lhar,
Com **P p**aparicar,
Com **Q** eu **q**uero **q**uerer.
Com **R** faço **r**ir,
Com **S s**apoti,
Com **T t**amanduá,
Com **U U**rubupungá.
Com **V** juro que **v**i,
Com **X** faço **x**ixi,
No fim o **Z** da **z**ebra

Toquinho e Elifas Andreato. *Canção de todas as crianças*.
Rio de Janeiro: Universal, 1987, CD.

As palavras destacadas em azul também estão na seção **Ampliando o vocabulário**.

8

ESTUDO DO TEXTO

1. Com a ajuda do professor, copie no caderno as palavras da canção **Bê-a-bá** iniciadas pelo som de cada letra do alfabeto.

2. Com os colegas, descubra as respostas na letra da canção **Bê-a-bá** e escreva cada letra em um quadrinho.

a) É o nome de um brinquedo. Começa com **B** e termina com **A**.

b) É uma fruta. Começa com **S** e termina com **I**.

c) É o nome de um animal. Começa com **T** e termina com **Á**.

 Na letra da canção, cada linha é chamada **verso**.

3. Leia este verso da canção.

Com **C** eu tenho corpo, cara e coração.

Copie do verso acima as palavras escritas com:

4 letras: _____

5 letras: _____

7 letras: _____

4. Fale o nome das figuras em voz alta. Depois, complete as palavras com as vogais que faltam.

c___r___ção   z___br___   d___d___

9

 ESTUDO DA LÍNGUA

Alfabeto

 Usamos palavras para nos comunicar. As palavras são formadas por letras. Na Língua Portuguesa, há 26 letras que formam o alfabeto.

ATIVIDADES

1. Vamos relembrar o alfabeto? Leia-o em letra de imprensa e em letra cursiva, maiúsculas e minúsculas.

2. Escreva:

a) a primeira letra do seu nome. ☐

b) a primeira letra do nome do seu professor. ☐

c) a primeira letra do nome de um colega da turma. ☐

d) a primeira letra do nome da figura ao lado. ☐

3. Pesquise em jornais e revistas palavras com as quantidades de letras indicadas a seguir e cole-as nos espaços abaixo.

3 letras

4 letras

5 letras

6 letras

LÍNGUA PORTUGUESA

4. Com as letras do alfabeto escrevemos palavras, como o nome das pessoas. Leia os nomes abaixo.

| DANIELA | ANA | PEDRO | LUCAS |

a) Observe quantas letras tem cada nome.

b) Esses nomes têm a mesma quantidade de letras?

_____

c) Pinte o nome que tem mais letras.

d) Marque um **X** nos nomes que têm a mesma quantidade de letras.

e) Copie o nome que tem menos letras.

_____

5. Leia o alfabeto abaixo e pinte as letras que formam seu nome.

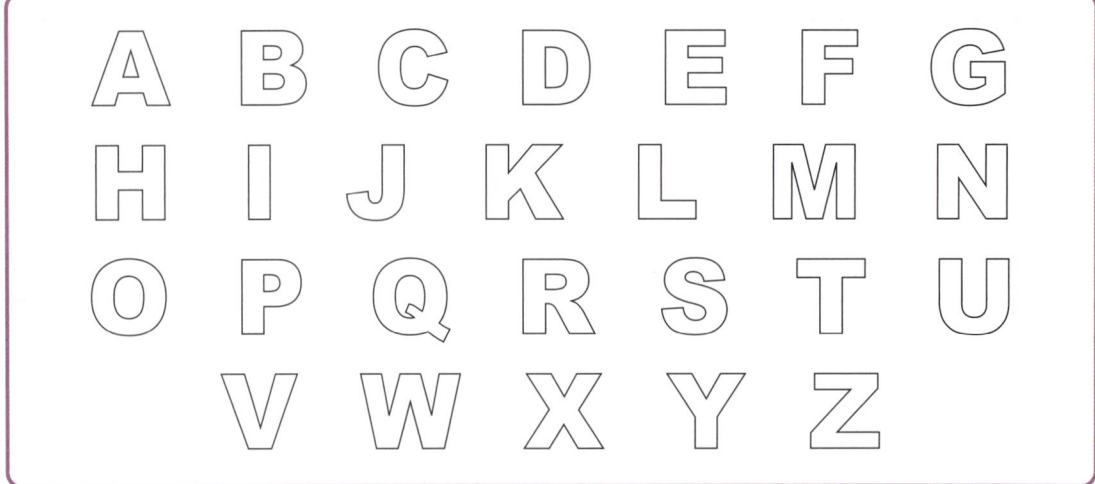

BALAIO DE GATOS

VAMOS COMEÇAR!

Leia o título do poema e observe as ilustrações. Você sabe o que é um balaio? Você já ouviu a expressão "balaio de gatos"? Acompanhe no livro a leitura que o professor vai fazer.

Depois, leia o poema em voz alta com os colegas.

Balaio de gatos

Benito era um gato bonito,
Gambito, um gato cambaio.
Dormiam tão inocentes,
um no outro enroscados,
quando, sei lá, de repente,
Benito teve um faniquito,
Gambito disparou como raio.
Deram um salto esquisito,
caíram dentro do balaio.

O balaio ficou mais balofo
porque já estava lotado
de gatos de todos os jeitos:
brancos, pretos e malhados.
Dormiam lá dentro largados:
Marajá, o vira-lata rajado;
Pimpinela, a gata amarela;
Lizandro, o gato malandro;
um bando de gatos folgados!

DAWIDSON FRANÇA

13

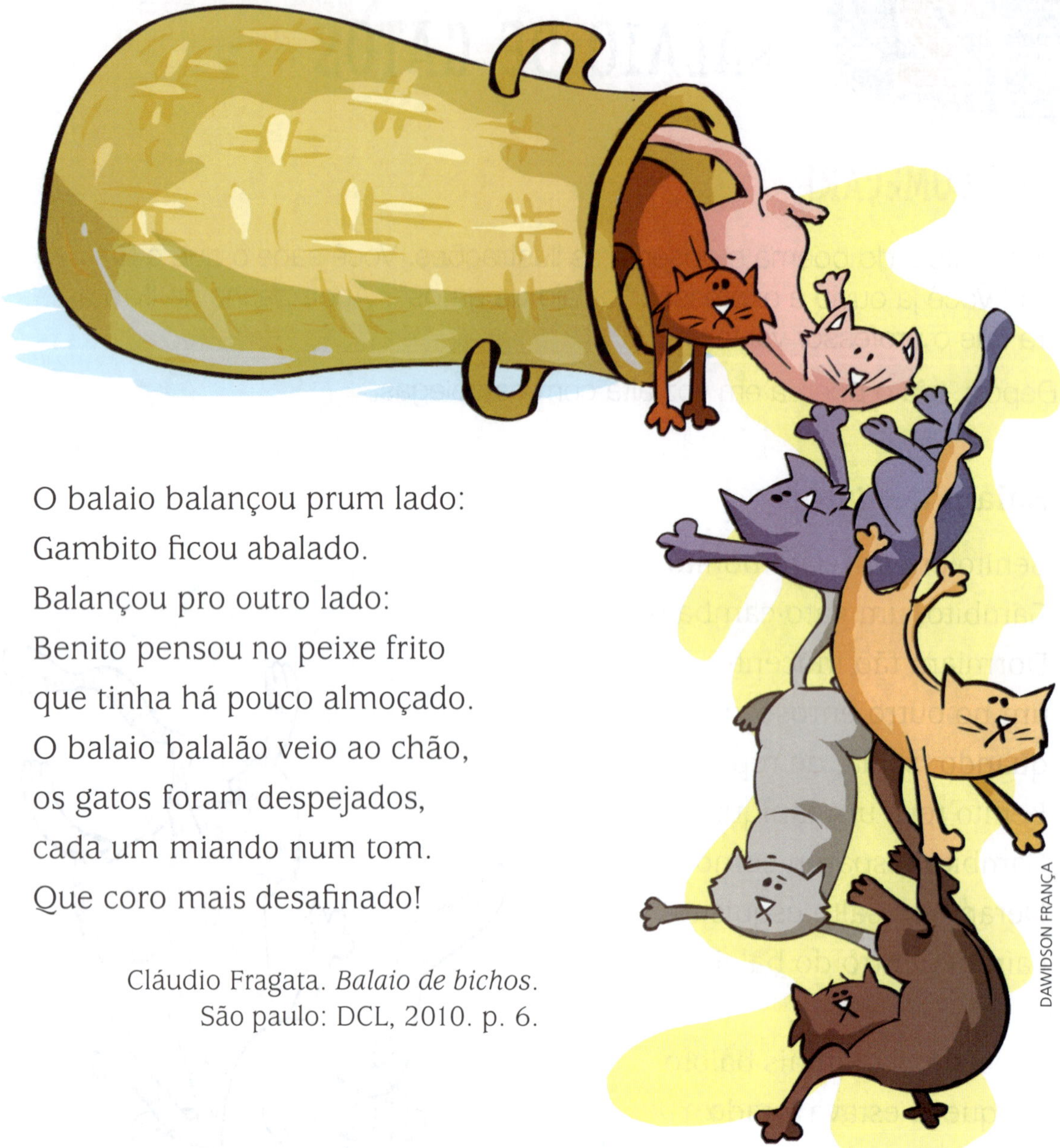

O balaio balançou prum lado:
Gambito ficou abalado.
Balançou pro outro lado:
Benito pensou no peixe frito
que tinha há pouco almoçado.
O balaio balalão veio ao chão,
os gatos foram despejados,
cada um miando num tom.
Que coro mais desafinado!

Cláudio Fragata. *Balaio de bichos*.
São paulo: DCL, 2010. p. 6.

 **ESTUDO DO TEXTO**

 Em um poema, cada linha chama-se **verso**, e um conjunto de versos é chamado **estrofe**.

14

1. Marque com um **X** as informações que estão de acordo com o poema "Balaio de gatos".

☐ Há três estrofes.

☐ Há nove versos em cada estrofe.

☐ Não há rimas.

2. Escreva o nome:

a) do gato bonito:

_____

b) do gato cambaio:

_____

3. No poema, Gambito disparou como raio. Significa que o gato:

☐ se assustou com um raio.

☐ correu muito depressa.

4. Benito e Gambito caíram dentro do balaio. Por que o balaio ficou mais balofo?

☐ Porque os gatos deram um salto esquisito.

☐ Porque o balaio já estava lotado de gatos.

☐ Porque os gatos eram folgados.

5. No verso "O balaio balalão veio ao chão", que palavra passa a ideia de movimento? Circule.

BALAIO   BALALÃO

CHÃO

Em um poema, algumas palavras rimam, isto é, terminam com som igual ou parecido.

6. O professor vai reler a segunda estrofe do poema. Escute com atenção.

O balaio ficou mais balofo
Porque já estava lotado
De gatos de todos os jeitos:
Brancos, pretos e malhados.
Dormiam lá dentro largados:
Marajá, o vira-lata rajado;
Pimpinela, a gata amarela;
Lizandro, o gato malandro;
Um bando de gatos folgados!

a) Circule de 🖊 a palavra que rima com **lotado**.

b) Circule de 🖊 as palavras que rimam com **malhados**.

c) Complete de acordo com a segunda estrofe.

- Pimpinela é a gata

_____.

- _____ é o gato malandro.

ESTUDO DA LÍNGUA

Vogais e consoantes

> As letras **A, E, I, O** e **U** são as **vogais**.
> As outras letras são as **consoantes**.
> As letras **K, W** e **Y** são mais usadas em nomes de pessoas, palavras de origem estrangeira e abreviaturas.

1. Complete os desafios a seguir usando as palavras do quadro.

desafinado	balaio	balalão
gato	faniquito	peixe

a) palavra com 2 consoantes e 2 vogais: _____

b) palavra com 2 consoantes e 4 vogais: _____

c) palavra com 3 consoantes e 4 vogais: _____

d) palavra com 4 consoantes e 5 vogais: _____

e) palavra com 3 consoantes e 2 vogais: _____

f) palavra com 5 consoantes e 5 vogais: _____

2. Com um colega, escrevam no quadro a seguir três nomes iniciados com consoante e três nomes iniciados com vogal.

consoante	vogal

16

3. Observe as letras em destaque nos quadrinhos. Circule as figuras que têm o nome iniciado por essas letras.

a) Escreva o nome das figuras que você não circulou.

_____

b) O que essas palavras têm de parecido?

_____

_____

4. O professor vai ler alguns nomes:

| TALITA   PAULA   JOÃO   LUCAS   ALEXANDRE |

Copie o nome que:

a) tem somente duas vogais:

_____

b) tem somente duas consoantes:

_____

LIÇÃO 3

BANGUELA!

VAMOS COMEÇAR!

O professor vai ler duas histórias em quadrinhos com os personagens Telúria e Mendelévio, que são irmãos.

Acompanhe a leitura dos balões e observe as cenas.

HISTÓRIA 1

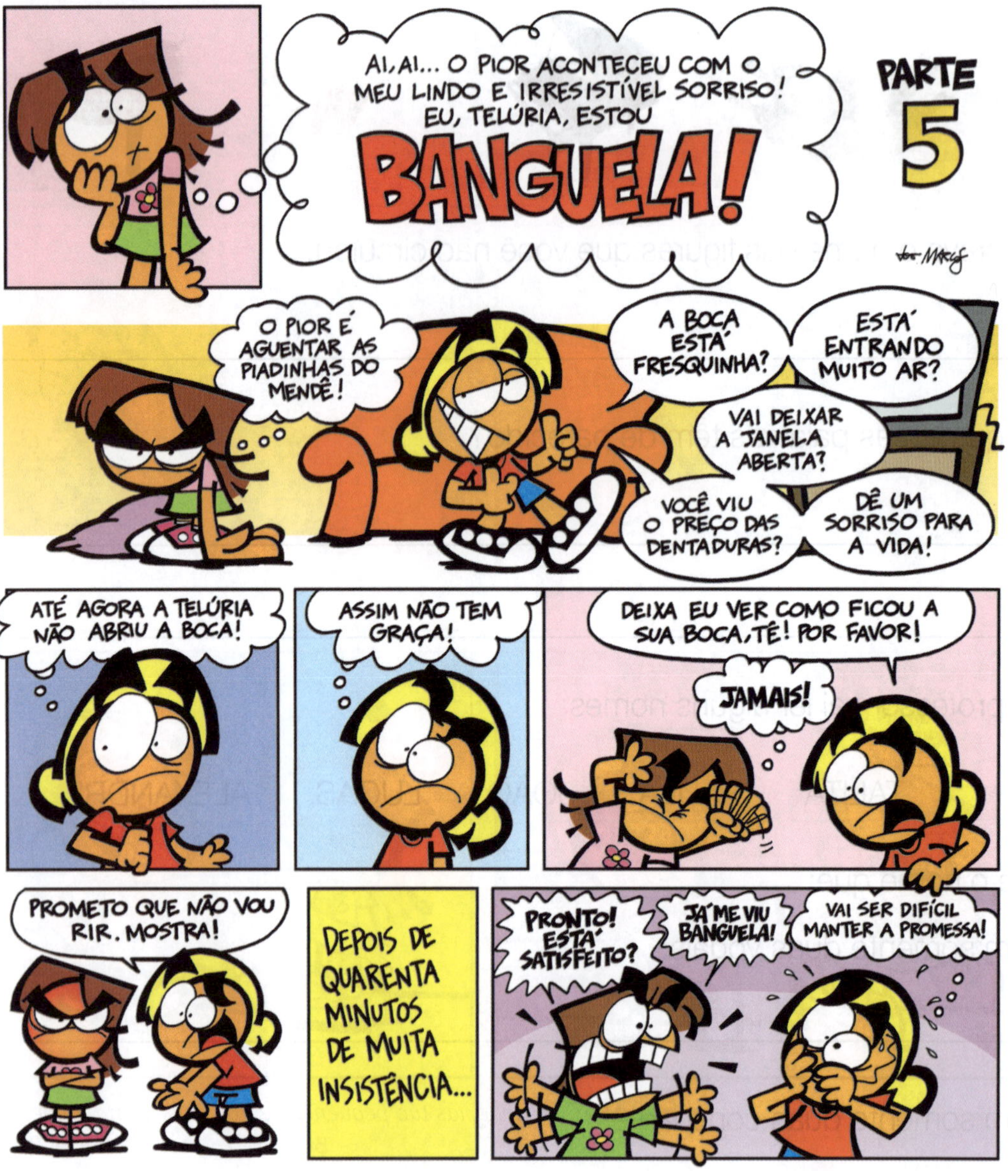

João Marcos. *Histórias tão pequenas de nós dois: com Mendelévio e Telúria.* Belo Horizonte: Abacatte, 2011. p. 48-50.

ESTUDO DO TEXTO

1. Ouça o que o professor vai ler e marque com um **X** a resposta correta:

a) Como Telúria reagiu logo que perdeu o dente?

☐ Ela gostou, porque isso significava que ela estava crescendo.

☐ Ela não gostou nem um pouco de ter perdido o lindo sorriso.

b) O que Mendelévio fez para convencer a menina a abrir a boca?

☐ Explicou a ela que era normal ficar banguela.

☐ Insistiu muito e prometeu não rir do sorriso dela.

c) Na história 2, da página 19, a Telúria:

☐ Já estava acostumada com a falta do dente.

☐ Achou ruim ficar banguela.

2. O que o formato dos balões da história em quadrinhos indica? Ligue cada balão à descrição correspondente.

Indica que a personagem está gritando.

Indica que a personagem está falando.

Indica que a personagem está pensando.

3. Observe o quadrinho e complete a explicação.

Os balões indicam que

Mendê está _____

e que Telúria está _____.

 Nas histórias em quadrinhos, aparecem balões diferentes para indicar a fala, os pensamentos e as emoções dos personagens.

Letras D e T

1. Leia a tirinha. Depois, converse com os colegas.

Mauricio de Sousa. *120 tirinhas da Turma da Mônica*.
Porto Alegre: L&PM, 2012. p. 11.

 **Tiras** ou **tirinhas** são histórias contadas em dois, três ou quatro quadrinhos.

a) Circule o nome das personagens da tirinha.

CEBOLINHA   MAGALI   CASCÃO   MÔNICA

b) Conte o que você entendeu da tirinha.

2. Leia estas palavras da tirinha.

| D | E | N | T | A | L |

| D | E | N | T | E | S |

a) Nas palavras da atividade 2, pinte as letras que são iguais e que estão na mesma posição.

b) Copie as letras que você pintou e forme uma nova palavra.

_____

_____

3. Leia as palavras. Elas são escritas com as letras **D** ou **T**.

BODE	BOTE	GADO
DIA	TIA	GATO
DEDO	TETO	

- Escreva o nome das figuras usando as palavras acima.

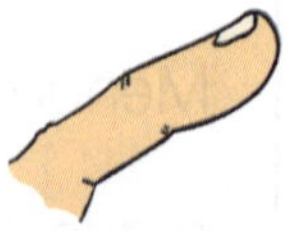

_____

_____

_____

_____

_____

ILUSTRAÇÕES: DAWIDSON FRANÇA

 **PRODUÇÃO DE TEXTO**

Releia este quadrinho.

JOÃO MARCOS

💬 Converse com o professor e os colegas.
- Você acha que Mendê agiu corretamente ao fazer piadinhas quando Telúria ficou banguela? Por quê?

22

- Você se lembra de quando o dente começou a ficar mole?
- Como foi que ele caiu? Alguém arrancou?
- Você estava mastigando alguma coisa nessa hora?
- O que você sentiu?
- E o que fez com o dente depois?

Durante a conversa:
- Use um tom de voz adequado.
- Fale com clareza, pronunciando bem as palavras.
- Mantenha o ritmo da fala, nem rápido, nem devagar.

Você já ficou banguela? Relate aos colegas como foi essa experiência. Comece contando desde o início.

LEIA MAIS

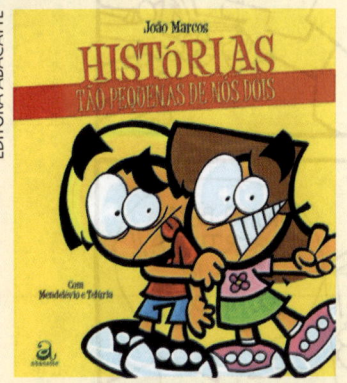

Histórias tão pequenas de nós dois: com Mendelévio e Telúria

João Marcos. Belo Horizonte: Abacatte, 2011.

Neste livro, há muitas aventuras dos irmãos Mendelévio e Telúria contadas em histórias em quadrinhos.

120 Tirinhas da Turma da Mônica

Mauricio de Sousa. Porto Alegre: L&PM, 2012.

Neste livro, como diz o título, há 120 tirinhas da Turma da Mônica para você se divertir.

LIÇÃO 4

CAROL VAI AO DENTISTA

VAMOS COMEÇAR!

Acompanhe a seguir a leitura de uma história em quadrinhos.

Laerte. *Carol*. São Paulo: Noovha América, 2010.

ESTUDO DO TEXTO

1. Converse com os colegas sobre os acontecimentos da história.

a) Você acha que a personagem Carol já tinha um plano antes de a consulta começar? Por quê?

b) O que a menina fez para pôr o plano em prática?

c) Por que o doutor não percebeu o que estava acontecendo?

2. Quantos quadrinhos formam a história? ☐

3. Onde se passa a história? O que você observou para responder?

_____

_____

_____

4. Leia a fala da personagem Carol.

Para quem a personagem está fazendo essa pergunta?

☐ Para o leitor da história em quadrinhos.

☐ Para o dentista.

5. Escreva o nome dos personagens da história em quadrinhos.

_____

6. Que título você daria a essa história em quadrinhos?

_____

7. As setas dos balões de fala indicam de onde está saindo a fala. Pinte o balão com a fala do dentista.

8. Além das letras, aparecem outros sinais na fala do dentista.

Esses sinais indicam que:

☐ O dentista se esqueceu do que ia falar.

☐ O dentista parou de falar porque percebeu que estava sozinho na sala.

25

É muito importante visitar o dentista regularmente para cuidar da saúde dos dentes. Não há motivo para ter medo.

Ordem alfabética

Encontramos a ordem alfabética na organização das palavras no dicionário, nos nomes em uma agenda telefônica, nos títulos dos livros em uma biblioteca, na lista de nomes dos alunos de uma turma etc.

Ana Carolina da Silva
Carlos Eduardo de Oliveira
Fabiana de Lima
Gabriela Costa Pereira
Luís Carlos Santos
Maria Fernanda Torres
Paulo de Castro
Rafaela de Souza
Tadeu de Melo Mendonça
Vitor Ferreira

Para colocar as palavras em ordem alfabética, você deve:

- saber de cor o alfabeto.

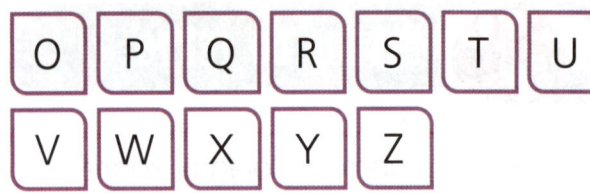

- observar a primeira letra de cada palavra.
  bola – **d**edo – **a**bacate – **f**oca – **c**adeira

- escrever as palavras observando a sequência do alfabeto.
  abacate – **b**ola – **c**adeira – **d**edo – **f**oca

ATIVIDADES

1. No consultório do doutor Gil, as fichas dos pacientes são guardadas em arquivos, em ordem alfabética.

a) Onde a secretária do dentista deve arquivar as fichas de **Carol**, **Bianca**, **Fabiana**, **João**, **Gabriel**, **Luís**, **Yan**, **Henrique**, **Daniel**, **Karen**, **Paula**, **Ricardo** e **Maria**? Escreva o nome dos pacientes nas gavetas corretas.

b) Se você fosse paciente do doutor Gil, em que gaveta sua ficha estaria arquivada? Escreva seu nome em uma das gavetas a seguir.

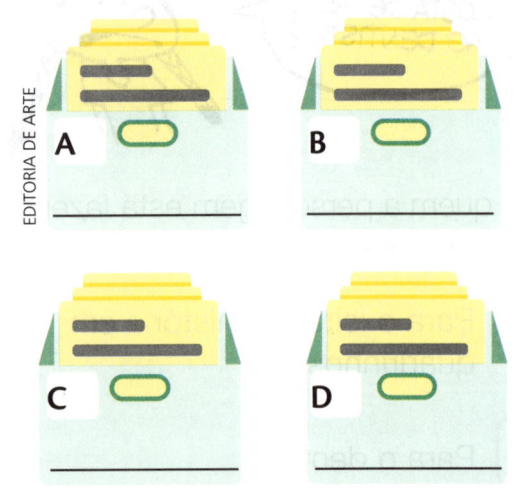

Letras B e P

1. Leia estas palavras com a ajuda do professor.

- panela
- boneca
- pia
- peteca
- bola
- pato
- banana
- bicicleta

a) Pinte as palavras de acordo com a legenda.

De ✏️ , todas as palavras que começam com **B**.

De ✏️ , todas as palavras que começam com **P**.

b) Agora, escreva o nome de cada figura. Preste atenção ao escrever as letras **B** e **P**.

ILUSTRAÇÕES: FREEPIK

_____

_____

_____

_____

_____

_____

_____

_____

2. Ouça a leitura do trava-língua. Depois, repita-o rapidamente.

> Se Pedro pintasse o Papa,
> Se Pedro pintasse pão,
> Se Pedro pintasse o Papa papando pão,
> Pedro pintaria um Papa papão.
>
> Domínio público.

Responda:

a) Que letra mais se repete no trava-língua?

_____

b) Quantas vezes a letra **p** aparece nas palavras **papa**, **papando** e **papão**?

☐ Uma vez.   ☐ Duas vezes.

☐ Três vezes.   ☐ Nenhuma vez.

4. Leia a cantiga a seguir.

> Boi, boi, boi,
> Boi da cara preta,
> Pega essa menina
> Que tem medo de careta.
>
> Domínio público.

a) Que palavra da cantiga começa com a letra **b**?

_____

b) Quais palavras da cantiga começam com a letra **p**?

_____

28

LIÇÃO 5 — DE RENATA PARA MARINA

VAMOS COMEÇAR!

Leia os bilhetes.

Querida Marina,
 Você quer brincar comigo na pracinha perto de casa?
 Podemos ir amanhã à tarde, depois das aulas.
 Vai ser muito legal!
 Um beijo,
  Renata

Renata,
 Claro que aceito seu convite!
 Podemos levar as bicicletas?
 Vai ser muito divertido!
 Um beijo grande,
  Marina

 **ESTUDO DO TEXTO**

Bilhetes são mensagens curtas que as pessoas utilizam para se comunicar. Eles podem ser escritos para fazer um convite, dar um recado, relatar um fato, fazer um pedido etc.

1. O bilhete foi trocado entre:

☐ Mãe e filha.

☐ Amigas.

☐ Pessoas desconhecidas.

2. Como você percebeu isso? Justifique a resposta.

_____

_____

_____

> A pessoa que recebe o bilhete, ou seja, quem vai ler, é o **destinatário**.
> A pessoa que escreve o bilhete, ou seja, quem assina, é o **remetente**.

3. No primeiro bilhete que você leu, quem é:

a) a destinatária?

_____

b) a remetente?

_____

4. No início de um bilhete, pode haver uma saudação ou somente o nome do destinatário. Marque com um **X** as expressões que podem iniciar um bilhete.

☐ Querido amigo

☐ Olá, André

☐ Um beijo

☐ Caro diretor

☐ Oi, tudo bem?

☐ Atenciosamente

Destinatário, **mensagem**, **despedida** e **assinatura** são as partes de um bilhete.

destinatário — Querida Marina,

mensagem — Você quer brincar comigo na pracinha perto de casa? Podemos ir amanhã à tarde, depois das aulas. Vai ser muito legal!

despedida — Um beijo,

assinatura — Renata

30

5. Qual é a mensagem principal no bilhete trocado entre Renata e Marina?

☐ As brincadeiras que vão acontecer na pracinha.

☐ A combinação para o encontro das meninas.

☐ A alegria das meninas em se encontrarem.

> A despedida utilizada no bilhete que você leu indica a amizade entre as meninas. Esse tipo de despedida costuma ser usado em bilhetes trocados por pessoas que têm mais proximidade.

6. Marque com um **X** o caso em que podemos nos despedir com "Um beijo".

☐ Em um bilhete para o diretor da sua escola.

☐ Em uma mensagem para um vizinho que você conhece pouco.

☐ Em um bilhete para a sua mãe ou a sua avó.

7. Escreva palavras ou expressões que você usaria na despedida de um bilhete:

a) para um amigo.

_____

_____

_____

b) para o diretor da sua escola.

_____

_____

_____

8. Renata escreveu outro bilhete para Marina, utilizando o computador. Antes de imprimir o bilhete, ela percebeu que as palavras ficaram juntas. Faça um traço com lápis de cor onde Renata deve dar espaço. Depois, reescreva o bilhete.

MARI,VOULEVARMINHA
BICICLETAEABOLA.
NÃOVEJOAHORADE
CHEGARAMANHÃ.
TCHAU!RÊ.

_____

_____

_____

_____

_____

_____

 ESTUDO DA LÍNGUA

Letras cursivas

1. Acompanhe a leitura do professor.

Juju,
A vó Joana quer falar com você.
Ligue pra ela quando chegar.
Lucas.

Pinte os quadradinhos da seguinte maneira:

 remetente   destinatário

 LUCAS   JUJU

2. Para que o bilhete foi escrito?

_____

- Encontre e circule o nome da avó no bilhete.

 Geralmente, os bilhetes são escritos com letra cursiva.

3. Pinte as palavras escritas em letra cursiva.

querido	*vovó*
cartas	professora
CASA	*parente*
JOANA	*lição*
você	primos

4. Em cada quadro, circule a mesma palavra escrita com tipos de letra diferentes.

| carta | canta | *carta* |

| Joana | *Joana* | *Jô e Ana* |

| *comida* | corrida | COMIDA |

5. No espaço a seguir, escreva um bilhete para um colega da turma usando letra cursiva.

_____
_____
_____
_____
_____
_____
_____

- Passe o bilhete a limpo, em uma folha de papel, e peça a um colega que o entregue ao destinatário.

CARTA PARA A VOVÓ JOANA

VAMOS COMEÇAR!

 Acompanhe a leitura do professor.

Bodocó, 13 de março de 2023.

Minha querida vovó Joana,

Estou aprendendo sobre cartas nas aulas de Língua Portuguesa.

Minha professora passou uma lição de casa que eu estou gostando muito de fazer, que é escrever uma carta para um parente.

Estive na sua casa há dois meses e já estou morrendo de saudades da senhora.

Foi muito bom passar minhas férias aí, brincar com meus primos, comer a deliciosa comida que a senhora faz. No ano que vem a gente se vê de novo, tá?

Um grande beijo,

Juju

Texto escrito por Juliana A. Silva, de 7 anos, e cedido para publicação neste material.

 **ESTUDO DO TEXTO**

1. Responda:

a) Quem escreveu a carta?

_____

b) Para quem a carta foi escrita?

_____

c) Ligue.

Juju — destinatário

Joana — remetente

2. Releia o início da carta e sublinhe assim:

✏️ cidade onde a carta foi escrita.

✏️ dia, mês e ano em que a carta foi escrita.

A pessoa que recebe a carta, ou seja, quem vai ler, é o **destinatário**.
A pessoa que escreve a carta, ou seja, quem assina, é o **remetente**.

A **carta pessoal** é uma forma de comunicação escrita entre pessoas que têm proximidade, como amigos e familiares. Ela costuma ter local e data, saudação, assunto, despedida e assinatura.
Observe as partes da carta:

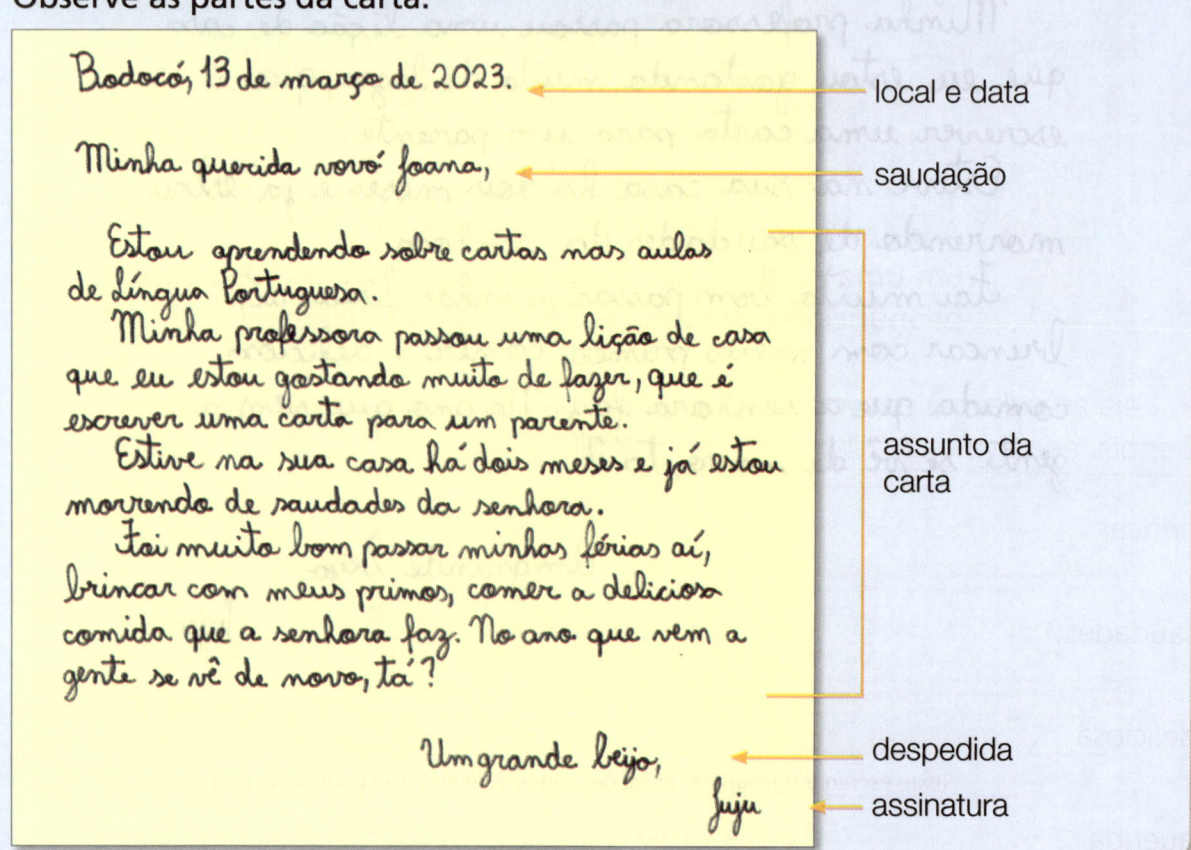

Bodocó, 13 de março de 2023. — local e data

Minha querida vovó Joana, — saudação

Estou aprendendo sobre cartas nas aulas de Língua Portuguesa.
Minha professora passou uma lição de casa que eu estou gostando muito de fazer, que é escrever uma carta para um parente.
Estive na sua casa há dois meses e já estou morrendo de saudades da senhora.
Foi muito bom passar minhas férias aí, brincar com meus primos, comer a deliciosa comida que a senhora faz. No ano que vem a gente se vê de novo, tá? — assunto da carta

Um grande beijo, — despedida
Juju — assinatura

34

3. Responda oralmente:

a) O que Juju contou à avó sobre a escola?

b) Quando Juju visitou a avó?

c) O que Juju gostou de fazer na casa da avó?

d) Quando Juju verá a avó novamente?

4. Releia esta parte da carta:

No ano que vem a gente se vê de novo, tá?

- A linguagem usada na carta:

☐ é mais parecida com a que falamos.

☐ é mais parecida com a que escrevemos.

5. Que forma de tratamento Juju utiliza para se referir à avó?

_____

6. Como você costuma tratar as pessoas mais velhas? Conte aos colegas.

ESTUDO DA LÍNGUA

Sílabas

1. Leia em voz alta.

vo   vó

A palavra **vovó** tem duas sílabas: vo-vó.
Em uma palavra, cada unidade de uma ou mais letras pronunciadas de uma só vez chama-se **sílaba**.

2. Leia as palavras em voz alta e pausadamente, com a ajuda do professor. Depois, escreva cada sílaba em um quadrinho.

brincar

saudades

deliciosa

querida

35

Observe as sílabas e responda:

a) Há vogal em todas as sílabas? _____

b) Em que palavra há uma sílaba com uma única letra?
_____

c) Em alguma palavra há sílaba com mais de três letras?
_____

3. Continue lendo as palavras em voz alta e pausadamente, com a ajuda do professor. Dessa vez, escreva nos quadrinhos quantas sílabas cada palavra tem.

Bodocó ☐   lição ☐   aprendendo ☐

professora ☐ parente ☐   carta ☐

faz ☐   eu ☐   senhora ☐

As palavras podem ter **uma, duas, três, quatro** ou mais sílabas. Em todas as sílabas há, no mínimo, uma vogal.

4. Escreva palavras com:

1 sílaba – _____
_____

2 sílabas – _____
_____

3 sílabas – _____
_____

4 ou mais sílabas – _____
_____

5. Complete os ☐ com as sílabas que formam os nomes dos personagens.

Porquinhos   Cachinhos   Branca de Neve

Letras F e V

1. Complete com Ⓕ ou Ⓥ para descobrir o nome de municípios do Estado de Pernambuco:

___enturosa

Arco___erde

Prima___era

___eira No___a

Gra___atá

Reci___e

- Você usou letra inicial maiúscula nos nomes dos municípios?

_____

2. A avó de Juju preparou **bolo de fubá**, **bife vegetariano**, **doce de figo** e **farofa de ovo**. Escreva o nome dos alimentos abaixo das fotos.

_____

5. Organize as palavras que você circulou, de acordo com as letras indicadas.

F	V

3. Complete as palavras com F ou V. Depois, copie-as.

_____arinha – _____

_____oto – _____

_____aca – _____

_____aqueiro – _____

4. Circule as palavras escritas com F e V nos títulos desses contos de fadas.

O PATINHO FEIO

BRANCA DE NEVE E OS SETE ANÕES

A BELA E A FERA

CHAPEUZINHO VERMELHO

JOÃO E O PÉ DE FEIJÃO

A ROUPA NOVA DO REI

6. Pesquise em jornais e revistas palavras que começam com F e com V. Escreva-as nos quadros.

F	V

38

Acento agudo e acento circunflexo

1. Leia em voz alta estas palavras citadas na carta de Juju.

| Bodocó | vovó | férias | vê | já |

Pinte os sinais que aparecem em algumas vogais.

> Os sinais que você pintou são chamados de **acentos**. Eles nos ajudam a pronunciar corretamente as palavras.

2. Leia em voz alta estas palavras com acento agudo.

bisavó   árvore   boné   café   céu
automóvel   chapéu   açúcar   dicionário   estátua
pétala   público   remédio   relógio   óculos

Pesquise e escreva outras palavras com acento agudo.

_____

_____

_____

_____

> Este é o **acento agudo**: ´ .
> Este é o **acento circunflexo**: ^ .
> Todas as vogais podem receber acento agudo. Ele representa que as vogais **e** e **o** devem ser pronunciadas com som aberto.

3. Leia em voz alta estas palavras com acento circunflexo.

> alô   ambulância   avô   bebê   bisavô
> trânsito   pêssego   chinês   lâmpada   triângulo
> ônibus   tênis   inglês   gêmeo   ciência

Pesquise e escreva outras palavras com acento circunflexo.

_____

_____

_____

_____

> Apenas as vogais **a**, **e** e **o** podem receber acento circunflexo. O acento circunflexo representa que as vogais **a**, **e** e **o** devem ser pronunciadas com som fechado. Sempre que uma sílaba é acentuada, ela é pronunciada com mais intensidade.

4. Leia as palavras e coloque o acento que está faltando. Depois, copie as palavras que você acentuou.

sofa	lapis	estomago	armario
regua	tunel	organico	avo
magico	pantano	açai	bau
jacare	buque	domino	
cafe	relampago	album	

_____

_____

_____

_____

40

LIÇÃO 7

FRUTAS NO PALITO

VAMOS COMEÇAR!

Você já cozinhou ou ajudou um adulto a preparar algum prato? O texto a seguir ensina a fazer um espetinho de frutas. Leia-o prestando atenção às orientações. Será que você saberia preparar essa delícia?

Frutas no palito

Ingredientes

- 1 manga
- 6 morangos
- 6 uvas tipo rubi
- 6 uvas tipo Itália
- ½ melão

> Você vai precisar da ajuda de um adulto para descascar, picar, fazer bolinhas com as frutas e colocá-las no espetinho.

Utensílios

Faca sem ponta, boleador, placa de polipropileno e espetinhos de madeira para churrasco.

Como fazer

1. Lave a manga, o melão, os morangos e as uvas em água corrente.

2. Sobre a placa de polipropileno, descasque a manga e corte-a em cubinhos.

3. Abra o melão, retire as sementes e faça bolinhas com o boleador.

ILUSTRAÇÕES: ULHÔA CINTRA

4. Monte cada espetinho seguindo a ordem: 1 uva Itália, 1 cubinho de manga, 1 morango, 1 bolinha de melão e 1 uva rubi.

5. Faça outros 5 espetinhos com os ingredientes. Você pode variar a ordem das frutas para ficar diferente.

6. Sirva o espetinho de frutas com um dip de iogurte, que é uma mistura de iogurte natural com mel.

7. Experimente passar o espetinho na granola. Também fica muito gostoso.

ILUSTRAÇÕES: ULHÔA CINTRA

Dica:

Se você não tiver boleador, pode cortar o melão em triângulos ou quadradinhos. Você também pode usar certas frutas que dão aparência especial aos espetinhos, como o kiwi e o abacaxi pela cor, a acerola e a pitanga pelo sabor e a carambola pelo formato de estrela.

Dona Benta para crianças: lanches para toda hora, com a turma do Sítio do Picapau Amarelo. São Paulo: Companhia Editora Nacional, 2007.

ESTUDO DO TEXTO

1. Assinale a resposta certa. O texto "Frutas no palito" tem o objetivo de:

☐ mostrar quais são as frutas mais saudáveis.

☐ ensinar a preparar um alimento.

☐ dar ao leitor motivos para se alimentar bem.

2. Os textos que têm esse objetivo são chamados **receitas**.

a) Quantas partes tem a receita que você leu?

_____

b) Qual é o nome de cada parte?

_____
_____

3. Em que parte aparece o nome dos alimentos que vão ser usados?

_____

4. Que parte tem a lista dos objetos que serão utilizados?

_____

5. O que a terceira parte da receita explica?

_____
_____

6. Releia.

- 1 manga
- 6 uvas tipo rubi
- ½ melão
- 6 morangos
- 6 uvas tipo Itália

a) Para que servem os números colocados antes do nome de cada fruta?

_____
_____

b) A receita manda usar **½ melão**. Então, o cozinheiro vai precisar de:

☐ meio melão   ☐ um melão

☐ um melão e meio

7. No início da receita aparece uma orientação que começa com a palavra **você**:

> Você vai precisar da ajuda de um adulto para descascar, picar, fazer bolinhas com as frutas e colocá-las no espetinho.

a) A quem se refere a palavra **você**?

_____

b) Essa receita é própria para ser preparada por crianças ou por adultos?

_____

LÍNGUA PORTUGUESA

43

c) O que você observou no texto para responder ao item **b**? Converse com o professor e com os colegas.

d) A receita diz que um adulto precisa ajudar. Por quê?

_____

_____

_____

8. Releia esta parte da receita.

Como fazer

1. Lave a manga, o melão, os morangos e as uvas em água corrente.
2. Sobre a placa de polipropileno, descasque a manga e corte-a em cubinhos.
3. Abra o melão, retire as sementes e faça bolinhas com o boleador.
4. Monte cada espetinho seguindo a ordem: 1 uva Itália, 1 cubinho de manga, 1 morango, 1 bolinha de melão e 1 uva rubi.
5. Faça outros 5 espetinhos com os ingredientes. Você pode variar a ordem das frutas para ficar diferente.
6. Sirva o espetinho de frutas com um dip de iogurte, que é uma mistura de iogurte natural com mel.
7. Experimente passar o espetinho na granola. Também fica muito gostoso.

a) Existe alguma ordem para escrever os itens do modo de fazer?

_____

b) Para que servem os números no início de cada frase?

_____

_____

_____

c) Palavras como **lave** e **descasque** indicam ações necessárias para preparar a receita. Copie do trecho ao lado todas as outras palavras que indicam ação.

_____

_____

d) Escreva o número do item que:

- explica como a manga deve ser cortada. _____

- faz uma sugestão para o espetinho ficar muito gostoso. _____

- ensina como o espetinho de frutas pode ser servido. _____

- explica a ordem em que as frutas devem ser colocadas no espetinho. _____

- orienta como lavar as frutas. _____

- indica que podem ser feitos espetinhos diferentes, variando a ordem das frutas. _____

ESTUDO DA LÍNGUA

Letras M e N

O som nasal é marcado pelas letras **m** e **n** em palavras escritas com **am, em, im, om, um; an, en, in, on, un**.

ATIVIDADES

1. Leia estas palavras e circule aquelas que têm a letra M.

pomba   trombada   conselho

limpo   gambá

conselho   campeão   gente

engano   chimpanzé

• Quais letras aparecem depois do M nas palavras acima?

_____

Antes das consoantes **p** e **b** usamos a letra **m**.

2. Leia e copie as palavras. Depois separe as sílabas.

tambor _____ _____

lâmpada _____ _____

limpeza _____ _____

tempo _____ _____

3. Ordene as sílabas e forme palavras.

bo-tom _____

ba-bom _____

ba-trom _____

pa-tam _____

bo-chum _____

mem-ho _____

go-pre-em _____

ba-sam _____

4. Complete as palavras com M ou N.

gra___po   ca___ponesa

ja___bo   pe___te

co___te___te   xa___pu

be___gala   me___tira

45

LÍNGUA PORTUGUESA

5. Leia as dicas e complete os quadrinhos com palavras escritas com as letras M ou N.

a) É um animal que possui uma tromba grande.

b) É um instrumento musical tocado com as mãos.

c) É o animal símbolo da paz.

d) É usada para iluminar durante a noite.

e) É utilizada para fechar garrafas.

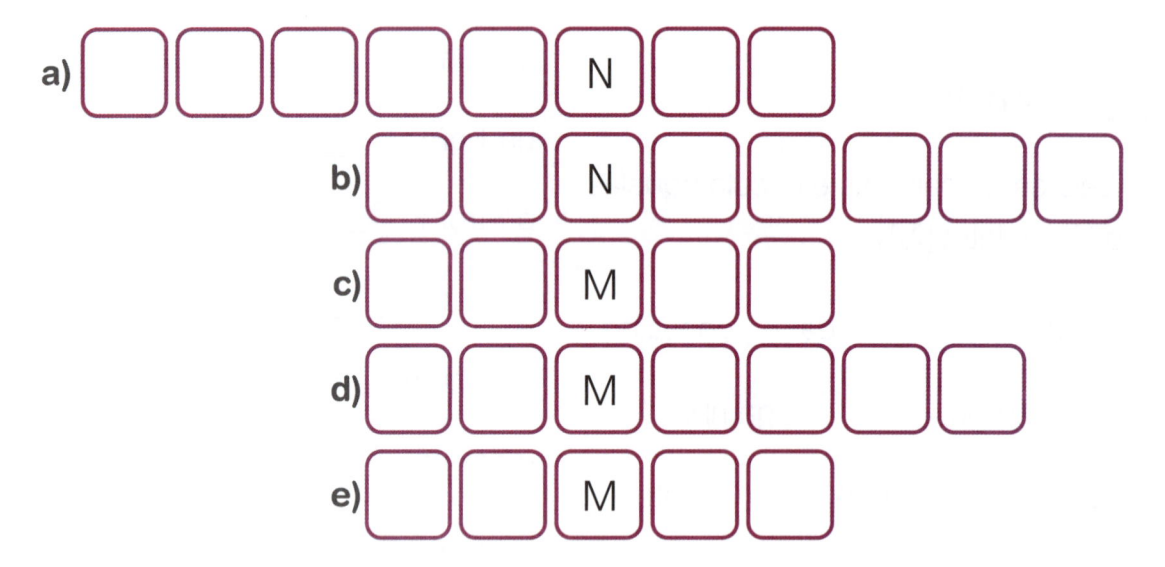

a) ☐ ☐ ☐ ☐ ☐ N ☐ ☐
b) ☐ ☐ N ☐ ☐ ☐ ☐ ☐
c) ☐ ☐ M ☐ ☐
d) ☐ ☐ M ☐ ☐ ☐
e) ☐ ☐ M ☐ ☐

Til (~)

Releia este trecho da receita "Frutas no palito".

> Se você **não** tiver boleador, pode cortar o **melão** em triângulos ou quadradinhos.

As palavras **não** e **melão** têm um sinal em cima da vogal **a**. Esse sinal se chama **til** (~) e também aparece em cima da vogal **o**, como em **melões**. O **til** (~) é usado para indicar som anasalado da vogal.

46

ATIVIDADES

1. Leia o nome de cada figura.

pião

pão

cão

limão

caminhão

avião

leão

rã

- O que as palavras têm em comum?

_____

2. Leia as palavras.

pão	maçã	avião
mamães	anões	caminhão
pião	balão	sabão
irmão	leões	capitães
portões	macarrão	limão
feijão	botões	corações

3. Coloque **til** ~ nas palavras e separe as sílabas. Depois, escreva quantas sílabas tem a palavra. Veja o exemplo.

mamãe   ma-mãe   duas sílabas

macarrão _____ _____

nao _____ _____

caes _____ _____

limoes _____ _____

4. Ordene as sílabas e forme palavras empregando o **til** ~ .

çao-li _____

tao-bo _____

bao-sa _____

rur-ci-gi-ao _____

gao-fo _____

çao-o-ra _____

le-vi-sao-te _____

ci-dao-da _____

PRODUÇÃO DE TEXTO

Preparação

Relembre como se organiza uma receita culinária. Ela deve indicar o nome do alimento a ser preparado, a lista de ingredientes e o modo de preparo. Também pode conter uma lista dos utensílios, rendimentos e dicas.

47

Mingau de chocolate

Ingredientes

2 colheres (de sopa) de achocolatado em pó

2 xícaras (de chá) de leite frio

2 colheres (de sopa) de amido de milho

Modo de preparo

Dissolver o amido de milho em 1 xícara de leite.

Juntar aos outros ingredientes e levar ao fogo.

Mexer até engrossar.

Servir quente.

Texto das autoras.

Planejamento e escrita

Agora é sua vez de escrever uma receita para a montagem de um livro de receitas.

- Faça uma pesquisa e escolha um prato de que você goste.
- Converse com seus familiares para saber todos os ingredientes e as etapas de preparo.
- Escreva a receita em uma folha de papel.

Revisão e reescrita

Peça a um colega que leia sua receita e dê uma opinião sobre ela. Se necessário, faça correções.

Verifique também se você:

- dividiu o texto em duas partes;
- anotou a quantidade de cada ingrediente;
- numerou e escreveu as etapas de preparo em sequência;
- iniciou as frases com letra maiúscula;
- pontuou as frases corretamente.

Edite a receita fazendo as correções necessárias.

Desenhe ou cole uma foto do alimento pronto.

Publicação

- Entregue o texto ao professor. Ele vai montar um livro de receitas.
- Organize, com o professor, um cronograma, para que todos possam levar o livro para casa.
- Quando você estiver com o livro, convide seus familiares para preparar uma das receitas com você.

LIÇÃO 8 — ANIVERSÁRIO

VAMOS COMEÇAR!

O texto que o professor vai ler diz respeito às lembranças de uma pessoa adulta sobre os aniversários na época em que ela era criança. Escute com atenção.

Aniversário

[...]

Lá em casa, nós éramos muitas crianças, e nossa mãe não gostava de dar festa. Mas os nossos aniversários eram uma beleza.

Mamãe deixava que, no aniversário, cada criança fizesse o programa a seu gosto, para o dia inteiro. Então, a gente escolhia, por exemplo, de manhã sair para passear a cavalo, ou ir tirar retrato no lambe-lambe. Depois, podia ser um piquenique, debaixo de árvores, levando galinha cheia, sorvete e bolo. E também podia ser almoço num restaurante da cidade. De tarde, se tinha circo, ia-se ao circo. Se não tinha, cinema. E de noite se fazia fogueira, como em dia de São João, com todas as brincadeiras que o aniversariante quisesse. Um dos meninos, no aniversário dele, em vez de fogueira exigiu uma serenata, com violão, cavaquinho e cantoria. Era noite de lua, os irmãos mais velhos tocaram e cantaram. Foi este o aniversário mais lindo que a gente pode lembrar.

Rachel de Queiroz. *Memórias de menina*.
Rio de Janeiro: José Olympio, 2009. p. 15-16.

ESTUDO DO TEXTO

1. Marque **X** nas respostas corretas.

a) A autora relata acontecimentos:

☐ de sua infância.

☐ de sua adolescência.

☐ de sua vida adulta.

b) Os acontecimentos relatados estão relacionados às lembranças de:

☐ um lugar preferido.

☐ um objeto de afeto.

☐ um familiar estimado.

☐ acontecimentos importantes da vida.

c) Qual destas frases mostra que a autora do relato tem boas lembranças dos aniversários?

☐ "Lá em casa, nós éramos muitas crianças [...]"

☐ "[...] e nossa mãe não gostava de dar festa."

☐ "[...] Mas os nossos aniversários eram uma beleza."

2. Qual foi o aniversário mais marcante para a autora do relato?

_____

_____

_____

3. Você acha que os acontecimentos relatados são verdadeiros ou foram inventados? Por quê?

_____

_____

_____

4. Quais eram as opções de programas para os aniversariantes? Organize uma lista no caderno.

5. Releia este trecho do texto.

> Então, a gente escolhia, por exemplo, de manhã sair para passear a cavalo, ou ir tirar retrato no lambe-lambe. Depois, podia ser um piquenique, debaixo de árvores, levando galinha cheia, sorvete e bolo. E também podia ser almoço num restaurante da cidade. De tarde, se tinha circo, ia-se ao circo. Se não tinha, cinema. E de noite se fazia fogueira, como em dia de São João, com todas as brincadeiras que o aniversariante quisesse.

Quais palavras do trecho acima marcam a passagem do tempo? Sublinhe-as.

6. Que palavra do trecho a seguir mostra que o fato já aconteceu? Contorne-a.

> Um dos meninos, no aniversário dele, em vez de fogueira exigiu uma serenata, com violão, cavaquinho e cantoria.

50

7. Quais palavras dos trechos a seguir mostram que a autora do relato se refere a ela e aos irmãos? Contorne-as.

> Lá em casa, nós éramos muitas crianças, e nossa mãe não gostava de dar festa. Mas os nossos aniversários eram uma beleza.
>
> Foi este o aniversário mais lindo que a gente pode lembrar.

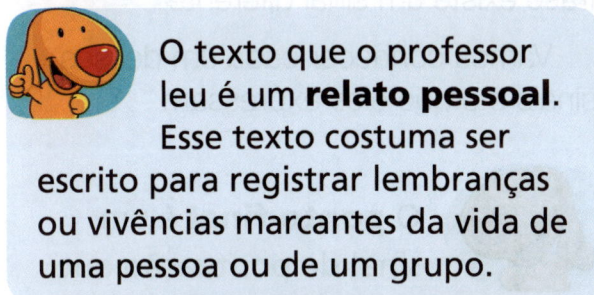

O texto que o professor leu é um **relato pessoal**. Esse texto costuma ser escrito para registrar lembranças ou vivências marcantes da vida de uma pessoa ou de um grupo.

ESTUDO DA LÍNGUA

Frase

Frase é uma mensagem que tem sentido completo, formada por uma ou mais palavras. As frases são iniciadas, geralmente, com letra maiúscula e terminam com um sinal de pontuação.

1. Leia esta frase.

> Mas os nossos aniversários eram uma beleza.

a) Quantas palavras há nessa frase?

☐ palavras

b) Que tipo de letra é usado no início da frase?

☐ letra maiúscula

☐ letra minúscula

c) Copie o sinal que aparece no final da frase. ☐

2. Releia este trecho do relato.

> De tarde, se tinha circo, ia-se ao circo. Se não tinha, cinema. E de noite se fazia fogueira, como em dia de São João, com todas as brincadeiras que o aniversariante quisesse.

Passe um traço para separar uma frase da outra. Quantas frases há nesse trecho do relato?

☐ frases.

Letras maiúsculas e minúsculas

1. Leia.

> **Grécia**, **Espanha**, **Romênia**, **Alemanha**... percorrendo a **Europa**, conhecemos doçuras dos mais diversos países! **São** tortas, biscoitos, bolos, pães... **Uma** infinidade de delícias recheadas de sabor! *Doçuras de longe, sabores de monte* apresenta isso e muito mais, num passeio por diferentes culturas e paladares. **Boa** viagem e bom apetite.

LÍNGUA PORTUGUESA

51

Você percebeu que as palavras destacadas começam com letra maiúscula? Isso acontece porque usamos letra maiúscula em algumas ocasiões da escrita, como em:
- início de frases;
- nomes de pessoas;
- nomes de ruas, bairros, cidades, estados, países, continentes;
- nomes de marcas ou de estabelecimentos comerciais;
- títulos de livros, de histórias, de filmes.

2. Complete com o que se pede, usando letra inicial maiúscula.

a) Seu nome é:

_____

b) O nome de um dos seus amigos é:

_____

c) O nome do seu professor é:

_____

d) O título de um filme ou desenho de que você gosta muito é:

_____

e) O título de um livro que você leu e adorou é:

_____

_____

Sinais de pontuação

Leia estas frases.

Foi este o aniversário mais lindo que a gente pode lembrar.
Foi este o aniversário mais lindo que a gente pode lembrar!
Foi este o aniversário mais lindo que a gente pode lembrar?

Você percebeu que no final de cada frase existe um sinal diferente?

Vamos conhecer cada um desses sinais e o que eles expressam.

O **ponto-final** é um sinal de pontuação que indica o fim de uma frase.

Exemplos:

Renata e Marina são amigas.

As meninas costumam brincar juntas na pracinha.

Marina usa óculos.

O **ponto de exclamação** é um sinal de pontuação usado nas frases que expressam alegria, tristeza, admiração, surpresa, medo.

Exemplos:

Marina anda de bicicleta muito bem!

A pracinha está tão suja!

Renata, não vá sozinha!

52

> O **ponto de interrogação** é um sinal de pontuação usado para expressar pergunta.

Exemplos:

Você sabe andar de bicicleta**?**

Existe alguma praça perto da sua casa**?**

O que você faz depois da aula**?**

ATIVIDADES

1. Coloque os sinais de pontuação ? ! . nas frases.

Quer brincar comigo_____

Adoro pular corda_____

Minha bola é nova_____

Onde está a minha bola_____

Vou até a pracinha_____

Ai, que tarde deliciosa_____

2. Desembaralhe as frases e coloque o ponto-final.

a) boneca A nova é
_____

b) carrinho ganhei um Eu
_____

c) crianças As brincam escola na
_____

3. Forme frases interrogativas com as palavras.

a) andar – bicicleta
_____
_____

b) brincar – casa
_____
_____

c) gosta – futebol
_____
_____

4. Desembaralhe as frases e coloque o sinal de exclamação.

a) dia Que lindo
_____

b) susto que Ai,
_____

c) suco gostoso Que
_____

d) estranho Que sonho
_____

e) maravilhoso Esse está de milho creme
_____
_____

f) natureza a Viva
_____

53

PRODUÇÃO DE TEXTO

Relato pessoal

É sua vez de produzir um relato pessoal.

Você pode começar escrevendo seu nome, o lugar onde nasceu e o nome de seus familiares ou responsáveis.

Depois, pode fazer um relato da sua rotina. Para marcar a passagem do tempo, use palavras como: antes, depois, ontem, hoje, amanhã, de manhã, de tarde, de noite, outro dia, antigamente, há muito tempo.

Lembre-se de relatar um acontecimento que foi importante em sua vida.

Planejamento

Para planejar seu relato, pense nestas questões:

- Qual será o fato mais marcante do seu relato?
- Como, quando e onde esse fato aconteceu?
- Quem participou desse acontecimento?
- O que você sentiu quando isso aconteceu?
- Seu texto será acompanhado de alguma foto, desenho, música, objeto que represente a experiência relatada?

Criação

Faça um rascunho do relato no caderno.

Revisão

Com a ajuda do professor, revise o relato que você escreveu.

- Você relatou um fato marcante de sua vida?
- Você escreveu como, quando, onde esse fato aconteceu e quem participou dele?
- Você escreveu sobre suas emoções no relato?
- Você usou palavras para marcar a passagem do tempo?
- Lembrou-se de começar as frases com letra maiúscula?
- Separou as palavras com espaços em branco?

Versão final

Faça as correções necessárias no texto e passe-o a limpo no caderno ou em uma folha de papel.

Apresentação

Entregue seu relato para o professor. Ele vai escolher alguns relatos para ler em voz alta.

VANESSA ALEXANDRE

LIÇÃO 9 — UM PULO NA FLORESTA

VAMOS COMEÇAR!

Leia o título, a legenda e onde o texto foi publicado. Sobre o que você acha que esse texto vai tratar?

Faça uma leitura silenciosa. Depois, acompanhe a leitura do professor para verificar se o que você pensou se confirma.

Um pulo na floresta

Segunda parada da série sobre a vida das crianças pelo país mostra turma que caça brincando

Gabriela Romeu
Colaboração para a *Folha*, em Altamira (PA)

Ao lado de um barco, uma anta caçada há pouco era cortada em pedaços. Algumas crianças espiavam os dentões do animal, outras carregavam sua porção do bicho para casa.

A cena ocorreu na aldeia Koatinemo, do povo Asurini do Xingu, que fica a algumas horas de barco da cidade de Altamira, no Pará. Na região, vivem diversos grupos indígenas – Xicrin, Arara, Juruna e outros. [...]

Desde pequeno, Arauari acompanha o pai e o irmão em caçadas na floresta. Saber andar na mata, capturar a caça e trazer o animal para casa fazem parte de seu aprendizado.

Crianças asurini brincam no rio Xingu, 2009.

A hora de sair para caçar é à tardinha, quando entram na mata e esperam num lugar até anoitecer. "A gente vai aonde está a comida do bicho", disse. [...]

De volta à aldeia, "quando a caça é grande", é repartida. Nos dias em que estive lá, caçaram uma paca e três antas. E até os visitantes ganharam um bom pedaço. Concordo com Arauari: carne de paca é a melhor. E bem mais gostosa do que as latinhas de atum que eu havia levado na bagagem e me esperavam para o jantar.

Gabriela Romeu. Um pulo na floresta. *Folha de S.Paulo*, São Paulo, 16 nov. 2013, p. 6. Folhinha.

ESTUDO DO TEXTO

1. O texto que você ouviu é uma reportagem. Localize nele:

a) o título da reportagem:

_____

_____

b) o nome da jornalista:

_____

_____

c) o jornal que o publicou:

_____

_____

A **reportagem** é um texto jornalístico. Quem escreve reportagens é o(a) jornalista. Elas podem ser publicadas em jornais, revistas, *sites*.

2. Marque um **X** nas respostas corretas:

a) Essa reportagem:

☐ ensina a realizar uma brincadeira.

☐ informa sobre o modo de vida do povo Asurini.

b) Tem como assunto principal:

☐ as caçadas na floresta.

☐ as brincadeiras das crianças.

c) As informações da reportagem:

☐ foram inventadas pela jornalista.

☐ são verdadeiras, escritas com base em uma visita da jornalista à aldeia.

Na reportagem, o(a) jornalista pesquisa e verifica os fatos, para avaliar se eles são verdadeiros.

3. Complete com informações sobre o menino indígena citado na reportagem:

Nome: _____

Povo indígena: _____

Nome da aldeia: _____

Localização da aldeia: _____
_____

4. Releia este trecho da reportagem.

> Desde pequeno, Arauari acompanha o pai e o irmão em caçadas na floresta. Saber andar na mata, capturar a caça e trazer o animal para casa fazem parte de seu aprendizado.
>
> A hora de sair para caçar é à tardinha, quando entram na mata e esperam num lugar até anoitecer. "A gente vai aonde está a comida do bicho", disse.

a) Quem disse a frase "A gente vai aonde está a comida do bicho"?
_____

b) Em sua opinião, por que a jornalista coloca a fala de outras pessoas na reportagem?
_____
_____
_____

5. No trecho abaixo:

> De volta à aldeia, "quando a caça é grande", é repartida. Nos dias em que estive lá, caçaram uma paca e três antas. E até os visitantes ganharam um bom pedaço. Concordo com Arauari: carne de paca é a melhor. E bem mais gostosa do que as latinhas de atum que eu havia levado na bagagem e me esperavam para o jantar.

a) circule um costume praticado pelos indígenas.

b) sublinhe uma opinião da jornalista.

6. Localize no trecho abaixo e escreva o nome de:

> A cena ocorreu na aldeia Koatinemo, do povo Asurini do Xingu, que fica a algumas horas de barco da cidade de Altamira, no Pará.

a) uma cidade: _____

b) um povo indígena: _____

c) uma aldeia: _____

d) um estado: _____

LÍNGUA PORTUGUESA

ESTUDO DA LÍNGUA

Letras R e RR

Releia este trecho da reportagem.

> **Arauari** é um dos meninos que estavam por ali, brincando de mergulhar como flecha no **rio** e de cruzar as **corredeiras**.

Observe as palavras destacadas.

Em A**r**auari, o **r** aparece entre vogais. É um som fraco.

Em **rio**, o **r** inicia a palavra. É um som forte.

Ainda existe o som de **rr**, que é sempre forte e aparece entre duas vogais, como em **corredeiras**.

> Na Língua Portuguesa, não existem palavras iniciadas com **rr**.

ATIVIDADES

1. Escreva as palavras nas colunas corretas.

amarelo	caramelo
barriga	arara
robô	carrossel
moreno	carroça
barraca	ratinho
rede	roupa

r inicial

rr

r entre vogais

2. Complete as palavras com **rr**. Depois, copie-as.

co____ida – _____

fe____o – _____

ca____o – _____

be____a – _____

Na separação das sílabas de uma palavra com **rr**, cada **r** fica em uma sílaba diferente.

3. Separe as sílabas das palavras. Veja o exemplo:

barro – **bar-ro**

ferradura – _____

corrida – _____

barriga – _____

4. Faça um traço para separar as palavras em sílabas. Depois, use duas sílabas de cada palavra e forme outras.

carrossel – _____

terraço – _____

torrada – _____

barraca – _____

5. Sublinhe as palavras em que o R tem som forte.

garapa	bandeira	roda
relógio	raiz	rádio
rede	rua	floresta

PRODUÇÃO DE TEXTO

Faça uma pesquisa para descobrir se as crianças que moram nas diferentes regiões do Brasil se divertem da mesma forma.

Preparação

Com a ajuda do professor, forme um grupo com mais dois ou três colegas.

Vocês podem pesquisar sobre o assunto em livros ou na internet.

Se houver possibilidade, vocês também podem conversar com pessoas que moram, já moraram ou costumam visitar outras regiões do Brasil.

Escrita

Vocês vão registrar por escrito os resultados da pesquisa. O texto será elaborado de forma coletiva. O professor fará o registro no quadro.

Na escrita do texto, é importante informar:

- o nome das brincadeiras pesquisadas;
- o nome da região em que essas brincadeiras são realizadas;
- por que você e seus colegas escolheram essas brincadeiras para relatar no texto;
- como as crianças brincam: sozinhas, em duplas, em grupos;
- onde elas brincam;
- se essas brincadeiras também existem na região onde vocês moram, quais são as semelhanças e as diferenças.

LÍNGUA PORTUGUESA

Copie o texto que o professor registrou no quadro de giz.

Revisão e reescrita

Releiam o texto com a ajuda do professor e façam uma revisão, corrigindo o que for necessário e editando a versão final.

10 PERNA DE PAU DOS XAVANTE

VAMOS COMEÇAR!

A maioria das crianças gosta de inventar uma brincadeira e construir o próprio brinquedo. Vamos conhecer como as crianças de uma aldeia Xavante de Mato Grosso fazem isso?

Leia silenciosamente o texto a seguir. Depois, acompanhe a leitura do professor.

Perna de pau dos Xavante

Crianças, de uma maneira geral, adoram mostrar o quanto são grandes e fortes. Vivem fazendo gestos que aumentam seus tamanhos e forças. Talvez tenha sido através desse desejo que a perna de pau foi parar nas pernas de tantas crianças pelo mundo.

Criança xavante brinca de perna de pau. Mato Grosso, 2009.

Em uma aldeia xavante, no Mato Grosso, quando as crianças têm vontade de andar nas pernas de pau, saem em grupos para o mato levando consigo seus facões. Precisam encontrar o brinquedo que está pronto e escondido em alguma árvore da mata, só aguardando a vinda de alguém. Procuram por horas um tronco longo e reto, e que tenha na ponta uma forquilha (uma divisão no formato da letra Y, onde se apoia o pé) nem muito curva, nem muito aberta.

Essa busca seria mais simples se a aldeia não estivesse situada bem no meio do Cerrado brasileiro, uma região de árvores baixas com troncos bastante tortos. Encontrado o tronco com essas características, logo surge o segundo desafio: achar o par para ele. Dessa forma, uma "caçada" às pernas escondidas na mata pode durar uma manhã inteira. As forquilhas não permitem que os pés fiquem paralelos ao chão, eles ficam retorcidos para dentro, causando um certo desconforto para quem anda sobre elas. Mesmo assim, as crianças xavante gostam de provar que são fortes e resistentes, e o desafio é conferir quem consegue andar a maior distância possível sem cair. Um dia inteiro se passa sem que as crianças busquem uma nova atividade. Para elas, uma brincadeira por dia é suficiente.

Fonte: Renata Meirelles. Povos indígenas no Brasil mirim.
Disponível em: https://goo.gl/6nbiMz. Acesso em: 20 ago. 2022.

ESTUDO DO TEXTO

1. Releia esta parte do texto.

> Crianças, de uma maneira geral, adoram mostrar o quanto são grandes e fortes. Vivem fazendo gestos que aumentam seus tamanhos e forças. Talvez tenha sido através desse desejo que a perna de pau foi parar nas pernas de tantas crianças pelo mundo.

• De acordo com esse trecho, por que as crianças gostam de brincar de perna de pau?

_____

_____

2. Observe as cenas e escreva a sequência de ações que as crianças da aldeia Xavante precisam fazer para brincar de perna de pau.

1

2

_____

_____

_____

_____

_____

_____

3

4

_____

_____

_____

_____

_____

_____

3. Por que as crianças da aldeia Xavante têm dificuldade para encontrar um tronco longo e reto?

_____

_____

_____

4. Depois de ler o trecho abaixo, desenhe, em uma folha avulsa, o material que as crianças da aldeia Xavante utilizam para construir seu brinquedo.

> Procuram por horas um tronco longo e reto, e que tenha na ponta uma forquilha (uma divisão no formato da letra Y, onde se apoia o pé) nem muito curva, nem muito aberta.

5. Observe, em cada trecho, a palavra destacada e escreva à qual palavra ela se refere.

> Encontrado o tronco com essas características, logo surge o segundo desafio: achar o par para **ele**.

_____

> Um dia inteiro se passa sem que as crianças busquem uma nova atividade. Para **elas**, uma brincadeira por dia é suficiente.

_____

ESTUDO DA LÍNGUA

Letras C e Q

1. Leia estas quadrinhas.

No **quintal** de minha **casa**
Tem um pé de **abricó**
Quem quiser casar **comigo**
Vai pedir à minha avó

Domínio público.

No alto **daquele** morro
Tem uma **escada** de vidro
Por onde sobe meu bem
Por onde desce o **cupido**

Domínio público.

64

2. Copie do texto as palavras destacadas, colocando cada uma junto da sílaba encontrada nela.

ca

co

cu

que

qui

3. Leia em voz alta o nome de cada figura.

aquarela   aquário

queijo   quadro

esquilo   leque

a) Que letra vem sempre depois do **Q**? A letra _____.

b) Organize as palavras nos quadros correspondentes.

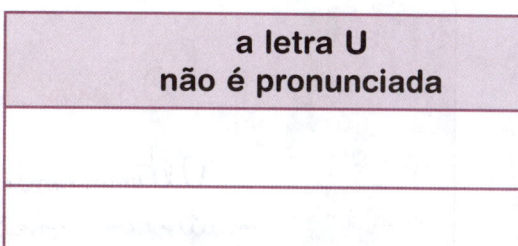

a letra U não é pronunciada

a letra U é pronunciada

4. Leia as palavras da atividade 2. Depois, marque a alternativa correta.

☐ Nas sílabas **ca**, **que**, **qui**, **co**, **cu**, o som de **c** e **qu** é semelhante.

☐ Nas sílabas **ca**, **que**, **qui**, **co**, **cu**, o som de **c** e **qu** é diferente.

LÍNGUA PORTUGUESA

65

LIÇÃO 11
O DIÁRIO DA JULIETA

VAMOS COMEÇAR!

Leia uma página do diário pessoal ficcional da personagem Julieta.

7 novembro

Amado Diário,

Ultimamente eu não tenho escrito muito em você. É que eu estou passando muito tempo no computador. Desde que o papai me deu o computador usado dele, todo dia eu me ligo na internet para falar com as amigas. Já tenho endereço de e-mail. É julietamaluquinha@edglobo.com.br.
[...]

Ziraldo. *Diário da Julieta*: as histórias mais secretas da Menina Maluquinha. São Paulo: Globo, 2006. p. 98.

ESTUDO DO TEXTO

1. A página do diário que você leu faz parte deste livro. Observe a capa.

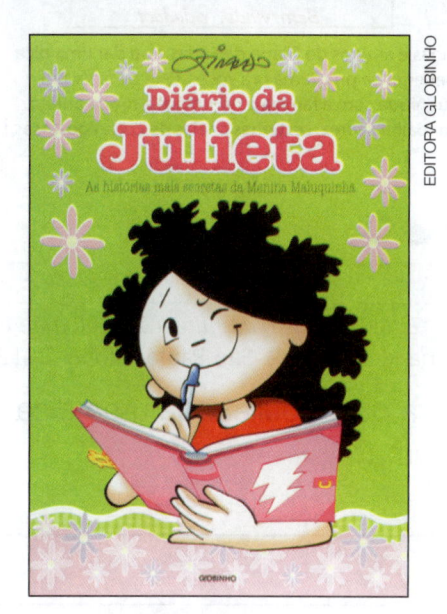

Responda.

a) Quem é o autor do livro?

_____

b) Quem é a personagem ilustrada na capa do livro?

_____

c) O que essa personagem tem nas mãos?

_____

d) O que a expressão do rosto da personagem indica?

_____
_____

2. Responda.

a) Em que dia Julieta escreveu em seu diário?

_____

b) Por que é importante colocar a data em um diário?

_____
_____

c) Que saudação Julieta utilizou?

_____

3. Julieta relata os acontecimentos como se estivesse conversando com o diário. Assinale a frase que confirma essa informação.

☐ "Já tenho endereço de *e-mail*."

☐ "Ultimamente eu não tenho escrito muito em você."

> O autor do diário relata cronologicamente fatos ou acontecimentos do seu dia a dia, opiniões, impressões, confissões, desabafos. Uma página de diário pode conter: data, saudação, relatos e despedida.

4. Responda.

a) O diário costuma ter registros diários ou quase diariamente. Julieta tem feito isso? Por quê?

_____
_____

LÍNGUA PORTUGUESA

67

b) Que outra palavra Julieta poderia usar no início do relato, no lugar de "Ultimamente"?

☐ Nos últimos dias

☐ Infelizmente

☐ Há muito tempo

5. Julieta relata que acessa a internet e já tem um endereço de *e-mail*.

a) Qual é o *e-mail* da Julieta?

_____
_____

b) Para que ela acessa a internet?

_____
_____

c) Você também acessa a internet? Para quê?

_____
_____

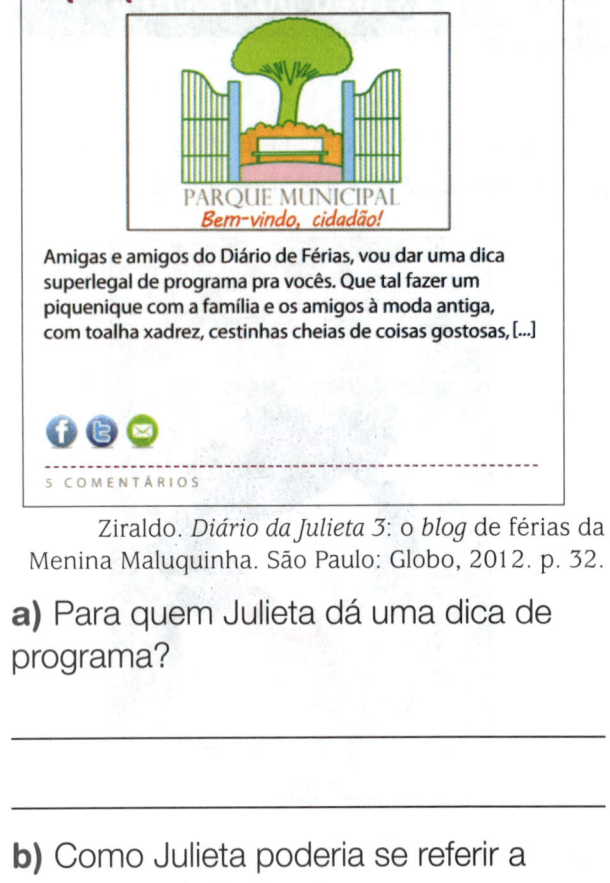

QUINTA-FEIRA
Piquenique combina com férias!

PARQUE MUNICIPAL
Bem-vindo, cidadão!

Amigas e amigos do Diário de Férias, vou dar uma dica superlegal de programa pra vocês. Que tal fazer um piquenique com a família e os amigos à moda antiga, com toalha xadrez, cestinhas cheias de coisas gostosas, [...]

5 COMENTÁRIOS

Ziraldo. *Diário da Julieta 3*: o *blog* de férias da Menina Maluquinha. São Paulo: Globo, 2012. p. 32.

a) Para quem Julieta dá uma dica de programa?

_____
_____

b) Como Julieta poderia se referir a apenas um leitor?

_____
_____

c) No texto, Julieta escreve "vou dar uma dica". Como ficaria a frase se Julieta desse mais de uma dica?

_____

ESTUDO DA LÍNGUA

O **singular** indica um só elemento. O **plural** indica mais de um elemento. Geralmente, para formar o plural basta acrescentar um **s** ao singular. Exemplo: amigo – amigo**s**.

Singular e plural

1. Leia um trecho do que Julieta escreveu em seu *blog* de férias.

Algumas palavras formam o plural de modo diferente. Observe.

68

singular	plural
al, el, ol, ul	ais, éis, óis, uis
especial	especiais
anel	anéis
farol	faróis
azul	azuis

singular	plural
ão	ãos, ões, ães
cidadão	cidadãos
ilustração	ilustrações
pão	pães

singular	plural
r, s, z	r, s, z + es
amor	amores
mês	meses
nariz	narizes

singular	plural
m	ns
origem	origens
garçom	garçons
jardim	jardins

2. Escreva as frases abaixo colocando as palavras em destaque no plural.

O **computador** é do meu pai.

_____

_____

Julieta levou **pudim** e **quindim** para o piquenique.

_____

_____

3. Veja os exemplos e escreva o plural das palavras.

raiz – raízes

cruz _____

voz _____

luz _____

noz _____

papel – papéis

pastel _____

anel _____

quartel _____

fiel _____

69

altar – altares

mar _____

escolar _____

mulher _____

abajur _____

batom – batons

jasmim _____

bombom _____

álbum _____

nuvem _____

4. Passe as palavras para o plural.

feijão _____

lição _____

lampião _____

avião _____

mamão _____

anão _____

leão _____

portão _____

balão _____

botão _____

5. Passe as palavras para o plural. Depois, escolha duas e forme frases com elas.

a bola _____

a colher _____

o cachorro _____

o vendedor _____

o guarda _____

o ator _____

_____

_____

6. Escreva o plural das palavras que estão no singular e o singular das palavras que estão no plural.

pimentões _____

casais _____

caracóis _____

igual _____

som _____

70

viagens _____

fogo _____

marrom _____

7. Escreva no plural o nome das ilustrações.

_____

_____

8. Passe as frases para o plural.

a) O livro está interessante.

_____

b) Aquela pessoa é encantadora.

_____

9. Passe as frases para o singular.

a) Seus irmãos nasceram depois.

_____

b) Elas são indígenas pataxós.

_____

_____

c) As ilustrações estão fantásticas.

_____

_____

10. Forme frases com as palavras abaixo.

alunos – especiais

_____

_____

_____

S e Z em final de palavra

1. Leia as palavras em voz alta, prestando atenção ao som das sílabas destacadas.

tartaru**gas**	me**tais**
car**taz**	ar**roz**
pei**xes**	vi**dros**
xa**drez**	cus**cuz**
chafa**riz**	ta**tus**

a) As sílabas destacadas têm o som do **s**?

71

b) Nessas palavras, o som do **s** é representado da mesma maneira?

_____

c) Separe as palavras em duas colunas, de acordo com a letra que representa o som do **s**.

Coluna 1	Coluna 2

d) O que você observou para separar as palavras?

_____

_____

_____

PRODUÇÃO DE TEXTO

Nesta lição, você leu um diário pessoal. Agora, chegou sua vez de escrever uma página de diário.

Planejamento

Relembre um episódio da sua vida que possa ser compartilhado com os colegas da turma, como uma data importante, uma viagem, um susto, uma grande alegria.

Pense em como esse fato começou, no que aconteceu depois, nas pessoas envolvidas, em seus sentimentos.

Escrita

Relate esse acontecimento no caderno ou em uma folha de papel, em forma de diário.

Revisão e reescrita

Revise seu texto. Verifique se a grafia das palavras está correta, se você usou letra maiúscula no início das frases e nos nomes próprios, se terminou as frases com um sinal de pontuação.

Troque o texto com um colega. Um vai ler o que o outro escreveu e fazer comentários para melhorar o relato.

Versão final

Quando receber seu texto de volta, faça as modificações necessárias.

Depois, leia seu relato aos colegas da turma.

VANESSA ALEXANDRE

LIÇÃO 12 — ROSA FLOR E ROSA COR

VAMOS COMEÇAR!

Leia as quadrinhas.

Rosa flor

Sempre linda e bem-amada,
A rosa é a rainha das flores.
Branca, amarela, encarnada,
Tem as mais variadas cores.

Rosa cor

Ainda mais bela ela fica,
Mais atraente e cheirosa
Quando a flor que desabrocha
Tem pétalas cor-de-rosa.

Sinval Medina e Renata Bueno.
Manga madura não se costura?
São Paulo: Editora do Brasil, 2012.

ESTUDO DO TEXTO

1. Em uma das quadrinhas, a palavra **rosa** faz parte do nome de uma cor. Que cor é essa?

_____

2. Na outra quadrinha, o que se chama **rosa** e não é cor?

_____

3. A palavra **rosa** pode ter outros sentido, além desses que aparecem nas quadrinhas. Que sentido é esse?

_____

4. Pinte da mesma cor as palavras que terminam com o mesmo som.

bem-amada   cores   cheirosa

flores   cor-de-rosa   encarnada

ESTUDO DA LÍNGUA

Masculino e feminino

Observe.

o rei – **um** rei

o príncipe – **um** príncipe

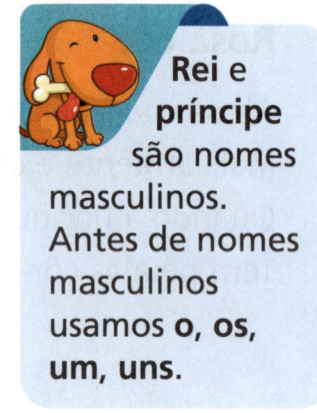

Rei e **príncipe** são nomes masculinos. Antes de nomes masculinos usamos **o, os, um, uns**.

a rainha – **uma** rainha

a princesa – **uma** princesa

Rainha e **princesa** são nomes femininos. Antes de nomes femininos usamos **a, as, uma, umas**.

ILUSTRAÇÕES: JOSÉ LUIS JUHAS

Veja algumas palavras no masculino e no feminino.

masculino	feminino	masculino	feminino
papai	mamãe	aluno	aluna
boi	vaca	tio	tia
pato	pata	avô	avó
cavalo	égua	primo	prima
leão	leoa	amigo	amiga
moço	moça	neto	neta
menino	menina	padrinho	madrinha
autor	autora	ladrão	ladra
homem	mulher	cão	cadela
sogro	sogra	galo	galinha
ator	atriz	irmão	irmã
alfaiate	costureira	bode	cabra
carneiro	ovelha	cavaleiro	amazona
cavalheiro	dama	compadre	comadre
frade	freira	genro	nora
padrasto	madrasta	príncipe	princesa
rei	rainha	réu	ré

75

ATIVIDADES

1. Ligue as palavras à ilustração correspondente.

rei

rainha

príncipe

anão

anã

princesa

2. Complete o quadro com as palavras da atividade anterior.

nomes masculinos	nomes femininos

3. Circule as palavras que aparecem antes dos nomes masculinos.

- O rei era bondoso.
- Havia um lobo na floresta.
- Os caçadores encontraram o lobo.
- Branca de Neve entrou na casa onde viviam os anões.

4. Leia as duplas de palavras abaixo, feitas com o masculino e o feminino de alguns nomes.

Complete os espaços em branco com a ou o, conforme o exemplo.

- **o** boi — **a** vaca
- ___ pato — ___ pata
- ___ cavalo — ___ égua
- ___ tio — ___ tia
- ___ avô — ___ avó
- ___ amigo — ___ amiga

5. Copie a frase abaixo passando as palavras destacadas para o masculino.

   A porca escorregou no chiqueiro e espirrou lama no rabo da **égua**, que o sacudiu e sujou o bico **da galinha** e as penas **da perua**.

_____

_____

6. Escreva antes das palavras:

o ou **a**

___ mesa   ___ vassoura

___ casa   ___ Sol

___ apito   ___ dia

um ou **uma**

___ trem   ___ sapo

___ jacaré   ___ onça

___ árvore   ___ moça

7. Releia a quadrinha:

> Sempre linda e bem-amada,
> a rosa é a rainha das flores.
> Branca, amarela, encarnada,
> tem as mais variadas cores.

Sinval Medina e Renata Bueno. *Manga madura não se costura?* São Paulo: Editora do Brasil, 2012.

Passe o texto para o masculino, trocando a flor rosa por outra flor, o cravo. Faça as alterações necessárias no texto.

_____

_____

_____

_____

Letras S e SS

1. Copie das quadrinhas da página 73 três palavras em que a letra S tem som de Z .

_____

_____

_____

2. Complete as frases de acordo com o modelo.

Maísa estuda. Ela é **estudiosa**.

José faz carinho. Ele é _____

_____.

Teresa tem cuidado. Ela é _____

_____.

3. Leia as palavras.

osso	assado
bússola	pessoa
vassoura	passa
tosse	massa
assobio	sossego
voasse	nosso
passeata	passeio
amassou	passado

4. Ordene as sílabas e forme palavras.

go | pês | se _____

sa | pas | do _____

ra | vas | sou _____

a | ta | pas | se _____

as | bi | o | so _____

la | bús | so _____

5. Forme palavras juntando as sílabas numeradas dos quadrinhos. Faça como no exemplo.

1 as	2 pas	3 na	4 ra
5 fos	6 dei	7 sa	8 si
9 do	10 ri	11 tu	12 mas
13 nho	14 sus	15 mis	16 ta

1, 7 e 9 _assado_

5 e 7 _____

2, 7 e 9 _____

2, 7, 6 e 4 _____

1, 14, 16 e 9 _____

78

12 e 7 _____

2, 7, 10 e 13 _____

1 e 7 _____

2 e 7 _____

1, 8, 3, 11 e 4 _____

> Na separação das sílabas de uma palavra que tenha **ss**, cada **s** fica em uma sílaba diferente. Veja: tosse – to**s-se**.

6. Leia as palavras e separe as sílabas.

assa _____

tosse _____

osso _____

passe _____

massa _____

passeio _____

O **s** no início da palavra tem o mesmo som de **ss**.

O **ss** só é usado entre vogais.

O **s** entre vogais tem som de **z**.

7. Complete as palavras com [s] ou [ss]. Depois, copie-as.

____ofá

_____

lápi____

_____

va____oura

_____

a____ado

_____

____audade

_____

8. Marque [v] para as informações verdadeiras e [f] para as falsas.

☐ O **s** no início da palavra tem o mesmo som de ss.

☐ Há palavras que terminam com **ss**.

☐ Há palavras que começam com **ss**.

☐ O **ss** só aparece no meio de duas vogais.

☐ O **s** entre vogais tem o som de **z**.

LIÇÃO 13 — POLUIÇÃO DOS OCEANOS

VAMOS COMEÇAR!

Leia o título do texto a seguir e observe que ele faz uma pergunta. Você sabe responder a essa pergunta? Acompanhe a leitura do professor.

Por que alguns animais marinhos comem lixo?

A poluição dos oceanos já não é mais novidade. Pior do que saber disso é descobrir que alguns animais marinhos comem lixo. A explicação é simples: além de detritos despejados diretamente por algumas embarcações, o lixo jogado nas ruas acaba sendo arrastado pelas chuvas, indo parar nos rios, que sempre desembocam no mar. Aí, todo esse material impróprio – o lixo! – pode passar a ser "comida" de tartarugas marinhas, peixes, golfinhos e pinguins.

Hoje, nenhum oceano do mundo é considerado limpo. Até nas águas congelantes da Antártida pesquisadores já encontraram plástico e outras sujeiras. As tartarugas marinhas, provavelmente, são as que mais sofrem com a poluição dos oceanos. Elas viajam por longas distâncias e, com seu casco resistente,

RICARDO CANINO/SHUTTERSTOCK

conseguem se livrar de muitos predadores. Depois do acasalamento, retornam às praias onde nasceram para depositarem seus ovos. Nesse percurso, elas se alimentam de peixes, camarões, águas-vivas e... plástico!

Na verdade, as tartarugas costumam confundir sacolas plásticas flutuantes com águas-vivas, suas presas favoritas – elas ainda comem pequenos pedaços de plástico que boiam entre as algas marinhas, seres de que também se alimentam.

O material ingerido acidentalmente vai parar no estômago desses animais, atrapalhando a digestão e, por vezes, os levando à morte.

Cientistas do mundo inteiro tentam encontrar meios de reduzir o grave problema que é a poluição marinha e de proteger os animais que vivem nos oceanos. Um caminho importante é conscientizar as pessoas a darem o destino adequado ao lixo que produzem.

O ideal é que tudo aquilo que não serve mais seja separado por categoria – plástico, papel, vidro, metal e matéria orgânica – e destinado ao recolhimento por parte das empresas de limpeza urbana.

Evitar o uso de sacolas plásticas também pode ajudar.

Se você entendeu como pode contribuir em terra para evitar poluir as águas e puder passar estas informações adiante, já estará fazendo um bem enorme aos oceanos e aos animais cuja vida depende deles.

Gustavo F. de Carvalho-Souza e Daniele de A. Miranda. Por que alguns animais marinhos comem lixo?
Revista *Ciência Hoje das Crianças*, ano 25, n. 232, p. 12, mar. 2012.

ESTUDO DO TEXTO

1. Marque com um **X** as respostas corretas.

a) Qual é o assunto principal do texto?

☐ A poluição dos oceanos.

☐ As tartarugas marinhas.

b) Com que finalidade esse texto foi escrito?

☐ Transmitir conhecimentos científicos.

☐ Contar uma história.

c) Onde o texto foi publicado?

☐ Em um suplemento infantil de jornal.

☐ Em uma revista de divulgação científica para crianças.

O texto que você leu é um **artigo de divulgação científica**. Textos como esse costumam ser escritos por cientistas, pesquisadores ou jornalistas com o objetivo de repassar determinado conhecimento ao público em geral. Eles se caracterizam por apresentar informações objetivas e, em geral, são publicados em revistas, jornais e *sites*.

2. Depois de ler o texto, escreva por que alguns animais marinhos comem lixo.

_____
_____
_____

3. Releia este trecho do texto.

> As tartarugas marinhas, provavelmente, são as que mais sofrem com a poluição dos oceanos.

Explique por que isso acontece.

_____
_____
_____
_____
_____

4. Releia este trecho do artigo.

> Cientistas do mundo inteiro tentam encontrar meios de reduzir o grave problema que é a poluição marinha e de proteger os animais que vivem nos oceanos.

O que você acha que é possível fazer para resolver esse grave problema? Converse com os colegas e o professor e dê sua opinião.

5. Ligue cada material à lixeira em que ele deve ser descartado.

6. Pinte apenas as cenas que mostram o que podemos fazer para evitar a poluição das águas. Depois, converse com os colegas sobre o que cada pessoa está fazendo.

ESTUDO DA LÍNGUA

Sinônimos

Leia estas frases.

Cientistas do mundo inteiro tentam encontrar meios de **reduzir** o grave problema que é a poluição marinha.

Cientistas do mundo inteiro tentam encontrar meios de **diminuir** o grave problema que é a poluição marinha.

As palavras destacadas nas frases acima têm o mesmo significado. Elas são sinônimas.

Sinônimos são palavras que possuem o mesmo significado ou significado parecido.

Veja algumas palavras e seus sinônimos.

lindo	belo	guloso	comilão
morar	residir	corajoso	valente
gostosa	saborosa	pular	saltar
garota	menina	contente	alegre
pacote	embrulho	auxiliar	ajudar
depressa	rápido	macio	suave
rir	sorrir	caminhar	andar
levado	arteiro	quieto	calado
certo	correto	muito	bastante
começo	início	lenta	vagarosa
veloz	rápido	surgiu	apareceu

84

ATIVIDADES

1. Releia este trecho do artigo.

> [...] além de detritos despejados diretamente por algumas embarcações, o lixo jogado nas ruas acaba sendo arrastado pelas chuvas, indo parar nos rios, que sempre desembocam no mar.

Ligue os sinônimos.

detritos	desaguam
jogado	lixo
desembocam	despejado

2. Com ajuda do professor, copie as frases trocando as palavras destacadas por sinônimos.

a) Um caminho importante é conscientizar as pessoas a darem o destino **adequado** ao lixo que produzem.

_____

_____

_____

b) O lixo jogado nas ruas acaba sendo **arrastado** pelas chuvas.

_____

_____

3. Numere a segunda coluna de acordo com a primeira.

1	auxiliar		valente
2	pacote		suave
3	macio		sábio
4	música		canção
5	corajoso		ajudar
6	inteligente		embrulho

4. Complete o diagrama com os sinônimos de:

1. morada
2. começo
3. caminhar
4. colocar
5. garoto
6. guloso
7. professor
8. saborosa

1. _ _ S _
2. I _ _ _ _ _
3. _ N _ _ _
4. _ Ô _
5. _ _ N _ _ _
6. _ _ _ I _ _
7. M _ _ _ _ _
8. _ O _ _ _ _

86

Antônimos

Poluir e **despoluir** têm sentidos contrários.

As palavras que têm significados contrários são chamadas **antônimos**.

Veja algumas palavras e seus antônimos.

bom	mau
gordo	magro
grosso	fino
grande	pequeno
comprido	curto
alto	baixo
depressa	devagar
abrir	fechar
bravo	manso
alegre	triste

menina alegre

comprar	vender
bondoso	maldoso
igual	diferente
amor	ódio
bonito	feio
acender	apagar
rico	pobre
calmo	nervoso
duro	mole
estreito	largo

menina triste

1. Copie as frases trocando as palavras destacadas por outras de sentido oposto.

a) O céu está **claro**.

_____

b) As estrelas parecem tão **distantes**.

_____

c) Na praia são **muitos** os grãos de areia.

_____

d) Muitas estrelas parecem **pequenas**.

_____

e) Daniela ficou **alegre** quando olhou para o céu.

_____

2. Siga as setas e complete os espaços com os antônimos das palavras.

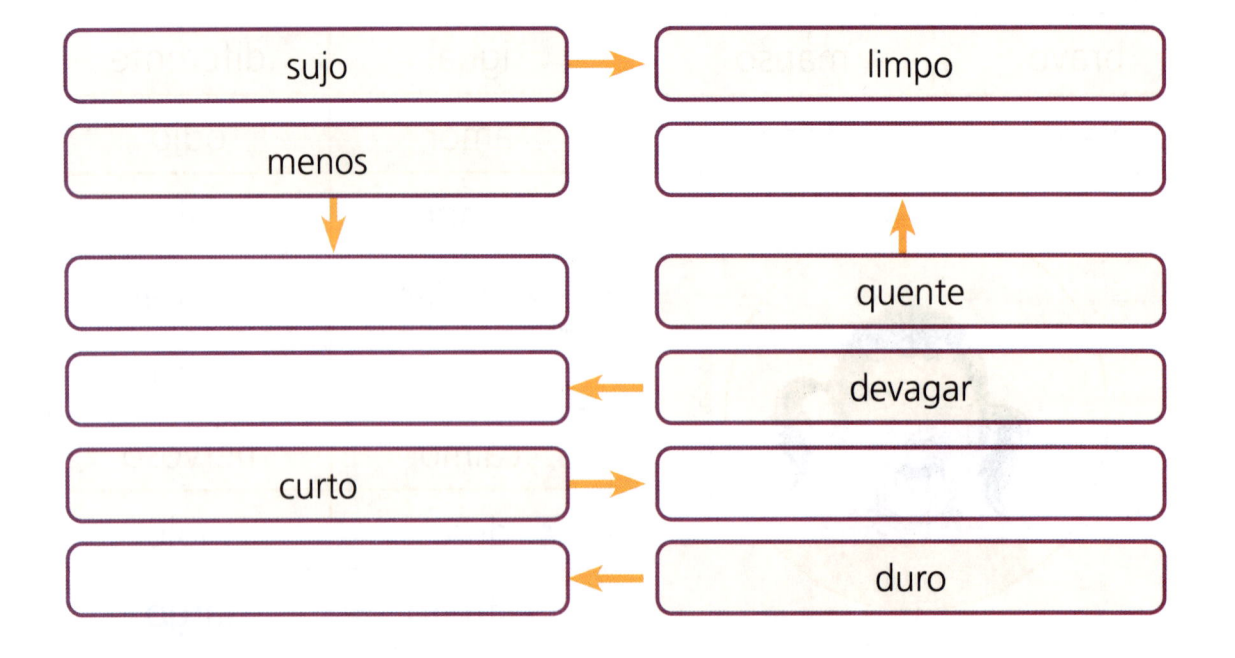

sujo	→	limpo
menos		
		quente
	←	devagar
curto	→	
	←	duro

LIÇÃO 14

O MENINO QUE VENDIA PALAVRAS

VAMOS COMEÇAR!

Leia o título do texto a seguir. Do que você acha que ele vai tratar?

Projeto Iurupari – Grupo de teatro da Ufopa apresenta o espetáculo infantil "O menino que vendia palavras"

[...]

Sobre a proposta

O Núcleo de Crianças e Adolescentes, dentro do Projeto Iurupari – Grupo de Teatro, começou a montagem do espetáculo "O menino que vendia palavras" [...], baseado na obra de Ignácio de Loyola Brandão com o mesmo título, que conta a breve história de um menino fascinado pela expertise [experiência] do pai em saber significados de muitas palavras. Com isso, ele desperta interesses de amigos para que dialogue com o pai os significados de diversas palavras. A partir de então, surge no menino a ideia [de] vender palavras, ou melhor, trocar os significados por algo que lhe convém. O espetáculo traz à tona a dinâmica das crianças com as interpretações a partir da leitura do livro [...].

Imagem de divulgação do espetáculo teatral "O menino que vendia palavras".

Sinopse

A montagem cênica foi feita a partir de jogos teatrais e dramatúrgicos que envolviam cantigas de roda, brincadeiras infantis e disposição das próprias crianças em executar o processo teatral, que vem como proposta de resultado do Núcleo de Crianças e Adolescentes, dentro do Projeto de Extensão Iurupari – Grupo de Teatro, na Ufopa.

A direção do espetáculo é de Jéssica Miranda e Amaury Caldeira. O elenco, composto pelos atores: Alanna Diene, Alice Conceição, Amaury Caldeira, Bruna Yasmim, Camille Vitoria, João Vitor, Márcia Laís. O gênero da proposta é infantil, com duração de aproximadamente 40 minutos e a classificação é livre.

Fonte: Iurupari. Disponível em: http://iurupari.blogspot.com/2017/.
Acesso em: 20 jun. 2022.

ESTUDO DO TEXTO

1. Para que o texto foi escrito?
_____
_____

2. Observe a imagem que acompanha o texto e responda.

a) Que peça de teatro será apresentada?
_____
_____

b) Quando e onde será feita a apresentação?
_____
_____

c) Que instituição fez a divulgação desse espetáculo?
_____
_____

d) É necessário comprar um ingresso para assistir ao espetáculo? O que você observou para responder?
_____
_____
_____

e) Você sabe o que significa o símbolo L que aparece na imagem?
_____
_____
_____
_____

f) Você acha que a imagem de divulgação no cartaz é importante para convencer o possível espectador a assistir à peça? Por quê?
_____
_____
_____

3. A peça de teatro foi baseada em uma obra.

a) Que obra é essa?

_____

b) De qual autor?

_____

4. Você está lendo algum livro atualmente? Caso esteja, conte aos colegas qual é o título desse livro, quem é o autor e do que ele trata.

5. Releia a sinopse.

a) Quais expressões da sinopse estão relacionadas ao teatro?

_____

_____

_____

b) Que informações sobre a peça são divulgadas na sinopse?

_____

_____

_____

ESTUDO DA LÍNGUA

Dicionário

Observe as capas ao lado.

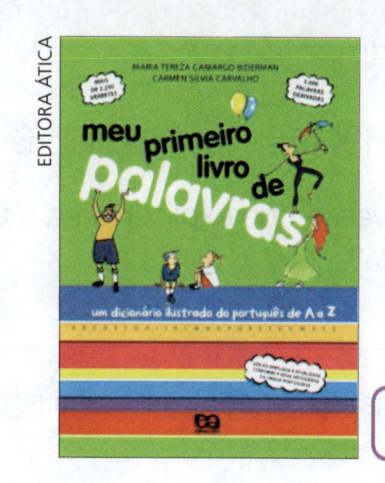

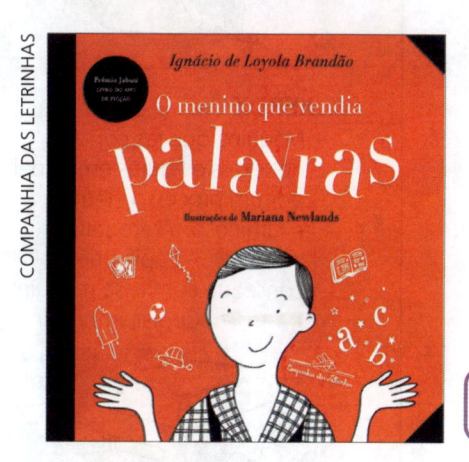

EDITORA ÁTICA

EDITORA GLOBO

COMPANHIA DAS LETRINHAS

EDITORA IBEP

91

ATIVIDADES

1. Marque um **X** nas capas de dicionários.

2. Se você tivesse que explicar para a turma do 1º ano o que é um dicionário, o que escreveria?

_____

3. Nos dicionários, encontramos os significados das palavras. Observe uma página de dicionário.

xerife   xixi

XERIFE *substantivo masculino*
Chefe de polícia, nas cidades dos Estados Unidos.

XEROX *substantivo feminino*
Máquina que faz cópias de textos e figuras em papel por um processo elétrico e luminoso, a xerografia.
⭐ A cópia que se consegue com essa máquina.
➤ Copiar, imprimir

XÍCARA *substantivo feminino*
Pequena vasilha com asa para servir café, chá, chocolate.

A Lebre pegou o relógio da mão do Chapeleiro e meteu-o na xícara de chá.
Alice no País das Maravilhas, Lewis Carroll.

XINGAR *verbo*
Dizer palavrões ou agredir alguém com palavras.
➤ Palavrão

XIXI *substantivo masculino*
Líquido formado por tudo aquilo que o corpo não consegue aproveitar e que depois é eliminado.
➤ Urina, pipi
P. 84

COMPANHIA EDITORA NACIONAL

Nelly Novaes Coelho. *Primeiro dicionário escolar*: Língua Portuguesa. São Paulo: Companhia Editora Nacional, 2008. p. 290.

> O conjunto das informações sobre uma palavra que aparece em dicionários e enciclopédias chama-se **verbete**.

92

Agora, faça o que se pede.

a) Na página de dicionário que você observou, com que letra as palavras começam?

___

b) A página reproduzida no livro está no começo, no meio ou no fim do dicionário?

___

c) Copie as palavras destacadas no início de cada quadro.

___

d) As palavras estão em ordem alfabética? O que você observou para responder?

___

___

e) Copie a primeira e a última palavra da página de dicionário.

___

f) Copie a explicação da palavra **xícara**.

___

___

g) Que exemplo de uso da palavra **xícara** aparece nesse dicionário?

___

___

H inicial, LH, CH, NH

1. Procure algumas palavras no trecho do livro *O menino que vendia palavras* e preencha o quadro a seguir.

H NO INÍCIO	NH

CH	LH

2. No caderno, faça um quadro igual ao da atividade 1. Pesquise outras palavras escritas com **h** inicial, **nh**, **ch** e **lh** em jornais e revistas e copie-as no quadro que você fez. Depois, leia as palavras que você escreveu para os colegas.

3. Observe as palavras que você escreveu. Marque a resposta correta:
a) Logo depois do **h** inicial vem sempre:

☐ uma vogal.

☐ uma consoante.

b) Quando o **h** está no meio da palavra, as letras que aparecem imediatamente antes dele são:

☐ as consoantes **c**, **l** e **n**.

☐ as vogais.

93

c) Se o **h** fosse retirado das palavras da segunda, terceira e quarta colunas, da atividade 1 da página 88, a pronúncia:

☐ mudaria completamente.

☐ continuaria a mesma.

4. Acrescente a letra **h** nas palavras e forme outras.

bola – _____   lance – _____

galo – _____   bico – _____

fila – _____   fica – _____

falou – _____   bola – _____

tela – _____   sono – _____

pino – _____   caco – _____

mina – _____   vela – _____

cão – _____   mala – _____

cama – _____   cocada – _____

Quando você acrescentou a letra **h** nas palavras, elas mudaram de som e de significado.

5. Complete as frases com uma das palavras dos parênteses.

a) Meu cabelo está cheio de _____. (cachos - cacos)

b) Esqueci de comprar a _____ para o bolo. (vela - velha)

c) Essa boneca é _____. (mina - minha)

6. Observe as sílabas iguais de cada dupla de palavras. Depois, complete os quadrinhos.

a) galinha – vizinha

[   ] [   ] nha

b) ramalhete – bilhete

c) canhoto – minhoca

d) chocalho – chocolate

94

Palavras com IM- e IN-

1. Procure no trecho do livro *O menino que vendia palavras* duas palavras que começam com **in-**.

_____

- Em qual delas o **in-** indica que a palavra é o contrário de outra?

_____

2. Leia estas palavras.

improdutivo	inalação
impróprio	inaugurar
improvisar	incapaz
impulso	incêndio
imundo	incentivar
imunidade	incerteza

a) Circule a primeira sílaba de cada palavra. Depois, copie nos quadros as palavras que começam com **im** e **in**.

palavras com im-

palavras com in-

b) Pinte as palavras escritas no quadro que são o contrário de:

certeza	próprio
capaz	produtivo

Palavras com ÃO e INHO

1. Leia a história observando com atenção cada um dos quadros.

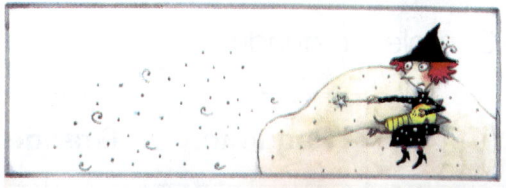

RATÃOZINHO

Eva Furnari. *Bruxinha zuzu e gato miú.* São Paulo: Moderna, 2010. p. 20-21.

95

2. O título da história que você acabou de ler é **RATÃOZINHO**.

Nessa história, o 🐭 vira um 🐭. Ligue.

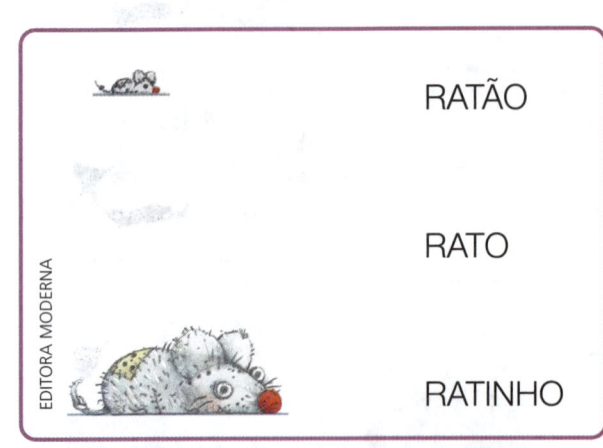

🐭	RATÃO
	RATO
🐭	RATINHO

3. E se a transformação acontecesse com o gato?

a) Que palavra nomeia um gato pequeno?

☐ gato ☐ gatinho ☐ gatão

b) Que palavra nomeia um gato grande?

☐ gato ☐ gatinho ☐ gatão

4. Complete o quadro.

	Pequeno	Grande
Cachorro		
Coelho		

PRODUÇÃO DE TEXTO

Preparação

Chegou a hora de escrever com seus colegas indicações literárias para montar um pequeno catálogo de livros. Esse material poderá ser deixado na biblioteca da escola para que outros alunos leiam e se interessem pela leitura dos livros selecionados por vocês.

Para começar, pense em um livro que você leu e do qual gostou muito.

Em uma roda de conversa, conte aos colegas o nome deste livro e os motivos que o fizeram gostar dele.

Planejamento e escrita

Nas linhas a seguir, escreva a primeira versão da sua indicação literária, fazendo um resumo da história, incluindo sua experiência de leitura (por que indica) sem revelar o final.

Lembre-se de que é importante fazer o leitor ficar com vontade de ler o livro.

_____
_____
_____
_____
_____
_____

LÍNGUA PORTUGUESA

_____

_____

_____

_____

_____

_____

Revisão e reescrita

Verifique se você escreveu tudo o que o leitor precisa saber sobre o livro.

Confira também se você:

- usou letra maiúscula no início das frases;
- colocou sinal de pontuação no final das frases;
- escreveu corretamente todas as palavras;
- escreveu de modo que sua letra possa ser entendida por outras pessoas.

Mostre sua indicação literária a um colega. Peça a ele que verifique a escrita das palavras. Depois, o professor deverá fazer uma revisão do seu texto.

Se for necessário, melhore o texto fazendo as modificações sugeridas pelo colega e pelo professor.

Finalização e divulgação

Escreva a versão final da indicação literária em uma folha de papel. Desenhe ou procure uma imagem da capa do livro para ilustrar a indicação.

Abaixo da capa, escreva o título do livro, o nome do autor, do ilustrador, do tradutor (se houver), da editora que o publicou e o número de páginas.

O professor vai reunir as indicações para organizar um pequeno catálogo que será deixado na biblioteca da escola.

LEIA MAIS

O menino que vendia palavras

Ignácio de Loyola Brandão. São Paulo: Companhia das Letrinhas, 2016.

Esse livro conta a história de um menino que tem um pai muito inteligente e conhece todas as palavras. Quem na sua família você considera muito inteligente?

97

LIÇÃO 15

POR QUE O MORCEGO SÓ VOA DE NOITE

VAMOS COMEÇAR!

O morcego tem o corpo parecido com o do rato, mas tem asas, como as aves. A história que você vai ouvir aconteceu há muitos e muitos anos, lá nas florestas africanas, quando houve uma guerra entre as aves e os outros animais. Quando a guerra foi declarada, de que lado você acha que o morcego ficou: do lado dos animais que sabem voar ou do lado dos animais que andam pelo chão?

Acompanhe a leitura do texto que o professor fará em voz alta.

Por que o morcego só voa de noite

[...]

— E agora? – perguntou a si mesmo o aparvalhado morcego. — Eu não sou uma coisa nem outra.

Indeciso, não sabendo a quem apoiar, resolveu aguardar o resultado da luta:

— Eu é que não sou bobo. Vou me apresentar ao lado que estiver vencendo — decidiu.

Dias depois, escondido entre as folhagens, viu um bando de animais fugindo em carreira desabalada, perseguidos por uma multidão de aves que distribuía bicadas a torto e a direito. Os donos de asas estavam vencendo a batalha e, por isso, ele voou para se juntar às tropas aladas.

Uma águia gigantesca, ao ver aquele rato com asas, perguntou:

— O que você está fazendo aqui?

— Não está vendo que sou um dos seus? Veja! – disse o morcego abrindo as asas. — Vim o mais rápido que pude para me alistar – mentiu.

— Oh, queira desculpar – falou a desconfiada águia. — Seja bem-vindo à nossa vitoriosa esquadrilha.

Na manhã seguinte, os animais terrestres, reforçados por uma manada de elefantes, reiniciaram a luta e derrotaram as aves, espalhando penas pra tudo quanto era lado.

DAWIDSON FRANÇA

O morcego, na mesma hora, fechou as asas e foi correndo se reunir ao exército vencedor.

— Quem é você? – rosnou um leão.

— Um bicho de quatro patas como Vossa Majestade – respondeu o farsante, exibindo os dentinhos afiados.

— E essas asas? – interrogou um dos elefantes. — Deve ser um espião. Fora daqui! – berrou o paquiderme erguendo a poderosa tromba num gesto ameaçador.

O morcego, rejeitado pelos dois lados, não teve outra solução: passou a viver isolado de todo mundo, escondido durante o dia em cavernas e lugares escuros.

É por isso que até hoje ele só voa de noite.

Rogério Andrade Barbosa. *Histórias africanas para contar e recontar*. São Paulo: Editora do Brasil, 2001. p. 9-12.

ESTUDO DO TEXTO

1. Pinte o personagem principal do conto.

Os contos contêm:
- **narrador**: é quem apresenta os personagens e os acontecimentos;
- **personagens**: são aqueles que participam da história;
- **tempo**: quando se passa a história;
- **lugar**: onde os fatos acontecem.

2. Releia este diálogo do conto.

– Quem é você? – rosnou um leão.
– Um bicho de quatro patas como Vossa Majestade – respondeu o farsante, exibindo os dentinhos afiados.
– E essas asas? – interrogou um dos elefantes. – Deve ser um espião. Fora daqui! – berrou o paquiderme erguendo a poderosa tromba num gesto ameaçador.

a) Circule o texto de acordo com a legenda:

✏️ falas do morcego

✏️ falas do leão

✏️ falas do elefante

✏️ trechos contados pelo narrador

b) Circule o sinal de pontuação usado para indicar a fala de cada personagem.

> O sinal usado para indicar a fala dos personagens é chamado **travessão**.

3. As palavras e expressões abaixo referem-se a que grupo de animais do texto? Pinte-as com estas cores:

✏️ aves

✏️ animais terrestres

| bicho de quatro patas |
| donos de asas |
| tropas aladas |
| paquiderme |

4. O morcego tinha um problema: não sabia se apoiava as aves ou os animais terrestres.

a) O que ele resolveu fazer?

_____

_____

b) Depois da primeira batalha, a que grupo o morcego se reuniu?

_____

_____

c) Após a segunda batalha, o que o morcego fez?

_____

_____

d) O problema do morcego foi resolvido? O que aconteceu no final da história?

_____

_____

_____

Nos contos, os personagens passam por um **conflito** ou um problema. No final, chamado **desfecho**, há uma solução para o problema.

5. Copie o título do conto.

_____

a) Para transformar esse título em uma pergunta, o que está faltando nele?

_____

b) Você acha que o título do conto está adequado? Por quê?

_____

_____

6. Marque um **X** na resposta correta:

O conto que você leu foi escrito para:

☐ ensinar o que devemos fazer em uma situação difícil.

☐ explicar a origem lendária do comportamento de um animal.

☐ divertir o leitor.

7. Converse com os colegas e o professor sobre as questões abaixo.

a) O morcego mentiu para a águia e para o leão. Qual é a sua opinião sobre essa atitude do personagem?

b) Você acha que o morcego merecia ter um final feliz? Por quê?

ESTUDO DA LÍNGUA

Parágrafo

1. Releia um trecho do conto e faça o que se pede.

> Uma águia gigantesca, ao ver aquele rato com asas, perguntou:
> – O que você está fazendo aqui?
> – Não está vendo que sou um dos seus? Veja! – disse o morcego abrindo as asas. – Vim o mais rápido que pude para me alistar – mentiu.

a) O trecho acima está organizado em três partes. Cada parte é um parágrafo. O que indica visualmente o início de um parágrafo?

_____

_____

b) Pinte o espaço em branco que existe no início de cada parágrafo.

2. Marque um **X** nas respostas corretas:

a) A primeira palavra de cada parágrafo está escrita com:

☐ letra maiúscula.

☐ letra minúscula.

b) Os parágrafos terminam:

☐ com um sinal de pontuação.

☐ sem pontuação.

LÍNGUA PORTUGUESA

101

> O recuo, isto é, o espaço em branco que existe no começo de cada parte do texto, entre a margem e a primeira palavra escrita, indica o início de um parágrafo. Os **parágrafos** servem para dividir o texto em partes e organizá-lo.

Consoante seguida de R

1. Leia estas palavras do conto "Por que o morcego só voa de noite".

tropas	outra
terrestre	esquadrilha
apresentar	distribuía

- Observe as sílabas destacadas em cada palavra. O que elas têm em comum?

_____

_____

_____

2. Pesquise em jornais e revistas palavras que contenham as letras destacadas abaixo. Copie-as nos quadros.

br	cr

gr	pr

dr	fr

tr	vr

3. Acrescente a letra **r** e forme novas palavras.

baço – _____

pego – _____

cavo – _____

fio – _____

gato – _____

pata – _____

4. Separe as sílabas.

trabalhador _____

madrugada _____

brinco _____

madrinha _____

brinquedo _____

cruzeiro _____

preto _____

vidraça _____

102

5. Forme palavras com estas sílabas seguindo a indicação de cores.

BRA CRA DRA FRA GRA PRA TRA

■ + vo = _____
■ + ço = _____
■ + to = _____
■ + to = _____
■ + gão = _____
■ + se = _____

■ + ma = _____
■ + vo = _____
■ + tor = _____
■ + ça = _____
■ + de = _____
■ + ça = _____

Agora, forme mais uma palavra.

_____

6. Ligue as palavras aos objetos representados pelas imagens.

TRAVESSEIRO

QUADRO

LIVRO

TREM

FRUTAS

ESTRELA

103

7. Observe a cena e faça o que se pede.

Descubra na cena figuras que tenham nomes escritos com FR, VR, DR, PR, TR. Copie estes nomes nas linhas abaixo.

_____

_____

8. Escolha uma palavra da atividade anterior e forme uma frase com ela.

_____

PRODUÇÃO DE TEXTO

Preparação

Observe a imagem destes animais.

Pesquisa

Reúna-se com mais três ou quatro colegas. Façam juntos uma pesquisa sobre um dos animais mostrados na imagem. Vocês podem consultar revistas científicas, livros, enciclopédias, *sites*.

Escrita

Escrevam, nas linhas a seguir, o resultado da pesquisa.

_____

_____

_____

_____

_____

Revisão e reescrita

Leia o texto que você escreveu. Verifique se é necessário fazer alguma correção. Depois, mostre o texto ao professor. Ele poderá sugerir outras modificações.

Exposição oral

No dia combinado pelo professor, apresentem oralmente os resultados da pesquisa ao restante da turma. Lembrem-se de que é importante:

- ser compreendido pelos colegas, por isso, pronunciem as palavras com clareza;
- usar um tom de voz que todos possam ouvir;
- falar em um ritmo adequado, ou seja, nem muito rápido nem muito devagar;
- respeitar a vez dos colegas falarem, ouvindo-os com atenção.

LEIA MAIS

Histórias africanas para contar e recontar

Rogério Andrade Barbosa. São Paulo: Editora do Brasil, 2001.

Ao ler as histórias desse livro, você poderá conhecer um pouco dos costumes africanos.

LIÇÃO 16 — O JABUTI DE ASAS

VAMOS COMEÇAR!

Na história a seguir, o jabuti queria muito participar de uma grande festa no céu. Os pássaros, muito generosos, amarraram várias penas nas patas do jabuti para que ele pudesse voar.

Nessa festa, cada um tinha de usar um nome diferente. O jabuti, que era esperto, pensou um pouco e escolheu o nome *Pra Todos*. Você imagina por que ele fez essa escolha?

Faça uma leitura silenciosa do texto para verificar se o que você pensou se confirma. Depois, leia o texto em voz alta, com o professor e os colegas.

O jabuti de asas

[...]

Para ele decolar foi um custo. Os céus da África nunca tinham visto um ser voador tão desajeitado como aquele jabuti de asas reluzentes.

[...]

Por isso, quando alcançaram o céu, a festa já tinha começado. Uma mesa enorme para o café da manhã, coberta de frutas, aguardava havia tempo pelos retardatários.

A passarada, de acordo com velhos costumes, perguntou:

– Pra quem a comida vai ser servida primeiro?

A dona da festa, uma águia imponente, foi quem respondeu:

– Pra todos.

– Então é pra mim – disse o jabuti, avançando nas guloseimas, enquanto os pássaros observavam, sem poder fazer nada.

A festa continuou animada até a hora do almoço.

E, novamente, a cena se repetiu.

– Pra quem é o almoço? – tornaram a perguntar os pássaros.

– Pra todos – disse a anfitriã.

O jabuti, sem perder tempo, comeu tudo outra vez.

Na hora do jantar, foi a mesma coisa. O bando de aves, esfomeado, resolveu ir embora. Mas, primeiro, exigiu que o jabuti devolvesse as penas que haviam emprestado a ele.

– Entregue tudo – disseram os passarinhos, arrancando as plumas em torno das patas do jabuti.

Antes que os pássaros voassem de volta à floresta, o jabuti fez um pedido:

– Por favor, passem na minha casa e peçam para minha mãe colocar um monte de capim em frente à nossa porta – implorou.

– Para quê?

– Para eu não me machucar quando pular do céu – disse o espertalhão.

Os pássaros, zangados, quando chegaram à terra deram o recado errado para a mãe do jabuti:

– O seu filho pediu para a senhora colocar umas pedras bem grandes na entrada da casa.

Resultado: o jabuti se esborrachou contra os pedregulhos. Por sorte, não morreu. A mãe dele é que teve um trabalho danado pra remendar os pedaços do casco todo arrebentado.

Por causa do tombo, os descendentes do jabuti, além de passarem a andar muito devagar, carregam essa couraça rachada até hoje.

Rogério Andrade Barbosa. *Contos africanos para crianças brasileiras*. São Paulo: Paulinas, 2016. p. 17-24.

ESTUDO DO TEXTO

1. Complete.

   O título do conto é _____.

Esse conto foi publicado no livro

_____.

O autor do livro é

_____.

2. Que outro título você daria para essa história? Por quê?

_____

_____

_____

_____

_____

_____

_____

3. Circule o personagem principal do conto.

ILUSTRAÇÕES: DAWIDSON FRANÇA

4. Copie um parágrafo do conto que permite afirmar que a história se passa no continente africano.

_____

_____

_____

_____

_____

_____

_____

_____

5. Por que o jabuti escolheu o nome **Pra Todos** para usar na festa?

☐ Provavelmente porque ele sabia que os pássaros tinham o costume de perguntar para quem a refeição seria servida e que a resposta seria "pra todos".

☐ Porque ele queria fazer uma homenagem a todos os pássaros que o ajudaram a chegar ao céu.

6. Numere os acontecimentos da história na ordem em que eles ocorreram:

☐ O jabuti pediu aos pássaros que dessem um recado à mãe dele: colocar um monte de capim em frente à porta da casa para ele não se machucar quando pulasse do céu.

108

☐ Na festa, o jabuti comeu toda a comida dos pássaros.

☐ Os pássaros deram o recado errado à mãe do jabuti, pedindo a ela que colocasse pedras bem grandes na entrada da casa.

☐ Os pássaros resolveram voltar para a floresta, mas exigiram que o jabuti devolvesse as penas que eles emprestaram.

☐ O jabuti se esborrachou todo nos pedregulhos.

7. Releia este parágrafo do conto.

> Na hora do jantar, foi a mesma coisa. O bando de aves, esfomeado, resolveu ir embora. Mas, primeiro, exigiu que o jabuti devolvesse as penas que haviam emprestado a **ele**.

O termo em destaque (ele) foi usado para substituir uma palavra da frase, evitando que ela fosse repetida. Que palavra é essa?

_____

ESTUDO DA LÍNGUA

Consoante seguida de L

1. Leia estas palavras do conto "O jabuti de asas". Depois, escreva cada sílaba em um quadrinho.

claro
☐ ☐

plumas
☐ ☐

floresta
☐ ☐ ☐

explicou
☐ ☐ ☐

implorou
☐ ☐ ☐

exclamava
☐ ☐ ☐ ☐

2. Observe os quadrinhos vermelhos da atividade 1. O que as sílabas desses quadrinhos têm de parecido?

☐ Todas as sílabas em destaque começam com **pl**.

☐ Todas as sílabas em destaque aparecem no início da palavra.

☐ Todas as sílabas em destaque são formadas por uma consoante seguida da letra **l** e de uma vogal.

3. Acrescente a letra Ⓛ e forme novas palavras.

cima – _____

pano – _____

cara – _____

fecha – _____

109

fora – _____

paca – _____

3. Complete as frases usando as palavras do quadro.

> flores – claridade – Flávio – plantar
> atleta – aplaudido – flautista – Glória
> bicicleta – triatlo

a) O _____ foi muito _____.

b) Ela só gosta de _____ vermelhas.

c) A _____ do sol penetrava no quarto de _____.

d) _____ ganhou uma _____ nova.

e) O _____ que ganhou o _____ era muito veloz.

4. Complete as palavras com BL, CL, FL, GL, PL ou TL. Depois **reescreva-as** separando suas sílabas.

_____oco _____

_____echada _____

_____oro _____

a_____eta _____

_____uma _____

_____ástico _____

_____ube _____

_____aridade _____

_____anela _____

pro_____ema _____

_____ima _____

_____icose _____

a_____ição _____

a_____auso _____

_____atina _____

bi_____ioteca _____

_____acê _____

_____anejar _____

PRODUÇÃO DE TEXTO

Preparação

Nesta atividade, você e os colegas vão reescrever o conto "O jabuti de asas".

JOSÉ LUIS JUHAS

Planejamento

O professor vai reler a história. Ouça com atenção para identificar os personagens, o lugar em que se passa a história, o problema que o personagem principal enfrenta, as soluções que ele encontra para resolver esse problema e como a história termina.

Reconto oral

Agora, cada um vai contar um trecho da história com as próprias palavras.

Vocês podem mudar a voz para representar os diferentes personagens. Também podem fazer gestos e expressões para demonstrar o que estão sentindo.

Lembre-se de falar em um tom de voz adequado, nem muito baixo nem muito alto.

LÍNGUA PORTUGUESA

111

Escrita

Agora que você ouviu a leitura do professor e recontou a história oralmente com a turma, reescreva o conto no espaço abaixo, com a ajuda de um colega.

_____

_____

_____

_____

_____

_____

_____

_____

_____

_____

Revisão e reescrita

Chegou a hora de revisar e corrigir os textos produzidos.

Troquem o texto com outra dupla. Vocês vão ler e fazer anotações na história que os colegas escreveram.

Devolvam o texto dos colegas e leiam o que eles anotaram no texto de vocês. Também poderão mostrar o texto ao professor, para que ele faça novas sugestões.

Corrijam o que acharem necessário e escrevam a versão final em outra folha de papel.

Socialização

Agora, preparem-se para ler a história que você e seu colega escreveram para a turma. Lembrem-se de:

- mudar a voz para representar os diferentes personagens;
- fazer gestos e expressões para demonstrar o que estão sentindo;
- falar em um tom de voz adequado, nem muito baixo nem muito alto, nem muito rápido nem devagar demais.

LEIA MAIS

Contos africanos para crianças brasileiras
Rogério Andrade Barbosa. São Paulo: Paulinas, 2016.

Nesse livro, há dois contos da literatura oral de Uganda, um país africano. O primeiro conto fala de como surgiu a inimizade entre o gato e o rato. O segundo é este que você conheceu.

AMPLIANDO O VOCABULÁRIO

a torto e a direito: aos montes, em grande quantidade.

acasalamento (a-ca-sa-la-**men**-to): união de macho e fêmea da mesma espécie para gerar um novo ser.

anfitriã (an-fi-tri-**ã**): dona da casa que recebe os convidados.

Antártida (An-**tár**-ti-da): continente mais frio do planeta, coberto por gelo.

aparvalhado (a-par-va-**lha**-do): desorientado, atrapalhado.

balaio (ba-**lai**-o): cesto.

balofo (ba-**lo**-fo): gordo, cheio.

banguela (ban-**gue**-la): pessoa que não tem dentes ou não tem os dentes da frente.

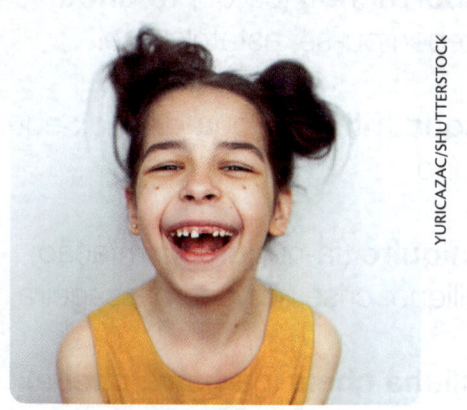

boleador (bo-le-a-**dor**): instrumento usado para dar forma circular.

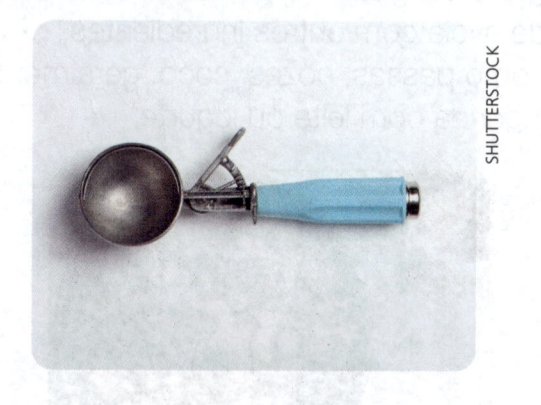

cambaio (cam-**bai**-o): que tem pernas tortas.

cavaquinho (ca-va-**qui**-nho): instrumento musical de cordas.

desabalada (de-sa-ba-**la**-da): veloz.

desabrocha (de-sa-**bro**-cha): abre.

desembocam (de-sem-**bo**-cam): terminam o curso, desaguam.

LÍNGUA PORTUGUESA

113

detritos (de-**tri**-tos): restos de qualquer substância.

encarnada (en-car-**na**-da): cor da carne, vermelha.

esborrachou (es-bor-ra-**chou**): arrebentou-se, estatelou-se.

esquadrilha (es-qua-**dri**-lha): equipe, grupo.

faniquito (fa-ni-**qui**-to): irritação; chilique; crise nervosa passageira.

galinha cheia (ga-**li**-nha **chei**-a): galinha recheada.

granola (gra-**no**-la): mistura de flocos de aveia com outros ingredientes, como passas, nozes, coco, geralmente ingerida com leite ou iogurte.

harmonizar (har-mo-ni-**zar**): estar em harmonia, em acordo, em paz.

imponente (im-po-**nen**-te): importante, de grande autoridade.

lambe-lambe (**lam**-be-**lam**-be): fotógrafo que trabalhava em ruas, parques e praças.

matéria orgânica (ma-**té**-ria or-**gâ**-ni-ca): sobras de alimentos.

paparicar (pa-pa-ri-**car**): mimar, tratar com carinho.

paquiderme (pa-qui-**der**-me): que tem a pele grossa.

polipropileno (po-li-pro-pi-**le**-no): plástico.

reluzentes (re-lu-**zen**-tes): brilhantes.

retardatários (re-tar-da-**tá**-rios): aqueles que chegaram atrasados.

sapoti (sa-po-**ti**): fruto do sapotizeiro.

serenata (se-re-**na**-ta): apresentação musical simples, realizada ao ar livre.

Urubupungá (U-ru-bu-pun-**gá**): nome que vem da língua indígena guarani e significa "grasnado de urubu". Hoje designa diversas localidades, como o complexo de usinas hidrelétricas banhadas pelo rio Paraná.

114

Coleção Eu gosto m@is

MATEMÁTICA

2º ANO
ENSINO FUNDAMENTAL

SUMÁRIO

PÁGINA

Lição 1 – Os números no dia a dia..118
- Os números e as quantidade..118
- Comparação de números: maior, menor, igual 119
- Ordem crescente e ordem decrescente..............................119
- Os números e o tempo...121
- Os números que indicam ordem..121
- Os números e os códigos 122
- Os algarismos 123

Lição 2 – Sistema de Numeração Decimal...................................124
- A história dos números 124
- Unidades e dezenas 125
- Dezena e meia dezena...126

Lição 3 – Números até 99..128
- Números de 11 a 19..128
- Números de 20 a 29..130
- Números de 30 a 59..132
- Números de 60 a 99..135
- Dezenas exatas..137
- Estimativas..140

Lição 4 – Adição..141
- Ideia de juntar 141
- Ideia de acrescentar 142
- Adição sem reagrupamento (com um algarismo)..............142
- Adição sem reagrupamento (com dois algarismos) 143

Lição 5 – Subtração..146
- Ideia de retirar...146
- Ideia de comparar 148
- Ideia de completar 149
- Subtração sem reagrupamento (com dois algarismos)....150

Lição 6 – Geometria: Linhas retas e linhas curvas.....................152

Lição 7 – Dúzia e meia dúzia 154

Lição 8 – Números ordinais 157

Lição 9 – Números até 999...160
- Sistema de Numeração Decimal – centena........................160
- Decomposição de um número natural 161

Lição 10 – Adição e subtração: números com 3 algarismos........165
- Adição sem reagrupamento (com três algarismos)..........165
- Adição com reagrupamento...168
- Subtração sem reagrupamento (com três algarismos) 171
- Subtração com reagrupamento 173
- Verificação da adição e da subtração 176

Lição 11 – Números pares e números ímpares..........................177
- Números pares e números ímpares com dois algarismos 178

PÁGINA

Lição 12 – Sólidos geométricos e figuras planas 179
- Sólidos geométricos 179
- Figuras planas 181

Lição 13 – Pensamento algébrico 182
- Sequências repetitivas 183
- Sequências recursivas 185

Lição 14 – Localização e movimentação 186
- Orientação e localização 186
- Movimentação 188

Lição 15 – Ideias de multiplicação 190
- Organização retangular 191
- Combinatória 192
- Proporcionalidade 193
- Dobro 195
- Triplo 195
- Quádruplo 195
- Quíntuplo 195

Lição 16 – Ideias da divisão 199
- Metade 203

Lição 17 – Noção de acaso 205
- É possível ou é impossível? 205
- É provável ou é improvável? 207

Lição 18 – Tempo e dinheiro 210
- Calendário 210
- Horas 213
- Horários 214
- Dinheiro 215
- Nosso dinheiro 216

Lição 19 – Medidas de comprimento 219
- Realizando medidas 219
- Medindo com palmos 220
- Medindo comprimentos 220
- O metro 221

Lição 20 – Medidas de massa 225

Lição 21 – Medidas de capacidade 228

LIÇÃO 1 — OS NÚMEROS NO DIA A DIA

Os números e as quantidades

Observe nas imagens o uso dos números.

Responda de acordo com as imagens.

- Os números são importantes? Por quê?
- Os números no relógio servem para quantificar ou medir? Explique.
- Os números no pódio servem para medir ou ordenar? Explique.
- Os números na placa de carro servem para quê?
- Em que situações você utiliza números para quantificar?
- Alguma vez você já fez uma contagem por estimativa?

Quando queremos fazer uma contagem aproximada, fazemos uma estimativa da quantidade de objetos de uma coleção.

Observe a coleção de adesivos ao lado.

- Quantos adesivos você acha que tem? Dê seu palpite sem fazer a contagem um a um.
- Compare seu palpite com o de outros colegas.

118

Comparação de números: maior, menor, igual

Observe a seguinte situação.

Roberto tem

João tem

• Complete os espaços corretamente.

a) Roberto tem _____ apontadores.

b) João tem _____ apontadores.

c) A coleção que tem mais apontadores é a de _____.

d) A coleção que tem menos apontadores é a de _____.

e) Podemos escrever que 5 > 4.

> Para indicar que uma quantidade é **maior que** outra, usamos o símbolo **>**.

f) Podemos escrever, também, que 4 < 5.

> Para indicar que uma quantidade é **menor que** outra, usamos o símbolo **<**.

Veja outra situação.

Mônica tem _____ e Estela tem _____.

• Complete os espaços corretamente.

a) Mônica tem _____ bonecas.

b) Estela tem _____ bonecas.

c) Mônica tem _____ quantidade de bonecas que Estela.

d) Podemos escrever que 3 = 3.

> Para indicar quantidades **iguais**, usamos o símbolo **=**.

Ordem crescente e ordem decrescente

Observe as imagens a seguir:

As imagens das árvores estão organizadas da menor para a maior, da esquerda para a direita. Então dizemos que elas estão em **ordem crescente**.

Agora, as imagens das árvores estão organizadas da maior para a menor, então dizemos que elas estão em **ordem decrescente**.

Veja como organizamos os números.

Ordem crescente.

| 0 | 1 | 2 | 3 | 4 | 5 | 6 | 7 | 8 | 9 |

Ordem decrescente.

| 9 | 8 | 7 | 6 | 5 | 4 | 3 | 2 | 1 | 0 |

119

ATIVIDADES

1. Conte e compare a quantidade de elementos de cada grupo. Represente com números e com os símbolos >, < ou =.

2. Complete com os números para que obedeçam à ordem:

3. Em cada coração, contorne de azul o número que representa a maior quantidade e de amarelo o número que representa a menor quantidade.

Os números e o tempo

São comuns, em nosso dia a dia, perguntas do tipo:

- A que horas você vai à escola?
- Quanto tempo você leva para ir até o mercado?
- A que horas começa o jogo?
- Qual é o tempo de duração de um jogo de futebol?

Para responder a essas perguntas e representar as horas, utilizamos os números.

Os números que aparecem nos mostradores ou nos visores dos relógios indicam a hora.

Os relógios são instrumentos de medir o tempo.

Preencha a ficha com as informações sobre sua rotina diária.

Minha rotina diária
Acordo às _____ horas.
Almoço às _____ horas.
Vou para a escola às _____ horas.
Brinco às _____ horas.
Vou dormir às _____ horas.

Os números que indicam ordem

Os números servem também para ordenar posições de pessoas, coisas, sequências de acontecimentos etc.

Os números são utilizados para indicar a ordem de inscrição em uma corrida ou a classificação em vários tipos de competições esportivas.

Veja uma corrida e observe a posição dos corredores.

a) Circule o atleta que está em primeiro lugar.

b) Marque com um **X** o atleta que está em 3º lugar.

c) Se tivesse mais um atleta atrás do último, em que colocação ele estaria?

_____

Os números 1º, 2º, 3º, 4º, 5º, 6º... são utilizados para indicar a ordem em uma situação na qual é preciso fazer uma classificação.

MATEMÁTICA

121

Os números e os códigos

Os números servem para diversos usos.

Podemos utilizá-los para saber a quantidade de objetos em uma coleção ou para codificar objetos, espaços, documentos, acessos à internet etc.

Os números também podem ser usados para indicar a localização de uma casa, a chave de um apartamento ou identificar um produto por código de barras. Nessas situações, os números são códigos.

> Quando usamos números que não indicam quantidade, nem ordem, nem medida, é possível que estejamos utilizando os números como códigos.

- Você conhece outras situações em que utilizamos os números para codificar?
- Compare sua resposta com as de outros colegas.

ATIVIDADES

1. Marque com um **X** as situações em que os números são usados como código.

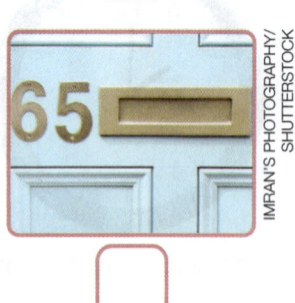

2. Ligue cada código ao que cada um pode representar.

7892281215516	CEP
958 741 364	
59841-030	telefone
1847511489325	
87412-684	código de barras
978 118 222	

Os algarismos

Os símbolos que usamos para representar quantidade, ordem, medida ou código chamam-se **algarismos**.

Para escrever os números, utilizamos os símbolos a seguir.

1	2	3	4	5	6	7	8	9	0
um	dois	três	quatro	cinco	seis	sete	oito	nove	zero

Os números têm diferentes quantidades de algarismos.

Eu tenho 7 anos.

E eu tenho 29 anos!

O número **7** tem **um** algarismo.

O número **29** tem **dois** algarismos.

- Quantos algarismos tem o número de dedos de sua mão?
- Quantos algarismos tem o número do endereço de sua escola?

Complete:

a) Minha idade: _____ anos. ⟶ quantidade de algarismos: _____

b) Número da minha casa: _____. ⟶ quantidade de algarismos: _____

LIÇÃO 2 — SISTEMA DE NUMERAÇÃO DECIMAL

A história dos números

Os seres humanos que viveram há muitos e muitos anos não conheciam os números. Naquele tempo, os pastores de ovelhas tinham necessidade de controlar os rebanhos. Precisavam saber quantas ovelhas havia no rebanho.

É muito provável que eles tenham feito desenhos e marcas nas paredes das cavernas.

Como os pastores podiam saber se alguma ovelha se perdera ou se outras haviam se juntado ao rebanho?

Com o passar do tempo, as quantidades foram representadas em pedaços de madeira, com nós em corda ou com pedras.

Ao soltar as ovelhas, o pastor guardava uma pedra para cada animal que passava.

Quando os animais voltavam, o pastor retirava uma pedra para cada ovelha que passava. Se sobrassem pedras, ficaria sabendo que havia perdido ovelhas. Se faltassem pedras, saberia que o rebanho havia aumentado. Dessa forma, mantinha tudo sob controle.

Mas, provavelmente, o ser humano não usou somente pedras para fazer a contagem. Ele utilizou os dedos das mãos e até dos pés.

Fonte: *Como surgiu a noção de número*. Disponível em: www.educ.fc.ul.pt/icm/icm98/icm12/Nocao.htm Acesso em: ago. 2022.

Unidades e dezenas

O sistema de numeração que usamos é um **sistema decimal**, pois contamos em grupos de 10. A palavra decimal tem origem na palavra latina *decem*, que significa 10. Esse sistema foi inventado pelos hindus, aperfeiçoado e levado à Europa pelos árabes. Daí o nome sistema indo-arábico de numeração.

Observe:

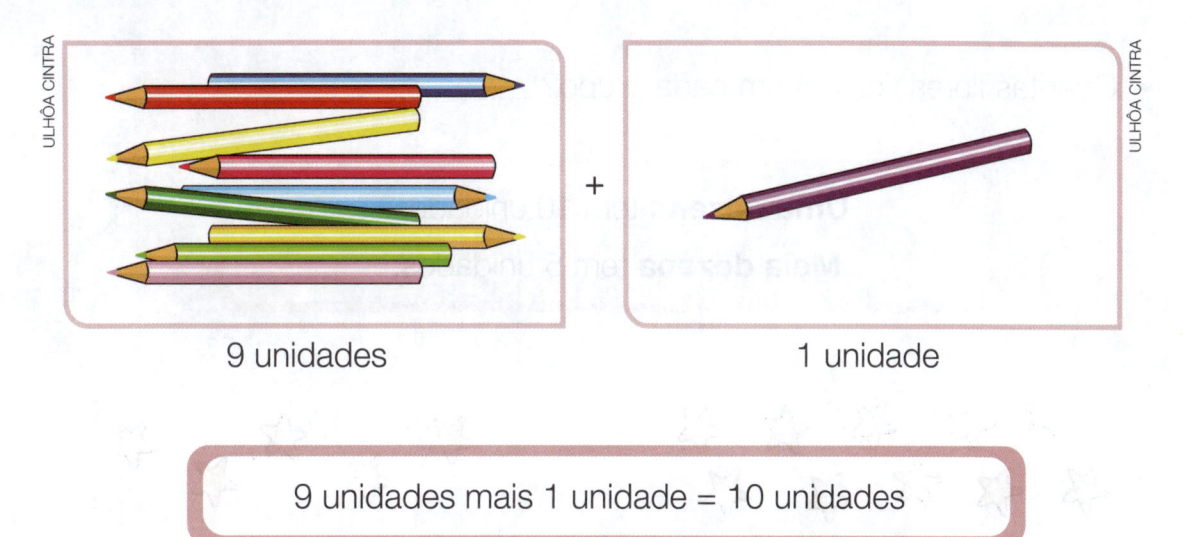

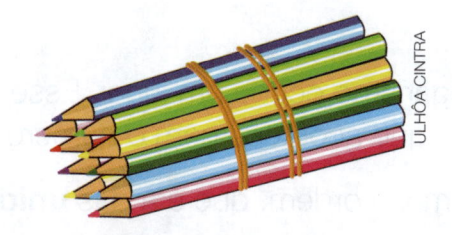

9 unidades   +   1 unidade

9 unidades mais 1 unidade = 10 unidades

Observe que 10 unidades é igual a 1 dezena.

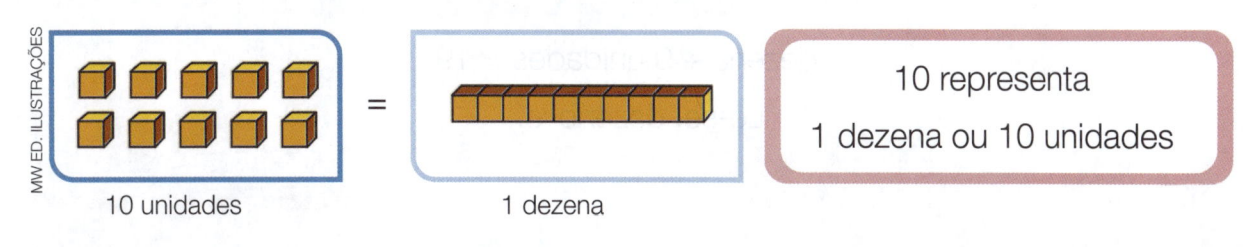

10 unidades = 1 dezena

10 representa
1 dezena ou 10 unidades

Veja a representação no quadro.

Dezena	Unidade
1	0

Dezena e meia dezena

Separe estas flores em 2 grupos com o mesmo número de flores.

- Quantas flores ficaram em cada grupo? _____.

> **Uma dezena** tem 10 unidades.
> **Meia dezena** tem 5 unidades.

1 dezena de estrelas
10 estrelas

meia dezena de estrelas
5 estrelas

Em um número, cada algarismo ocupa um lugar. Esse lugar indica a **ordem** desse algarismo. Observe o que acontece com o número 19.

O número 9 ocupa a primeira ordem, que é a das **unidades**.

O número 1 ocupa a segunda ordem, que é a das **dezenas**.

1 dezena + 9 unidades = 19
Lê-se: dezenove.

2ª ORDEM	1ª ORDEM
Dezenas	Unidades
1	9

ATIVIDADES

1. Desenhe figuras de acordo com a quantidade indicada.

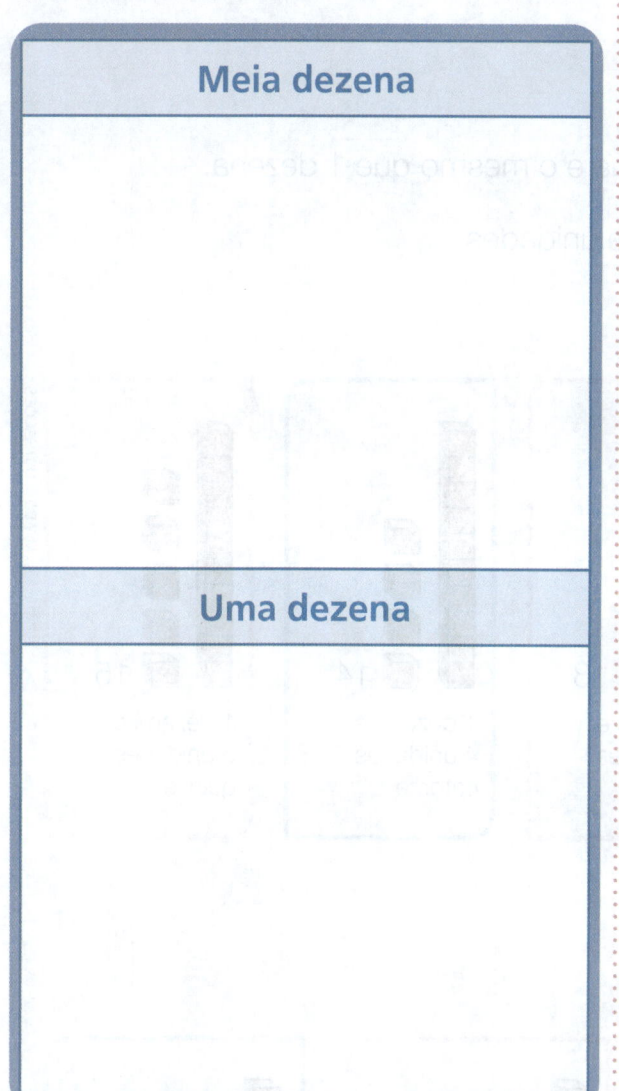

Meia dezena

Uma dezena

2. Marque com um **X** os agrupamentos que têm uma dezena.

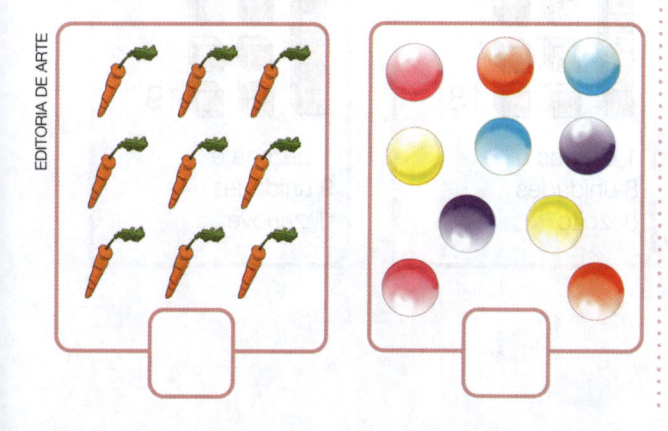

3. Desenhe para completar uma dezena em cada grupo.

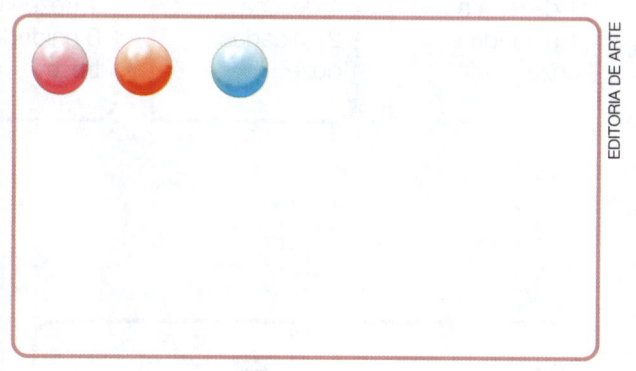

4. Risque meia dezena de objetos em cada grupo. Escreva no quadrinho quantos sobram sem riscar.

127

LIÇÃO 3 — NÚMEROS ATÉ 99

Números de 11 a 19

Cada barra representa 10 unidades, que é o mesmo que 1 dezena.

Veja em cada quadro o número total de unidades.

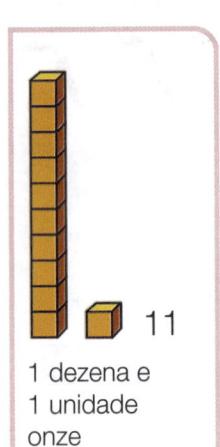

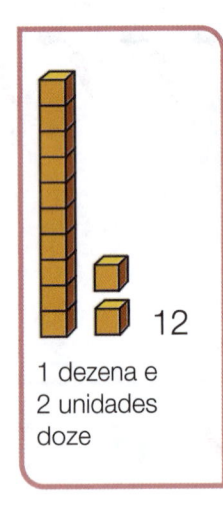

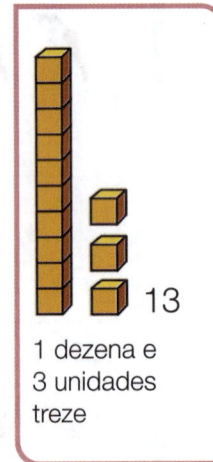

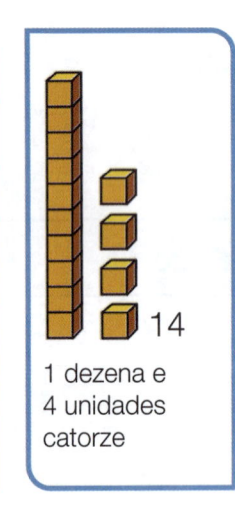

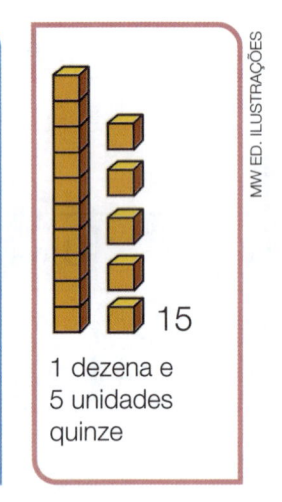

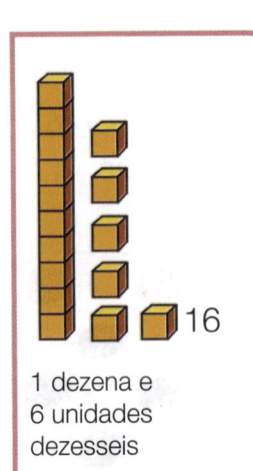

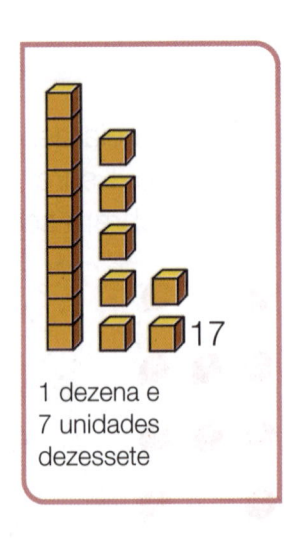

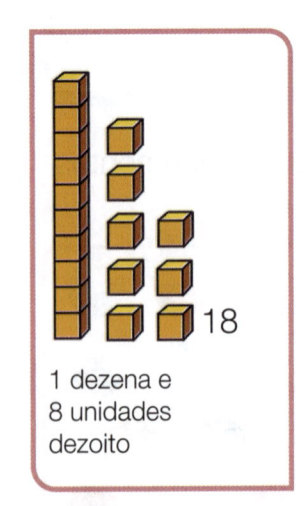

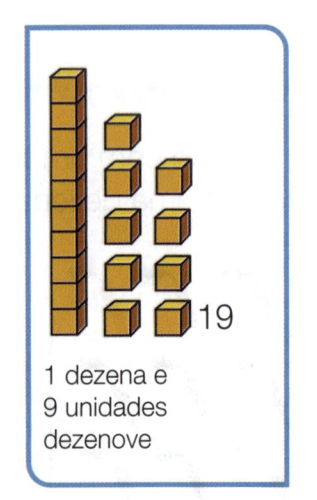

11 — 1 dezena e 1 unidade — onze

12 — 1 dezena e 2 unidades — doze

13 — 1 dezena e 3 unidades — treze

14 — 1 dezena e 4 unidades — catorze

15 — 1 dezena e 5 unidades — quinze

16 — 1 dezena e 6 unidades — dezesseis

17 — 1 dezena e 7 unidades — dezessete

18 — 1 dezena e 8 unidades — dezoito

19 — 1 dezena e 9 unidades — dezenove

MW ED. ILUSTRAÇÕES

128

ATIVIDADES

1. Em cada grupo, cerque 10 objetos e indique a quantidade de dezenas e de unidades.

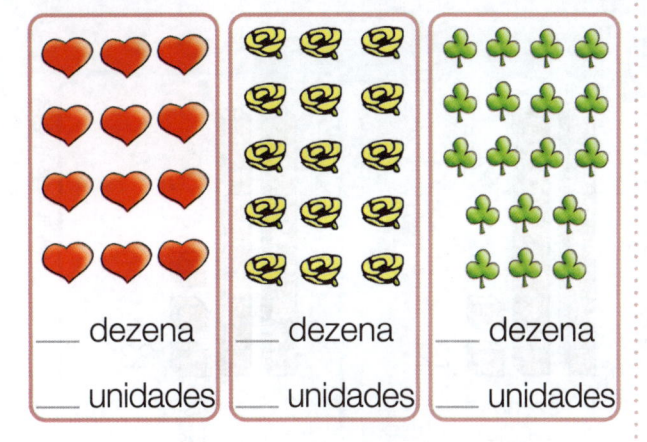

___ dezena
___ unidades

___ dezena
___ unidades

___ dezena
___ unidades

2. Complete com as dezenas e as unidades. Observe o modelo.

13 = 1 dezena e 3 unidades

15 = _____ dezena e _____ unidades

17 = _____ dezena e _____ unidades

14 = _____ dezena e _____ unidades

3. Escreva quantas unidades há em:

a) 1 dezena _____

b) 1 dezena e 2 unidades _____

c) 1 dezena e 9 unidades _____

d) 1 dezena e 8 unidades _____

e) 1 dezena e 6 unidades _____

f) 1 dezena e 1 unidade _____

4. Escreva os números no quadro. Observe o exemplo.

12

Dezena	Unidade
1	2

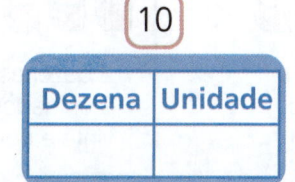

10

Dezena	Unidade

18

Dezena	Unidade

15

Dezena	Unidade

19

Dezena	Unidade

11

Dezena	Unidade

5. Complete as sequências.

| 11 | 12 | | | 16 | | | |

| | 18 | 17 | | | | 12 | 11 |

6. Escreva os números por extenso.

11 _____

16 _____

12 _____

17 _____

13 _____

18 _____

14 _____

19 _____

15 _____

20 _____

129

Números de 20 a 29

Cada barra representa 10 unidades, ou seja, 1 dezena.

Veja em cada quadro o número total de unidades.

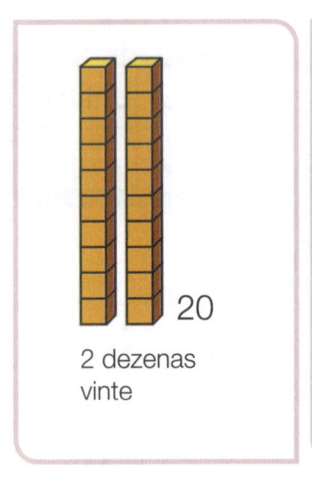

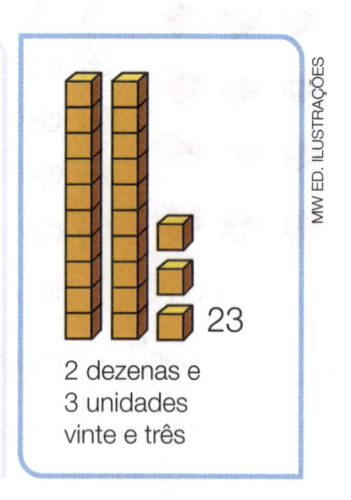

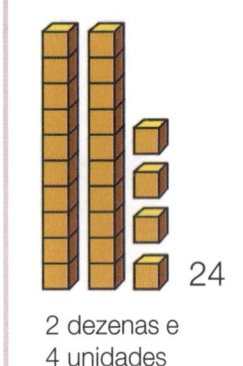

20
2 dezenas
vinte

21
2 dezenas e
1 unidade
vinte e um

22
2 dezenas e
2 unidades
vinte e dois

23
2 dezenas e
3 unidades
vinte e três

24
2 dezenas e
4 unidades
vinte e quatro

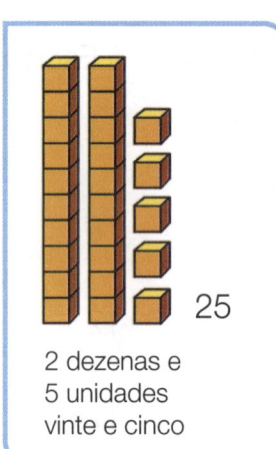

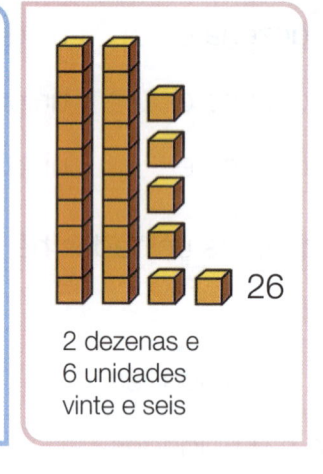

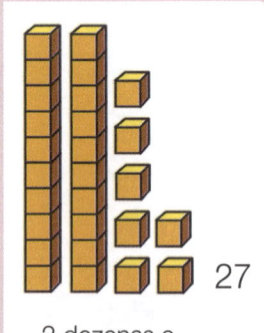

25
2 dezenas e
5 unidades
vinte e cinco

26
2 dezenas e
6 unidades
vinte e seis

27
2 dezenas e
7 unidades
vinte e sete

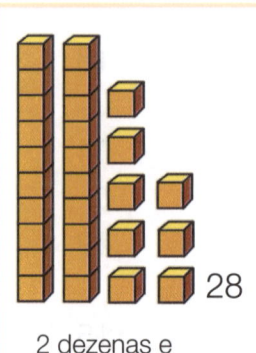

28
2 dezenas e
8 unidades
vinte e oito

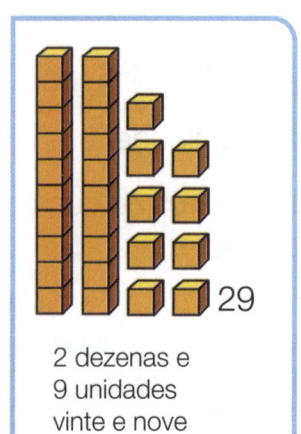

29
2 dezenas e
9 unidades
vinte e nove

ATIVIDADES

1. Quantos lápis tem cada palhaço? Conte e escreva os números encontrados.

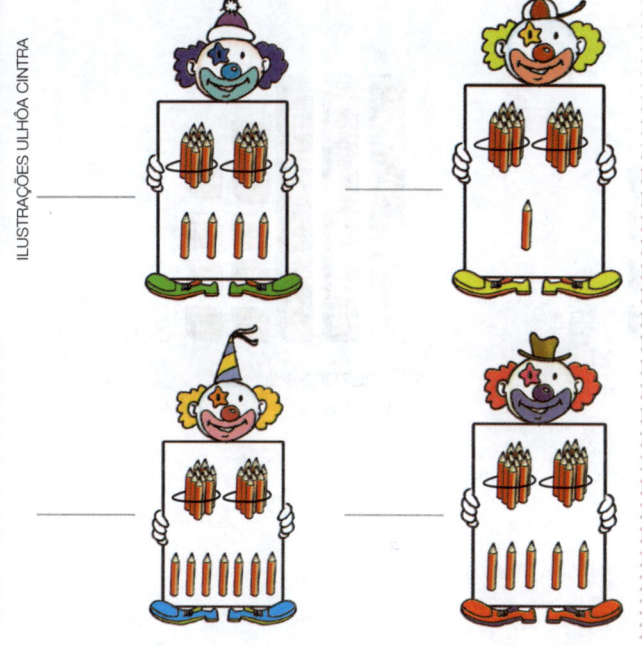

a) Qual é o maior número encontrado? _____

b) E o menor? _____

c) Qual é o número formado por 2 dezenas e 4 unidades? _____

d) Qual número está entre 25 e 27? _____

e) Qual número vem imediatamente antes do 21? _____

2. Complete com o número seguinte.

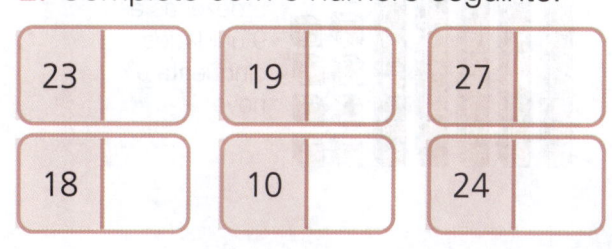

23	

19	

27	

18	

10	

24	

3. Complete com o número anterior.

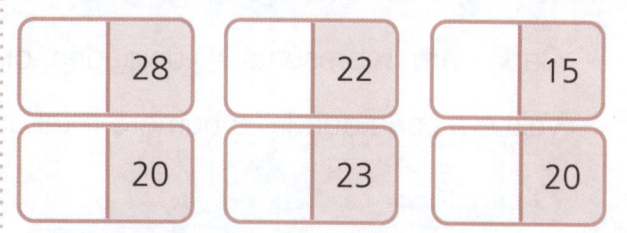

	28

	22

	15

	20

	23

	20

4. Complete com as dezenas e as unidades e represente-as no quadro. Observe o modelo.

26 — 2 dezenas e 6 unidades

D	U
2	6

20 — _____ dezenas e _____ unidade

D	U

25 — _____ dezenas e _____ unidades

D	U

22 — _____ dezenas e _____ unidades

D	U

21 — _____ dezenas e _____ unidade

D	U

131

Números de 30 a 59

Cada barra representa 10 unidades, ou seja, 1 dezena.

Veja em cada quadro o número total de unidades.

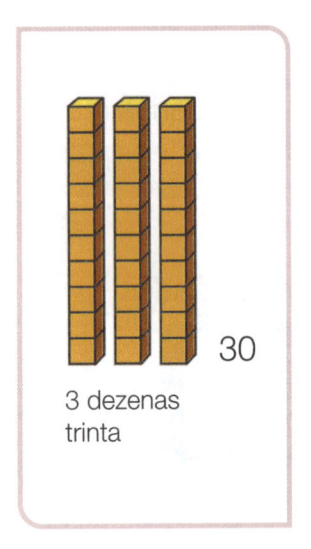

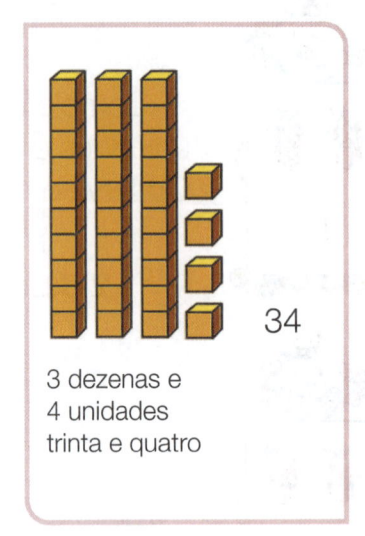

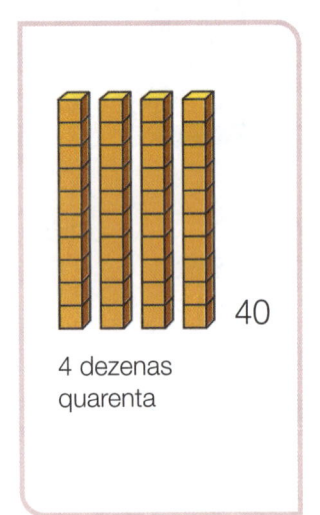

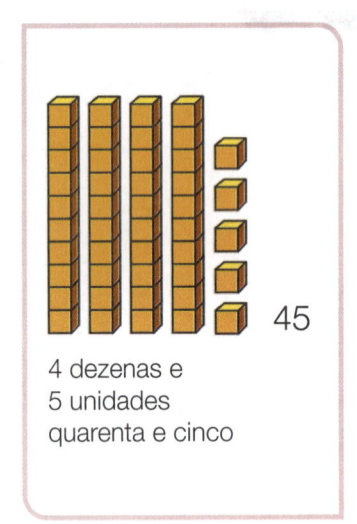

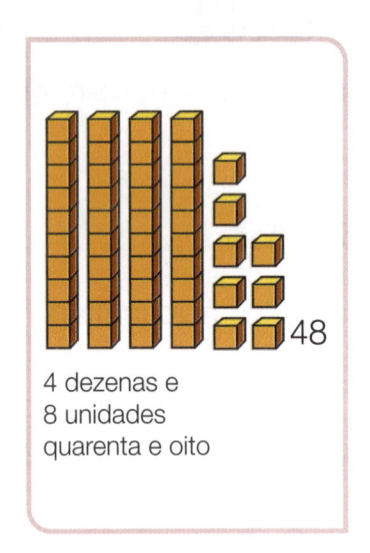

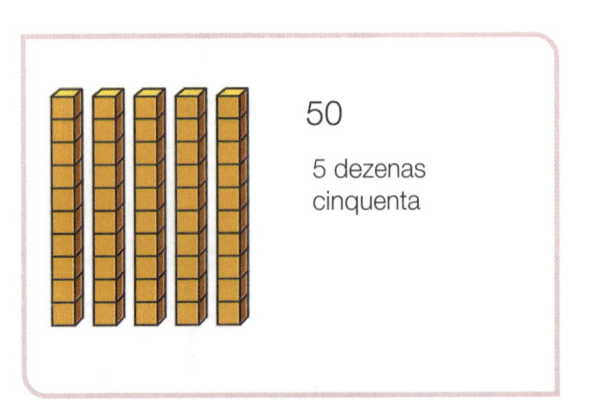

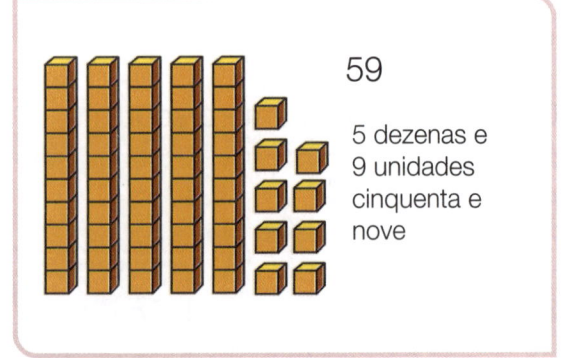

30
3 dezenas
trinta

34
3 dezenas e
4 unidades
trinta e quatro

39
3 dezenas e
9 unidades
trinta e nove

40
4 dezenas
quarenta

45
4 dezenas e
5 unidades
quarenta e cinco

48
4 dezenas e
8 unidades
quarenta e oito

50
5 dezenas
cinquenta

59
5 dezenas e
9 unidades
cinquenta e
nove

ATIVIDADES

1. Cada grupo tem 10 lápis. Conte quantos lápis há em cada quadro.

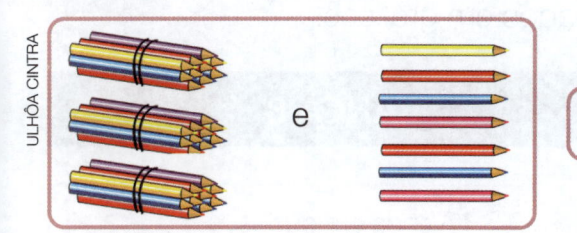

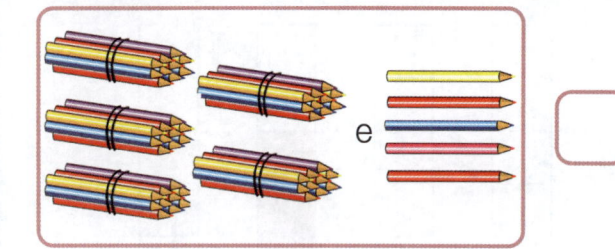

e ☐

e ☐

2. Escreva os números correspondentes a:

a) 3 dezenas e 4 unidades _____

b) 4 dezenas e 1 unidade _____

c) 5 dezenas e 6 unidades _____

3. Faça de acordo com o exemplo.

37 → 3 dezenas + 7 unidades

52 → _____

49 → _____

4. Escreva os números por extenso.

32 → _____

45 → _____

37 → _____

59 → _____

5. Escreva os números até 30, contando de 3 em 3.

3	6								30

6. Pinte os círculos que contêm números entre 40 e 55.

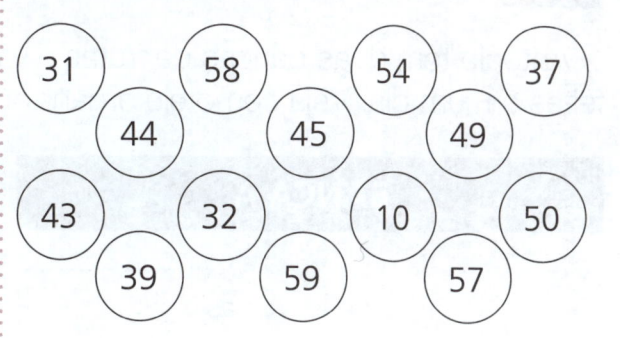

31 58 54 37
44 45 49
43 32 10 50
39 59 57

7. Que número está representado?

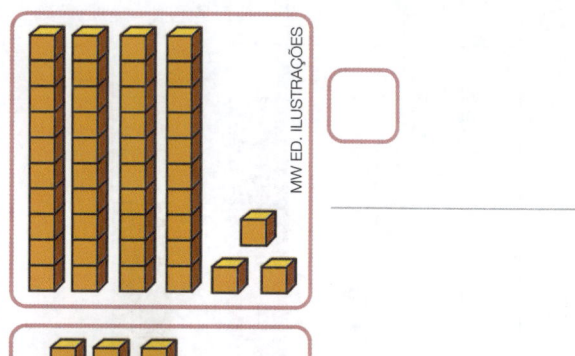

☐

☐

8. Escreva no quadro os algarismos correspondentes.

40 → | D | U |
    | 4 | 0 |

45 → | D | U |
    | | |

42 → | D | U |
    | | |

46 → | D | U |
    | | |

47 → | D | U |
    | | |

48 → | D | U |
    | | |

INFORMAÇÃO E ESTATÍSTICA

1. Antônio tem duas bancas de frutas e vai analisar as vendas de algumas frutas, feitas em um dia. Veja como ele organizou os dados em gráficos.

BANCA A

Venda em dúzias

Lima | Limão | Laranja | Mexerica

BANCA B

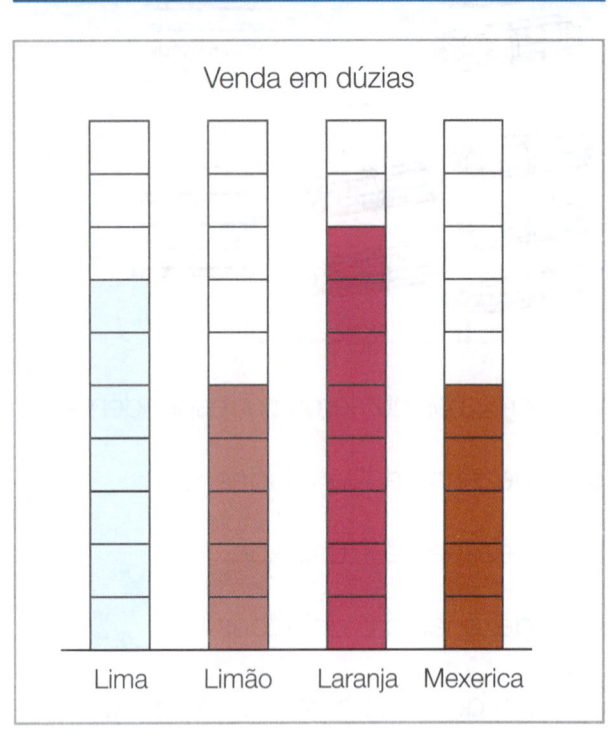

Venda em dúzias

Lima | Limão | Laranja | Mexerica

Sem contar um a um os quadrinhos, faça uma estimativa e responda:

a) Quantas dúzias de mexericas ele vendeu nas duas bancas? _____

b) Quantas dúzias de limões ele vendeu nas duas bancas? _____

c) Quantas dúzias de frutas a banca A vendeu no total? _____

d) Quantas dúzias de frutas a banca B vendeu no total? _____

• Agora, verifique suas estimativas. Você chegou perto de cada valor?

e) Qual banca vendeu mais? Quanto a mais?

Números de 60 a 99

Cada barra representa 10 unidades, ou seja, uma dezena.

Veja em cada quadro o número total de unidades.

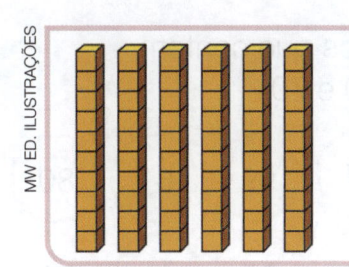

60
6 dezenas
sessenta

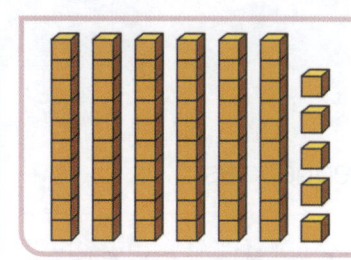

65
6 dezenas e
5 unidades
sessenta e
cinco

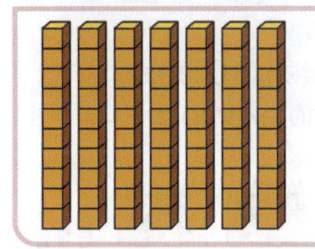

70
7 dezenas
setenta

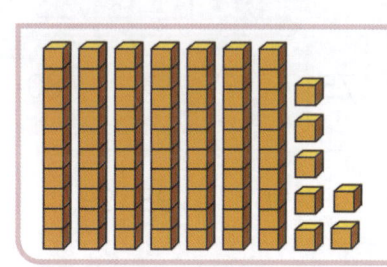

77
7 dezenas e
7 unidades
setenta e sete

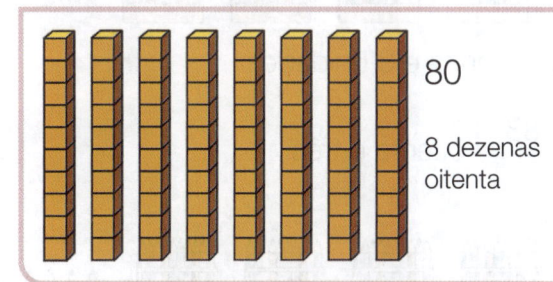

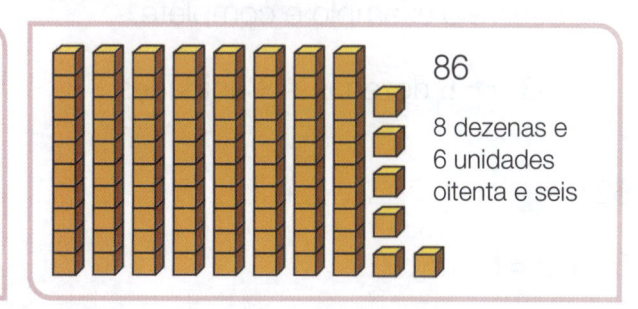

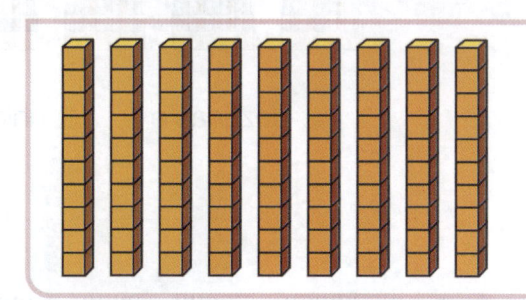

80
8 dezenas
oitenta

86
8 dezenas e
6 unidades
oitenta e seis

90
9 dezenas
noventa

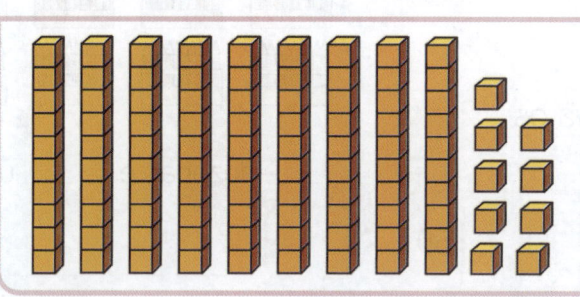

99
9 dezenas e
9 unidades
noventa e nove

ATIVIDADES

1. Complete com os números vizinhos.

___ 60 ___   ___ 71 ___

___ 93 ___   ___ 88 ___

2. Complete as sequências.

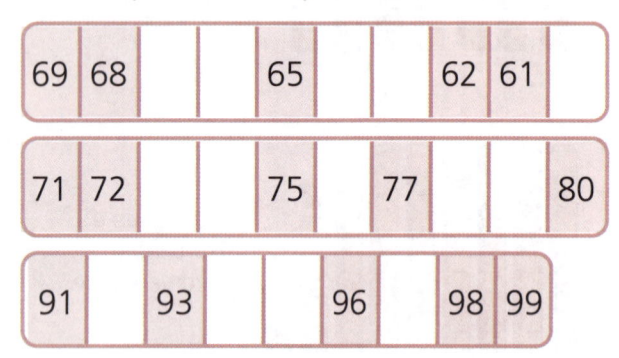

| 69 | 68 | | 65 | | 62 | 61 |

| 71 | 72 | | 75 | | 77 | 80 |

| 91 | | 93 | | 96 | | 98 | 99 |

3. Observe o exemplo e complete.

63 → 6 dezenas + 3 unidades

62 → _____ + _____

60 + 2 = _____

74 → _____ + _____

70 + ___ = ___

77 → _____ + _____

70 + 7 = _____

99 → _____ + _____

90 + ___ = ___

4. Conte de 6 em 6 e escreva os números até 60.

| 6 | 12 | | | | | | 60 |

5. Conte de 7 em 7 e escreva os números até 70.

| 7 | 14 | | | | | | 70 |

6. Pinte os círculos que contêm números entre 50 e 70.

(45) (51) (77) (69) (61) (80)

(66) (71) (55) (37) (48) (72)

7. Cada caixa contém 10 lápis. Complete, como no exemplo.

8 dezenas e 3 unidades

83   oitenta e três

___ dezenas e ___ unidades

☐ _____

___ dezenas e ___ unidades

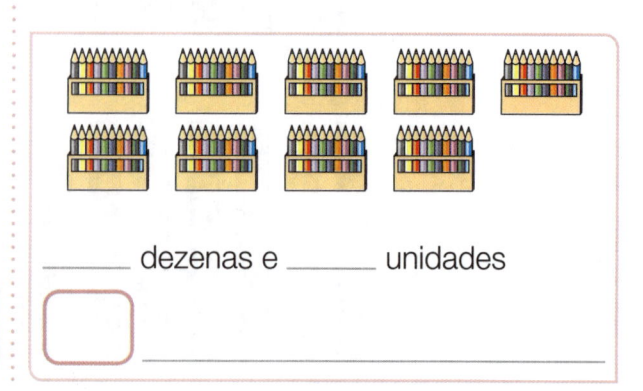

☐ _____

136

Dezenas exatas

Quantas dezenas exatas? Quantas unidades? Complete.

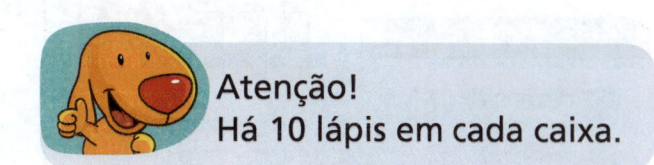

Atenção! Há 10 lápis em cada caixa.

☐ dezena ou ☐ unidades

☐ dezenas ou ☐ unidades

☐ dezenas ou ☐ unidades

☐ dezenas ou ☐ unidades

☐ dezenas ou ☐ unidades

☐ dezenas ou ☐ unidades

☐ dezenas ou ☐ unidades

☐ dezenas ou ☐ unidades

☐ dezenas ou ☐ unidades

Observe a relação entre a dezena exata e as unidades:

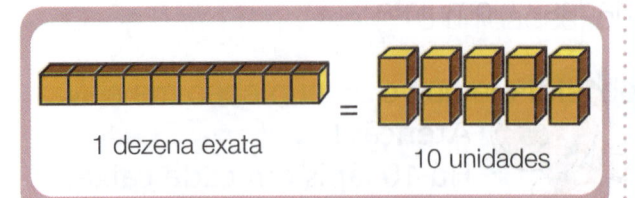

1 dezena exata = 10 unidades

Desse modo, as dezenas exatas podem ser representadas assim:

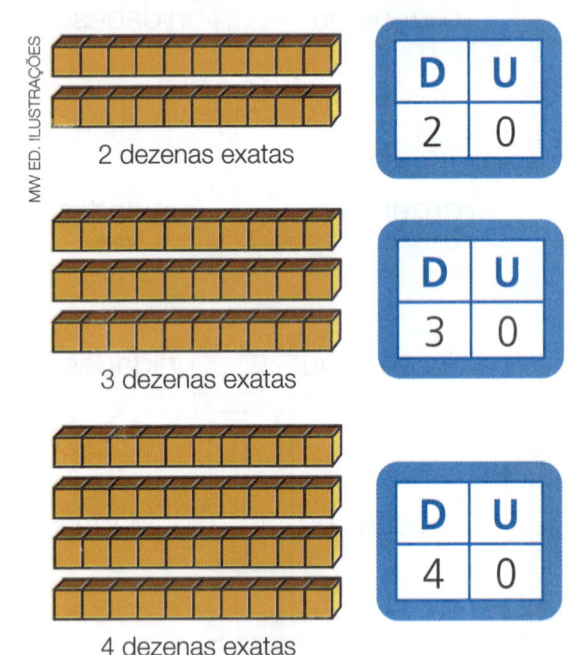

2 dezenas exatas — | D | U |
                    | 2 | 0 |

3 dezenas exatas — | D | U |
                    | 3 | 0 |

4 dezenas exatas — | D | U |
                    | 4 | 0 |

ATIVIDADES

1. Cada grupo contém 10 lápis. Complete.

_____ dezenas exatas

ou _____ unidades

_____ dezenas exatas

ou _____ unidades

_____ dezenas exatas

ou _____ unidades

2. Pinte o grupo que representa 2 dezenas exatas.

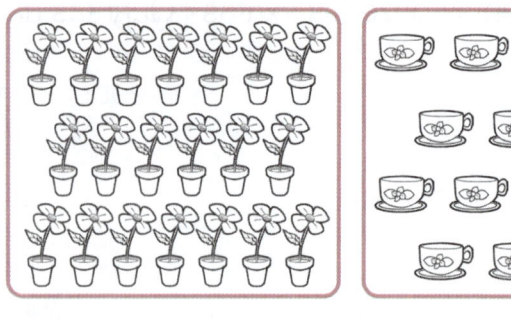

3. Faça de acordo com o exemplo.

30 → 3 dezenas → 30 = 10 + 10 + 10

20 → _____

60 → _____

70 → _____

90 → _____

4. Cada maço tem 10 cenouras ou 1 dezena de cenouras. Complete.

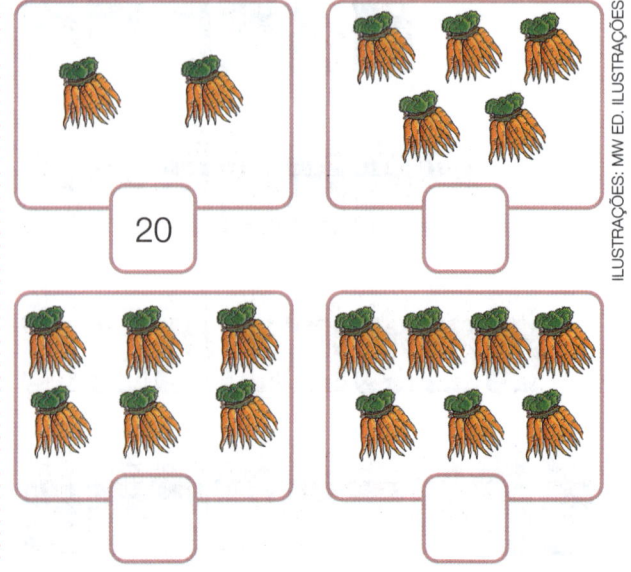

20

5. Renan e Sandra colecionam selos de animais marinhos. Veja os selos de cada um.

Renan

Sandra

a) Circule os selos de cada criança formando grupos de 10.

b) Quem tem menos selos? _____

c) Quantos a menos? _____

6. Poliana e Mateus trabalham na seção de hortifrúti de um mercado. Veja quantos limões cada um embalou.

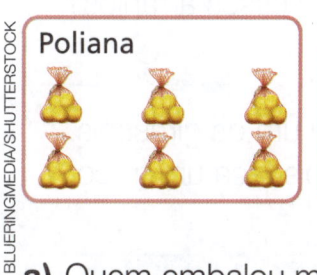

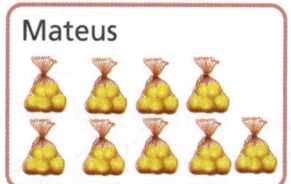

Poliana

Mateus

a) Quem embalou mais limões? _____

b) Quantos limões a mais? _____

INFORMAÇÃO E ESTATÍSTICA

Observe o folheto ao lado. Nele estão registradas as quantidades de roupas que há no estoque da loja Bem-vestido.

SAIA FLORIDA – 50
CALÇA JEANS – 70
CAMISA SOCIAL – 20
VESTIDO LONGO – 40
REGATA ESTAMPADA – 60

Complete o gráfico abaixo, dos produtos do estoque da loja. Neste gráfico, cada quadrinho representa 10 unidades de cada produto.

ESTOQUE DA LOJA BEM-VESTIDO

Quantidade

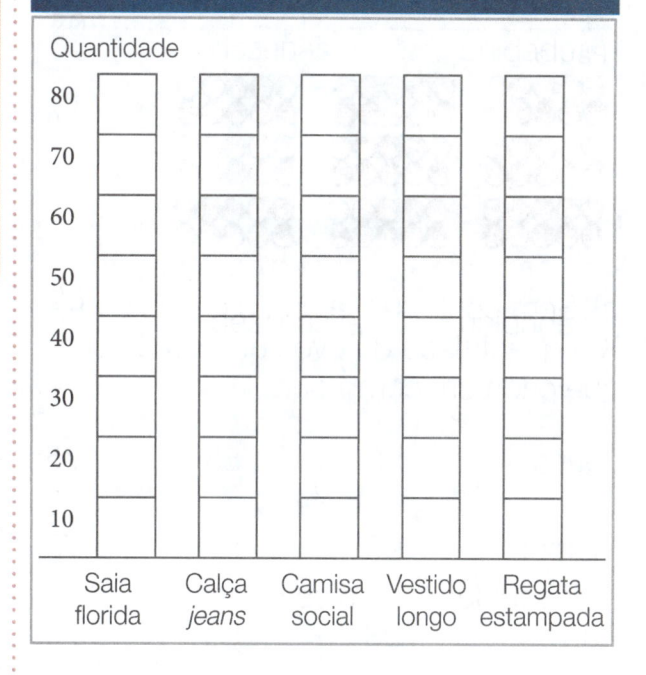

	Saia florida	Calça *jeans*	Camisa social	Vestido longo	Regata estampada

Agora, responda:

a) Qual é o produto com a maior quantidade no estoque?

_____

b) Qual é o produto com a menor quantidade no estoque?

_____

MATEMÁTICA

139

Estimativas

Joana, Marcos e Paulo foram a uma granja comprar ovos. Cada caixa tem 10 ovos. Veja a quantidade de ovos que cada um comprou.

Joana

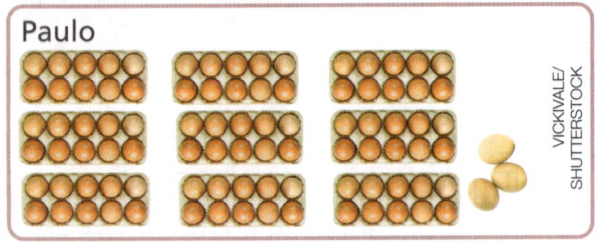

Marcos

Paulo

a) Sem contar um a um, assinale com **X** a quantidade de ovos que você acha que cada um comprou.

Joana: ☐ 95 ☐ 85 ☐ 75

Marcos: ☐ 95 ☐ 85 ☐ 75

Paulo: ☐ 93 ☐ 83 ☐ 73

b) Agora confira sua **estimativa**. Verifique se você acertou.

> Estimativa é um **palpite** sobre a quantidade de elementos de um conjunto que você não chegou a contar um a um. Preste atenção ao modo como os elementos estão organizados.

ATIVIDADES

1. Observe como Jaqueline organizou a coleção de tampinhas.

a) Sem contar uma a uma, responda: quantas tampinhas você acha que Jaqueline tem em sua coleção?

_____

b) Agora, circule as tampinhas em grupos de 10.

c) Quantas tampinhas Jaqueline tem?

_____

• Sua primeira resposta chegou próximo a esse número?

2. Emanuel compra flores artificiais, confecciona arranjos e vende na saída do metrô. Ele levou para vender estes arranjos:

a) Quantos girassóis você acha que ele usou para fazer todos esses arranjos?

_____

b) Agora conte um a um os girassóis. Para cada 10 girassóis faça um traço.

_____

Você conseguiu representar todos os girassóis com os riscos?

LIÇÃO 4 — ADIÇÃO

Ideia de juntar

Ângelo lavou as roupas e colocou as brancas em um varal e as coloridas em outro.

Podemos representar a quantidade de roupas utilizando um risquinho para cada roupa pendurada nos dois varais.

Roupas brancas ▢   Roupas coloridas ◨ → Total de roupas ▢◨

> Essa situação nos leva à ideia de **juntar** quantidades. A operação realizada foi a **adição**.

Dizemos que:

4 + 5 = 9

Podemos representar a adição das seguintes maneiras:

- **horizontal**

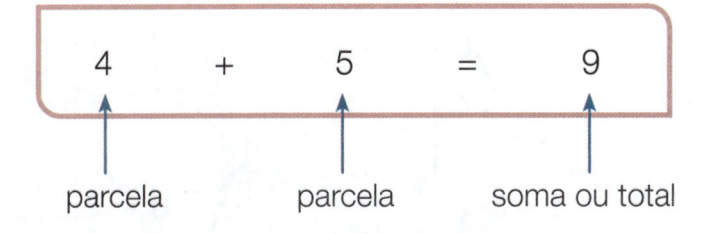

  4 + 5 = 9

  parcela   parcela   soma ou total

- **vertical**

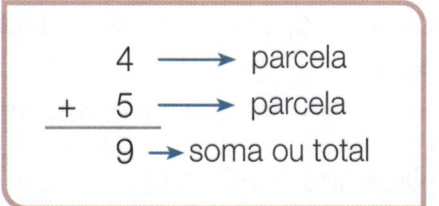

  4 → parcela
  + 5 → parcela
  9 → soma ou total

O sinal da adição é + (lê-se: **mais**).

Ideia de acrescentar

Na festa da escola havia 5 crianças na pista de dança.

Passado um tempo, a música ficou mais animada e chegaram mais 3 crianças.

Nessa situação, havia _____ crianças dançando.

Chegaram mais _____ crianças.

Ficaram _____ crianças na pista de dança.

> Essa situação nos leva à ideia de **acrescentar** uma quantidade à outra. A operação realizada foi a **adição**.

Dizemos que:

5 + 3 = 8   ou
$$\begin{array}{r} 5 \\ + \ 3 \\ \hline 8 \end{array}$$

Adição sem reagrupamento (com um algarismo)

Paulo e Rodrigo estavam jogando tênis de mesa. A tabela mostra os pontos marcados por cada um em cada partida.

Quem fez mais pontos? Escreva o nome na tabela.

Partidas	Paulo	Rodrigo	Vencedor da partida
1			
2			
3			
4			

a) Quantas partidas Paulo venceu? _____

b) Quantas partidas Rodrigo venceu? _____

c) Quem venceu o jogo? _____

d) Ao todo, quantas partidas foram jogadas? _____

ATIVIDADE

Complete para obter os totais.

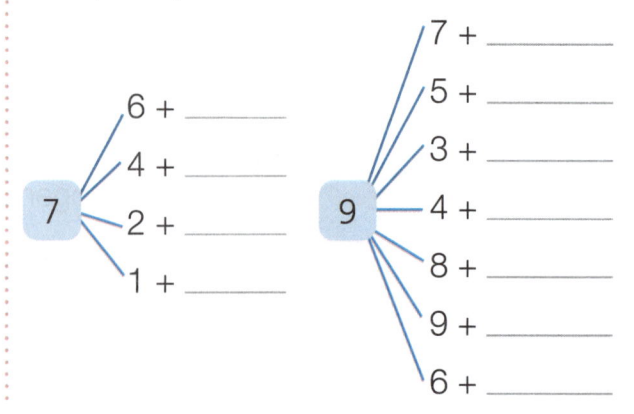

7 —
- 6 + _____
- 4 + _____
- 2 + _____
- 1 + _____

9 —
- 7 + _____
- 5 + _____
- 3 + _____
- 4 + _____
- 8 + _____
- 9 + _____
- 6 + _____

DESAFIO

- Efetue as adições. Depois, troque os resultados pela letra correspondente no quadro e forme uma palavra para escrever na cena.

8 = A	6 = B	3 = N	7 = R
5 = É	4 = D	9 = P	10 = S

```
  6        7        5
+ 3      + 1      + 2
```

```
  2        4        2
+ 6      + 2      + 3
```

```
  0        7
+ 3      + 3
```

Adição sem reagrupamento (com dois algarismos)

Veja duas coleções de brinquedos antigos de uma exposição que está acontecendo na escola de Rodrigo.

"Eu gostei de brincar com a peteca e o pião."

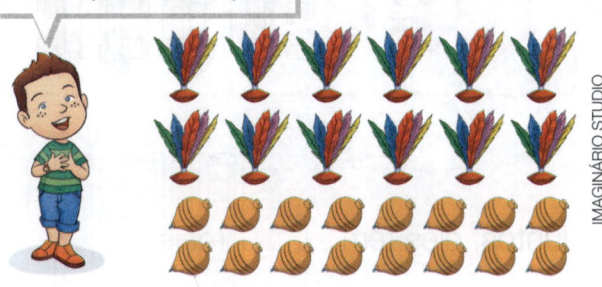

Na ilustração, há _____ petecas e _____ piões.

No total há _____ brinquedos.

Representamos essa adição assim:

_____ + _____ = _____

ou

```
   ▢
+  ▢
─────
   ▢
```

ATIVIDADES

1. Calcule.

▢ + ▢ = ▢

143

2. Calcule quantos reais Camila e Gabriel têm juntos.

Dinheiro de Camila

Dinheiro de Gabriel

_____ + _____ = _____

Juntos, eles têm _____ reais.

3. Arme e efetue no quadro de ordens. Siga o exemplo.

a) 55 + 32 = 87

D	U
5	5
3	2
8	7

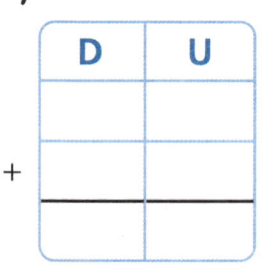

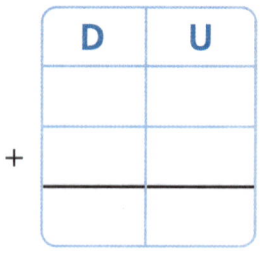

+

b) 13 + 24 = _____

D	U

+

c) 62 + 12 = _____

D	U

+

d) 30 + 15 = _____

D	U

+

e) 43 + 12 = _____

D	U

+

f) 73 + 25 = _____

D	U

+

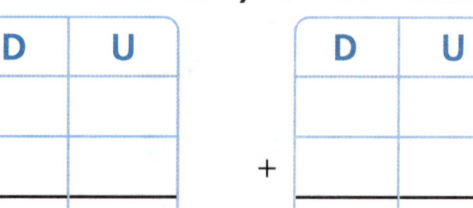

4. Arme e efetue as adições.

a) 46 + 32 = _____

b) 24 + 32 + 2 = _____

c) 42 + 54 = _____

d) 23 + 11 + 32 = _____

5. Calcule mentalmente e complete com o resultado.

a) 5 + 5 = _____   **b)** 10 + 10 = _____

c) 30 + 30 = _____   **d)** 15 + 15 = _____

e) 35 + 35 = _____   **f)** 45 + 45 = _____

g) 40 + 40 = _____   **h)** 25 + 25 = _____

CASA DA MOEDA DO BRASIL

RESOLUÇÃO DE PROBLEMAS

Leia a situação abaixo.

> Em uma das estantes da biblioteca, há 25 livros de Geometria e 23 de Ciências.

Vamos acrescentar a essa situação uma pergunta.

1) Apenas uma das perguntas a seguir **torna** essa situação um problema de matemática. Qual é essa pergunta? Assinale com um **X**. Depois troque ideias com os colegas para saber qual eles assinalaram.

a) ☐ Quantos livros de geometria há na estante?

b) ☐ Qual é a cor da estante?

c) ☐ Quantos livros há ao todo na estante?

2) Converse com os colegas sobre por que as outras duas perguntas não tornam a situação um problema matemático.

> Uma pergunta vai ser respondida sem precisar de nenhuma operação matemática. Essa pergunta transforma a situação em um problema de matemática?

3) Transcreva no caderno o texto do problema, agora completo.

4) Agora, resolva o problema no caderno.

LIÇÃO 5 — SUBTRAÇÃO

Ideia de retirar

Na festa da fruta, Igor servia 7 maçãs em uma bandeja. Chegaram 3 crianças e retiraram, cada uma, 1 fruta.

Quantas maçãs restaram na bandeja?

Havia _____ maçãs na bandeja. Foram retiradas _____ maçãs.

Restaram na bandeja _____ maçãs.

> Essa situação nos leva à ideia de **retirar**.
> A operação realizada foi a **subtração**.

Dizemos que: **7 – 3 = 4**

Podemos representar a subtração das seguintes maneiras:

- **horizontal**

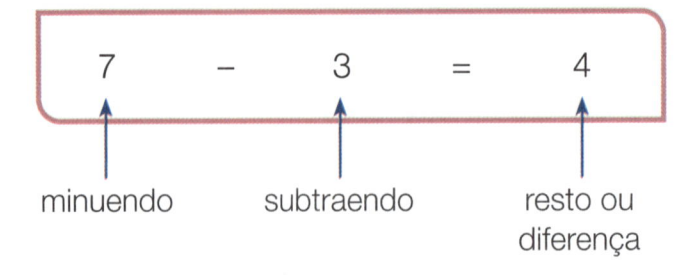

  7 – 3 = 4

  minuendo   subtraendo   resto ou diferença

- **vertical**

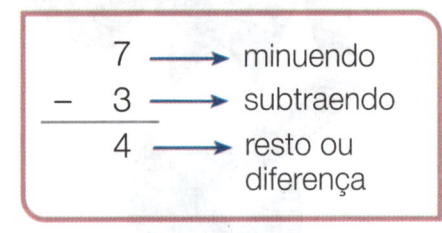

  7 → minuendo
  – 3 → subtraendo
  ___
  4 → resto ou diferença

O sinal de subtração é — (lê-se: **menos**).

ATIVIDADES

1. Observe o exemplo e efetue as subtrações.

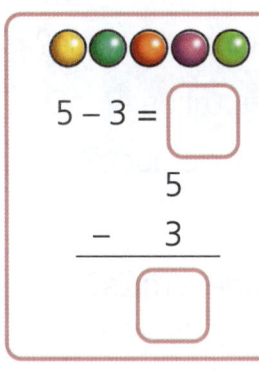

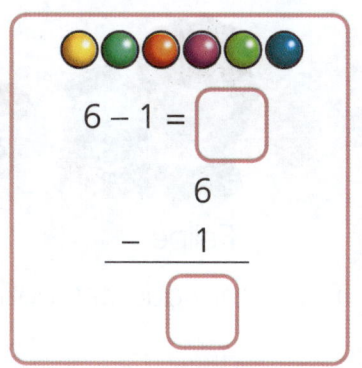

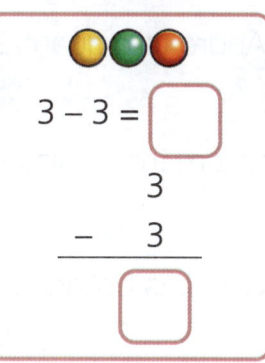

$4 - 2 = 2$

$$\begin{array}{r} 4 \\ -\ 2 \\ \hline 2 \end{array}$$

$6 - 1 = \boxed{}$

$$\begin{array}{r} 6 \\ -\ 1 \\ \hline \end{array}$$

$5 - 3 = \boxed{}$

$$\begin{array}{r} 5 \\ -\ 3 \\ \hline \end{array}$$

$3 - 3 = \boxed{}$

$$\begin{array}{r} 3 \\ -\ 3 \\ \hline \end{array}$$

2. Resolva as subtrações.

a) $\begin{array}{r} 6 \\ -\ 4 \\ \hline \end{array}$
b) $\begin{array}{r} 7 \\ -\ 2 \\ \hline \end{array}$
c) $\begin{array}{r} 8 \\ -\ 8 \\ \hline \end{array}$

3. Arme as contas e efetue as subtrações. Observe os modelos.

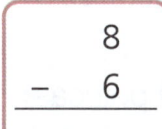

$8 - 6 = \boxed{}$

$$\begin{array}{r} 8 \\ -\ 6 \\ \hline \end{array}$$

$5 - 3 = \boxed{}$

$$\begin{array}{r} 5 \\ -\ 3 \\ \hline \end{array}$$

$7 - 6 = \boxed{}$

$$\begin{array}{r} \\ -\ \\ \hline \end{array}$$

$5 - 1 = \boxed{}$

$9 - 5 = \boxed{}$

$4 - 2 = \boxed{}$

PROBLEMAS

1. Havia 6 cachorrinhos na cesta, mas 2 foram adotados por uma pessoa. Quantos cachorrinhos ficaram?

_____ – _____ = _____

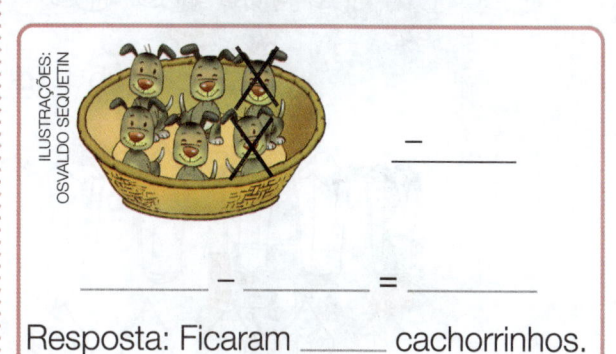

Resposta: Ficaram _____ cachorrinhos.

2. Vovó ganhou um buquê com 8 rosas. Murcharam 3 rosas, que foram retiradas. Quantas rosas ainda restam no buquê?

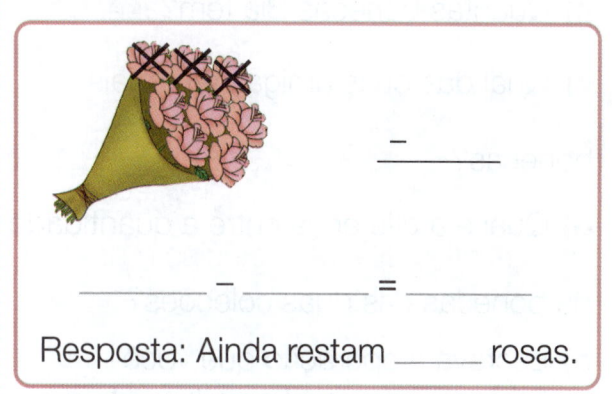

_____ – _____ = _____

Resposta: Ainda restam _____ rosas.

3. Em um ninho, havia 5 passarinhos. Voaram 2 passarinhos. Quantos passarinhos ficaram nesse ninho?

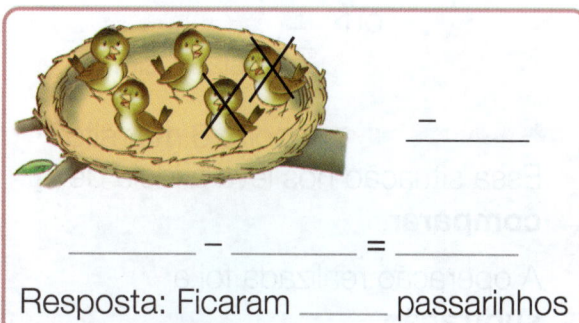

_____ – _____ = _____

Resposta: Ficaram _____ passarinhos nesse ninho.

MATEMÁTICA

147

Ideia de comparar

Veja outra situação de subtração.

Observe as bonecas e complete.

a) Quantas bonecas Ana tem? _____

b) Quantas bonecas Bia tem? _____

c) Qual das duas amigas tem mais bonecas? _____

d) Qual é a diferença entre a quantidade de bonecas das duas coleções? _____

e) Escreva a operação que você efetuou para responder ao item **d**.

_____ – _____ = _____

ou – _____

> Essa situação nos leva à ideia de **comparar**.
>
> A operação realizada foi a **subtração**.

ATIVIDADES

1. Observe a quantidade de bolinhas de gude de Felipe e de André.

Felipe   André

Felipe tem quantas bolinhas de gude?

_____

André tem quantas bolinhas de gude?

_____

Quem tem mais bolinhas de gude?

_____

Quantas bolinhas de gude a mais?

_____

2. Observe a quantidade de petecas em cada caixa:

A caixa verde tem _____ petecas.

A caixa laranja tem _____ petecas.

A caixa laranja tem _____ petecas a menos que a caixa verde.

Para descobrir a diferença de petecas entre as caixas, podemos fazer a subtração:

_____ – _____ = _____ ou

– _____

Ideia de completar

Veja outra situação de subtração.

Raul adora colecionar álbuns de figurinhas. Este ano ele está montando um álbum com jogadores de futebol de diversos times. Em uma das páginas, precisa colar 6 figurinhas, mas colou só 4. Quantas figurinhas faltam para Raul completar essa página do álbum?

Desenhe as figurinhas que estão faltando.

Para descobrir a quantidade de figurinhas de que Raul precisa para completar a página, podemos realizar a operação:

6 − 4 = 2   ou $\begin{array}{r} 6 \\ -\ 4 \\ \hline 2 \end{array}$

Então, Raul precisa de _____ figurinhas para completar a página do álbum.

> Essa situação nos leva à ideia de **completar**.
> A operação realizada foi novamente a **subtração**.

ATIVIDADES

1. Complete as subtrações.

6 − ☐ = 4   ☐ − 1 = 1

☐ − 6 = 3   4 − ☐ = 2

5 − ☐ = 4   3 − 2 = ☐

7 − ☐ = 3   9 − ☐ = 7

2. Complete conforme o modelo.

2 para 3 falta 1   3 para 7 faltam ☐

8 para 9 falta ☐   2 para 5 faltam ☐

6 para 6 falta ☐   5 para 7 faltam ☐

3. Duda tem 2 bonecas.

- Quantas faltam para ela completar 7 bonecas?
- Desenhe as bonecas que faltam.

149

PROBLEMAS

1. Gabriela tem 5 canetas. Luísa tem 2 canetas a menos que Gabriela. Quantas canetas Luísa tem?

Resposta: _____

2. A sorveteria do bairro lançou uma promoção: "Junte 5 palitos de sorvete e ganhe um brinde!". Rafael tem 3 palitos de sorvete. Quantos palitos faltam para Rafael ganhar o brinde?

Resposta: _____

3. Na sala do 2º ano há 8 meninos. Na sala do 1º ano há 9 meninos. Na sala do 1º ano há quantos meninos a mais que na sala do 2º ano?

Resposta: _____
_____

4. Os dois potes da loja de José precisam ter 10 biscoitos. O primeiro pote tem 9 biscoitos. O segundo pote tem 6 biscoitos. Quantos biscoitos José precisa colocar em cada pote para completá-los?

Resposta: _____
_____
_____

Subtração sem reagrupamento (com dois algarismos)

Um vendedor de sucos levou para a porta de uma escola 26 garrafas de suco de laranja. Veja quantas garrafas ele vendeu na saída das aulas.

Vou vender as garrafas que sobraram em outra escola.

A ilustração mostra que havia _____ garrafas de suco e foram vendidas _____ garrafas.

Restaram _____ garrafas sem vender na saída das aulas.

Representamos essa subtração assim:

_____ − _____ = _____

ATIVIDADES

1. Calcule.

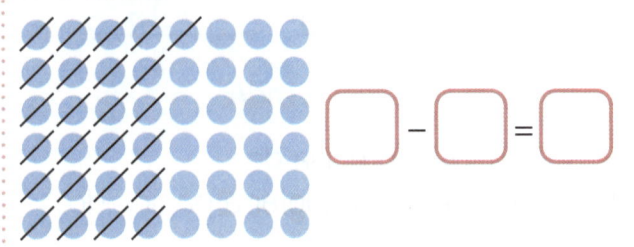

☐ − ☐ = ☐

2. Arme e efetue as subtrações no caderno.

a) 25 − 4 = _____   **d)** 47 − 20 = _____

b) 99 − 49 = _____   **e)** 78 − 32 = _____

c) 97 − 35 = _____   **f)** 57 − 36 = _____

150

RESOLUÇÃO DE PROBLEMAS

Leia a situação abaixo.

> Na biblioteca da escola, havia 37 livros de Geografia. Foram emprestados 14 livros dessa disciplina.

Para que essa situação seja um problema matemático, precisamos elaborar uma pergunta.

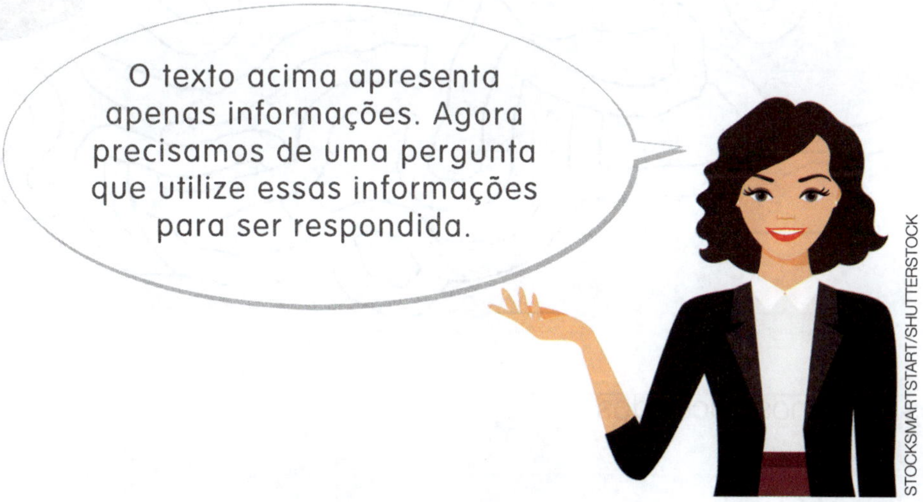

> O texto acima apresenta apenas informações. Agora precisamos de uma pergunta que utilize essas informações para ser respondida.

A professora Arlete pediu a três alunos que escrevessem uma pergunta que, para ser respondida, precisasse utilizar uma operação de subtração. Veja a pergunta que cada um criou:

Clara: Quantos livros de Geografia foram emprestados?

Alice: Quantos livros de Matemática a biblioteca tem agora?

Davi: Quantos livros de Geografia ainda tem na biblioteca?

- Qual pergunta leva a um problema com ideia de subtração?

- Resolva esse problema.

LIÇÃO 6
GEOMETRIA: LINHAS RETAS E LINHAS CURVAS

Leve o pintinho até o ninho.

Trace o caminho correto com lápis colorido.

Cubra os caminhos tracejados.

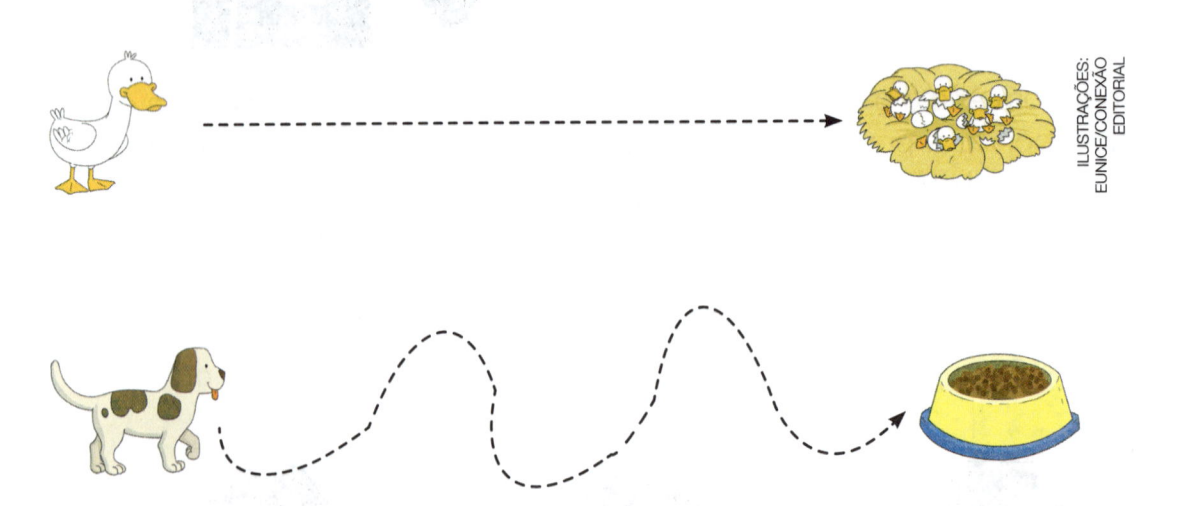

- Qual é a diferença entre esses caminhos?

Para traçar esses caminhos você usou **linhas curvas** e **linhas retas**.

ATIVIDADES

1. Cubra com o lápis.

- Leve o gatinho até o novelo.

- Acompanhe o voo da borboleta.

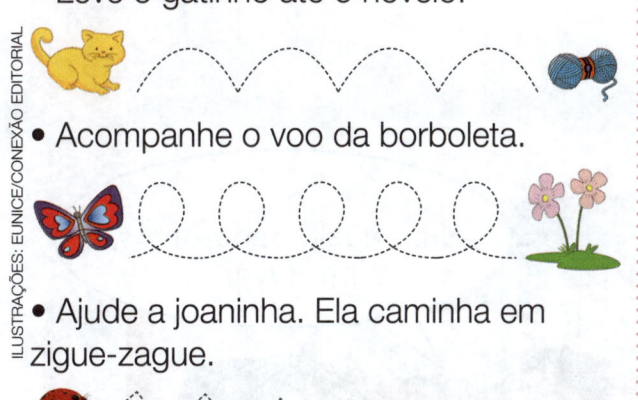

- Ajude a joaninha. Ela caminha em zigue-zague.

2. Cubra as linhas tracejadas com estas cores:

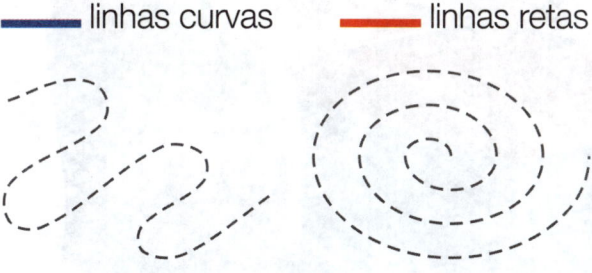

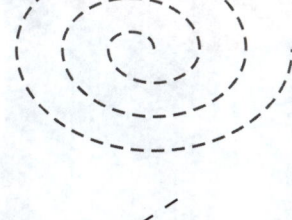

——— linhas curvas   ——— linhas retas

3. Observe as fotos e identifique os elementos de cada imagem que lembram linhas retas e linhas curvas.

_____
_____
_____
_____
_____
_____
_____
_____
_____
_____
_____
_____

4. Observe as diferentes linhas na decoração das cerâmicas marajoaras.

Artesanato indígena produzido pelas populações da Ilha de Marajó, Pará, Brasil.

Utilize linhas retas e linhas curvas para decorar os vasos.

153

LIÇÃO 7 — DÚZIA E MEIA DÚZIA

Mateus vai à feira todo sábado.

Uma dúzia de laranjas, por favor.

Quantas laranjas Mateus vai levar? _____

Em outra barraca, ele pediu uma dúzia de ovos.

Quantos ovos Mateus comprou? _____

Mateus comprou ainda meia dúzia de maçãs, ou seja, _____ maçãs.

| 12 unidades formam **1 dúzia**. | 6 unidades formam **meia dúzia**. |

ATIVIDADES

1. Continue desenhando até formar uma dúzia.

a)

b)

c)

2. Conte as frutas de cada caixa e complete.

a) Na caixa há _____ maçãs.

b) Para completar 1 dúzia de maçãs, faltam _____ maçãs.

a) Há _____ laranjas na caixa.

b) Para deixar meia dúzia de laranjas na caixa, precisamos retirar _____ laranjas.

3. Pinte:

a) meia dúzia de abelhas.

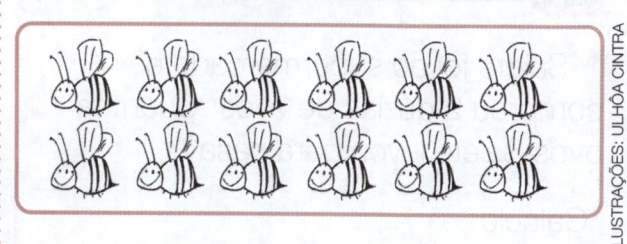

b) 1 dúzia de lápis.

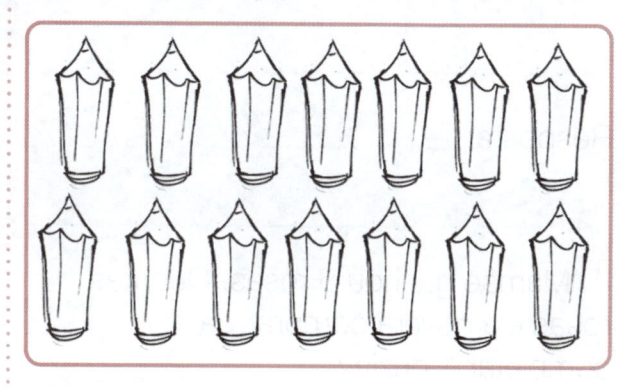

4. Complete.

a) 1 dúzia de borrachas são _____ borrachas.

b) 1 dúzia e meia de réguas são _____ réguas.

c) 2 dúzias de cadernos são _____ cadernos.

5. Faça o cálculo mental e assinale a resposta correta.

a) Júnior tinha 5 bolas de gude. Agora, ele tem 17. Júnior ganhou no jogo:

☐ 1 dezena de bolas de gude.

☐ 1 dúzia de bolas de gude.

☐ meia dúzia de bolas de gude.

b) Sofia tem 6 chocolates. Quantos faltam para ter 18?

☐ 1 dúzia   ☐ 2 dúzias

☐ 1 dúzia e meia

155

PROBLEMAS

1. Salete foi ao supermercado e comprou 2 dúzias de ovos. Quantos ovos Salete levou para casa?

Cálculo

Resposta: _____

2. Mamãe ganhou 5 rosas. Quantas rosas ela deverá comprar para completar 1 dúzia?

Cálculo

Resposta: _____

3. Luciano foi à papelaria e comprou meia dúzia de lápis.

Quantos lápis Luciano comprou? Quantos lápis ele precisa comprar para ficar com 1 dúzia e meia?

Cálculo

Luciano comprou ☐ lápis.

Para ficar com 1 dúzia e meia de lápis,

Luciano deverá comprar mais ☐ lápis.

4. Gustavo tinha meia dúzia de balas. Ganhou mais 3 balas de seu avô. Com quantas balas Gustavo ficou? Quantas balas Gustavo precisa ganhar para ficar com 1 dúzia?

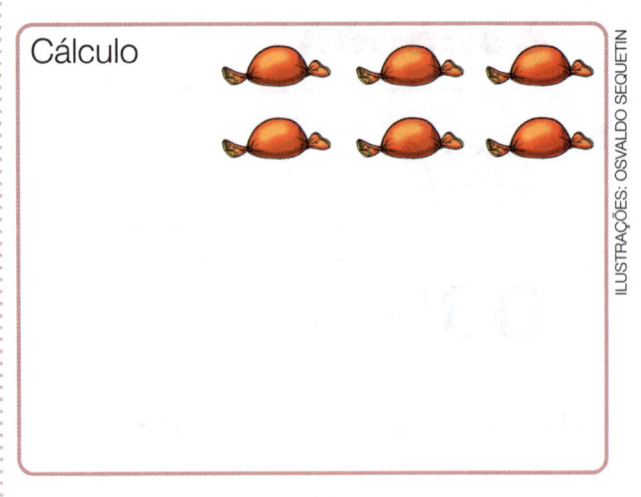

Cálculo

Gustavo ficou com ☐ balas.

Para ficar com 1 dúzia de balas,

Gustavo precisa ganhar mais ☐ balas.

5. Para fazer uma torta, Adriana precisa de meia dúzia de maçãs. Ela tem 2 maçãs. Quantas maçãs faltam?

Desenhe a quantidade de maçãs que Adriana precisa para fazer a torta.

Cálculo

Faltam ☐ maçãs.

LIÇÃO 8 — NÚMEROS ORDINAIS

No dia a dia muitas vezes precisamos entrar em uma fila. Há filas nos bancos, nos supermercados, nos teatros, nos circos e até na escola.

Observe as crianças na fila para comprar ingresso do cinema.

- Complete os espaços com as palavras corretas.

Ana está de camiseta amarela e ocupa o _____ lugar na fila.

Andréa, de vestido laranja, está em _____ lugar na fila.

Bruno, de bermuda marrom, ocupa o _____ lugar na fila.

Pedro, o mais alto, está em _____ lugar na fila.

Bia, de calça listrada, está em _____ lugar na fila.

Eva, de blusa de bolinha, está em _____ lugar na fila.

> Os **números ordinais** são usados para indicar ordem, posição ou lugar de pessoas ou objetos.

Conheça os números ordinais até o vigésimo.

1º – primeiro	8º – oitavo	15º – décimo quinto
2º – segundo	9º – nono	16º – décimo sexto
3º – terceiro	10º – décimo	17º – décimo sétimo
4º – quarto	11º – décimo primeiro	18º – décimo oitavo
5º – quinto	12º – décimo segundo	19º – décimo nono
6º – sexto	13º – décimo terceiro	20º – vigésimo
7º – sétimo	14º – décimo quarto	

Também podemos utilizar os números ordinais para indicar a ordem das tarefas do dia.

Copie as frases abaixo na ordem das atitudes que você tem quando escova os dentes:

Seca as mãos e a boca.

Lava a escova.

Coloca creme dental na escova.

Abre a torneira.

Escova os dentes.

Enxágua a boca.

1º _____ 4º _____

2º _____ 5º _____

3º _____ 6º _____

158

ATIVIDADES

1. Pinte:

a) O 1º carrinho de azul.
b) O 3º carrinho de amarelo.
c) O 5º carrinho de vermelho.
d) O 4º carrinho de verde.
e) O 2º carrinho de laranja.

2. Escreva por extenso os números ordinais.

6º ⟶ _____

3º ⟶ _____

5º ⟶ _____

9º ⟶ _____

8º ⟶ _____

4º ⟶ _____

20º ⟶ _____

7º ⟶ _____

2º ⟶ _____

10º ⟶ _____

3. Complete as sequências.

LIÇÃO 9 — NÚMEROS ATÉ 999

Você já trabalhou com Material Dourado?

Vamos relembrar como se representa a dezena.

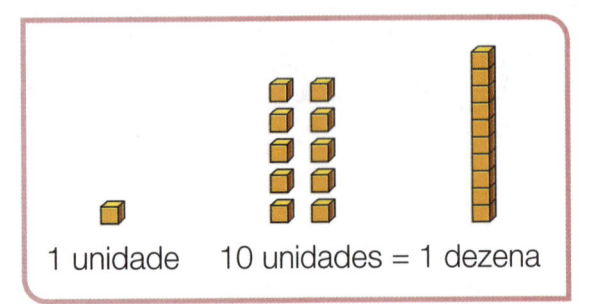

1 unidade   10 unidades = 1 dezena

2ª ORDEM	1ª ORDEM
Dezenas	Unidades
1	0

10 **unidades** formam 1 **dezena**.

Sistema de Numeração Decimal – centena

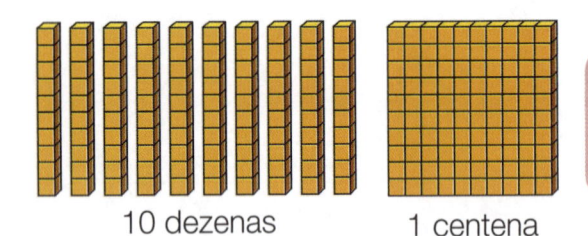

10 dezenas   1 centena

100 **unidades** equivalem a 10 **dezenas**, que por sua vez equivalem a 1 **centena**.

100 unidades agrupadas é o mesmo que 1 centena.

Lembre-se de que, em um número, cada algarismo ocupa um lugar e esse lugar indica a ordem do algarismo. Veja a representação do número 100 no quadro de ordens.

C	D	U
1	0	0

O 1 ocupa a terceira ordem, que é a das **centenas**.

Unidades, dezenas e centenas formam uma classe: **a classe das unidades simples**.

Classe das unidades simples		
3ª ordem	2ª ordem	1ª ordem
C	D	U
1	0	0

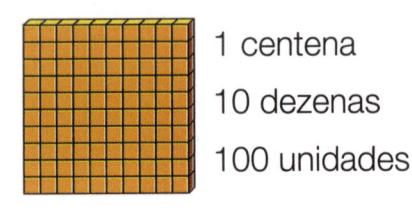

1 centena
10 dezenas
100 unidades

Contando de 100 em 100, temos as **centenas exatas**. Observe as representações com Material Dourado e complete.

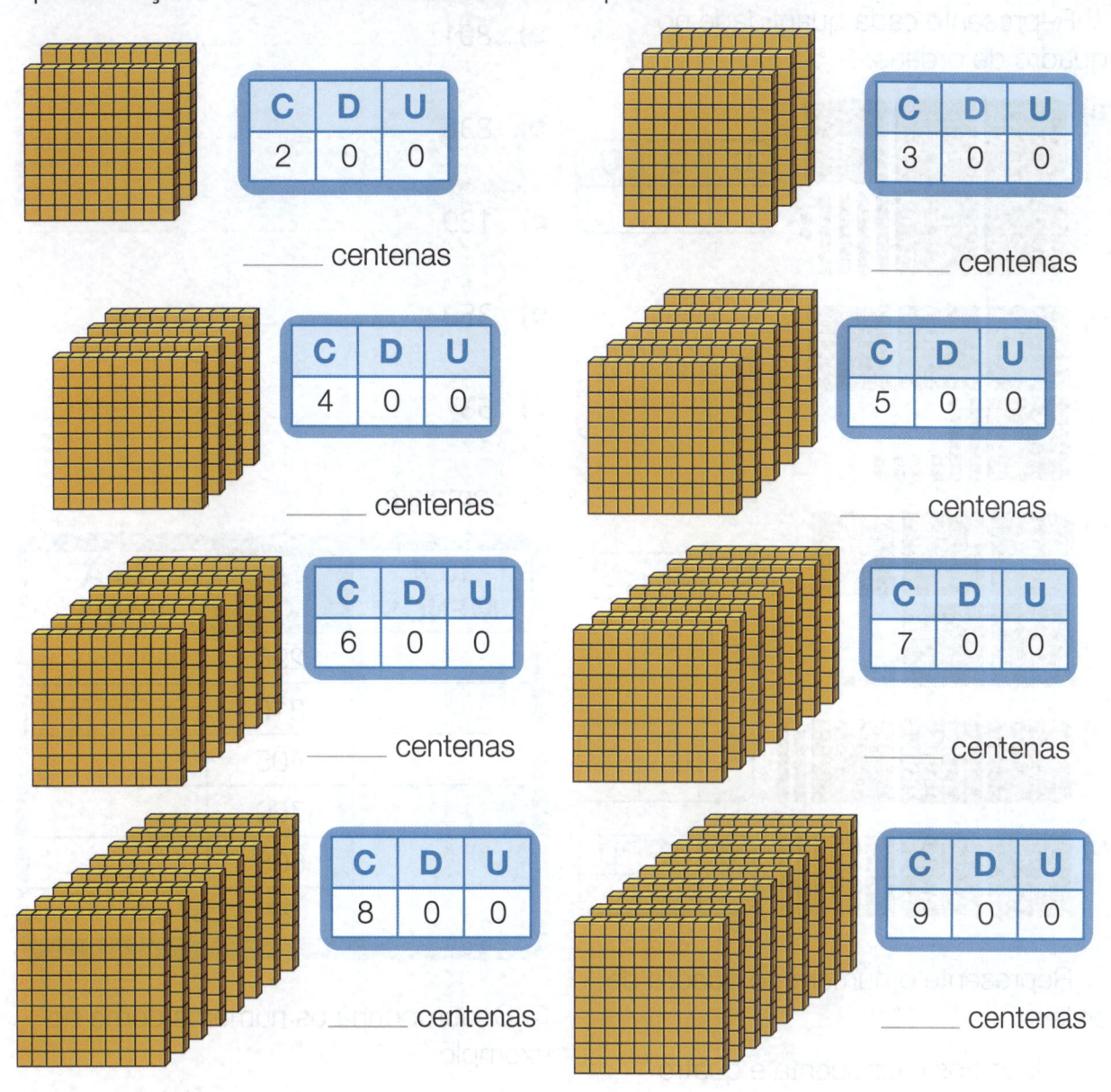

C	D	U
2	0	0

_____ centenas

C	D	U
3	0	0

_____ centenas

C	D	U
4	0	0

_____ centenas

C	D	U
5	0	0

_____ centenas

C	D	U
6	0	0

_____ centenas

C	D	U
7	0	0

_____ centenas

C	D	U
8	0	0

_____ centenas

C	D	U
9	0	0

_____ centenas

Decomposição de um número natural

Decompor um número significa separar esse número em ordens.

Observe um exemplo.

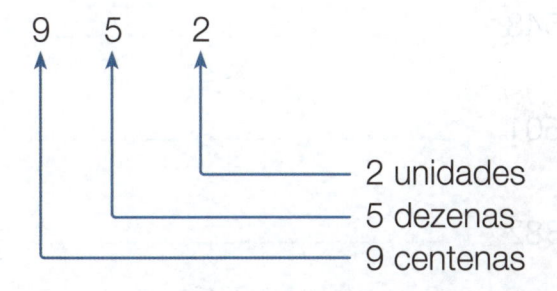

9 5 2
↑ ↑ ↑
│ │ └── 2 unidades
│ └───── 5 dezenas
└──────── 9 centenas

3ª ordem	2ª ordem	1ª ordem
Centenas	Dezenas	Unidades
9	5	2

MATEMÁTICA

161

ATIVIDADES

1. Represente cada quantidade no quadro de ordens.

a)

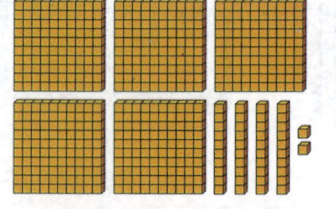

C	D	U

b)

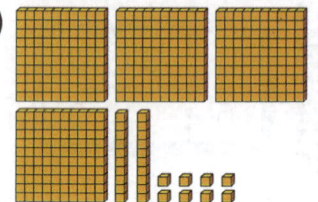

C	D	U

c)

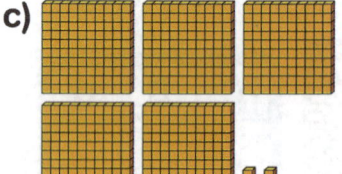

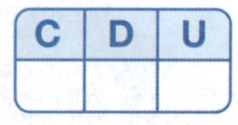

C	D	U

d)

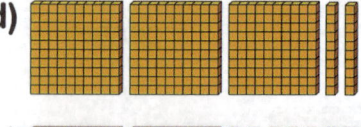

C	D	U

e)

C	D	U

2. Represente o número no quadro de ordens.

a) seiscentos e cinquenta e quatro

C	D	U

b) quatrocentos e quinze

C	D	U

c) novecentos e setenta e oito

C	D	U

3. Escreva por extenso.

a) 801 _____

b) 836 _____

c) 189 _____

d) 350 _____

e) 687 _____

4. Complete.

10 A MENOS		10 A MAIS
	290	
	310	
	405	
	760	
	605	
	27	

5. Decomponha os números como no exemplo.

873 → 800 + 70 + 3

a) 229 _____

b) 548 _____

c) 601 _____

d) 382 _____

162

6. Complete as sequências.

a) De 1 em 1

| 100 | | | | | | | | | | 110 |

b) De 2 em 2

| 200 | | | | | | | | | | 220 |

c) De 3 em 3

| 300 | | | | | | | | | | 330 |

d) De 4 em 4

| 400 | | | | | | | | | | 440 |

e) De 5 em 5

| 500 | | | | | | | | | | 550 |

f) De 6 em 6

| 600 | | | | | | | | | | 660 |

g) De 7 em 7

| 700 | | | | | | | | | | 770 |

h) De 8 em 8

| 800 | | | | | | | | | | 880 |

i) De 9 em 9

| 900 | | | | | | | | | | 990 |

7. A diretora da escola está separando folhas de papel sulfite para distribuir entre as turmas. Veja como ela separou.

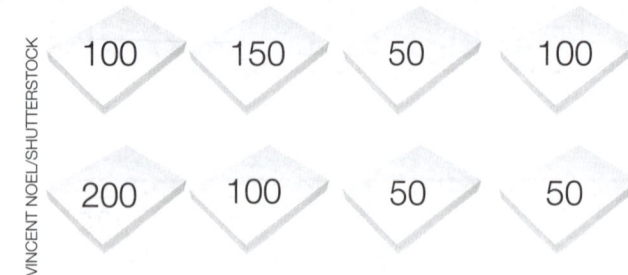

100   150   50   100

200   100   50   50

Quantas folhas ela tinha à sua disposição para fazer essa separação?

_____

8. Foram entregues na escola algumas caixas de lápis. Veja.

200   300   100

a) Qual é a cor da caixa que tem mais lápis? _____

b) Qual é a cor da caixa que tem menos lápis? _____

c) Se juntarmos os lápis da caixa azul com os da caixa vermelha serão quantos no total? _____

d) Qual é o total de lápis nas três caixas? _____

PROBLEMAS

1. A fábrica de Cláudio vendeu 1 caixa de sabonetes por dia, durante uma semana, de segunda-feira a sexta-feira. Cada caixa contém 100 sabonetes. Quantos sabonetes a fábrica de Cláudio vendeu durante a semana?

Cálculo

Resposta: _____

2. Helena faz coleção de botões. Ela organiza sua coleção em caixas. Em cada caixa cabem 120 botões. Se Helena tem 3 caixas cheias de botões, quantos botões ela tem ao todo?

Cálculo

Resposta: _____

3. Na papelaria são vendidos pacotes de papel sulfite com 50 folhas. Se preciso de 200 folhas, quantos pacotes terei de comprar?

Cálculo

Resposta: _____

164

LIÇÃO 10 — ADIÇÃO E SUBTRAÇÃO: NÚMEROS COM 3 ALGARISMOS

Adição sem reagrupamento (com três algarismos)

Em um dia um pedreiro revestiu uma parede com 231 azulejos. No outro dia, ele colocou mais 156 azulejos.

Quantas azulejos ele colocou ao todo nesses dois dias?

Para fazer esses cálculos vamos utilizar o Material Dourado.

Quantidade de azulejos do primeiro dia: 231	Quantidade de azulejos do segundo dia: 156

Juntando as duas quantidades, usando o Material Dourado, temos:

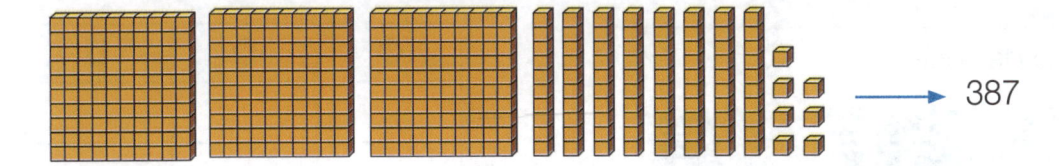

→ 387

Representamos essa adição assim:

_____ + _____ = _____ ou

O pedreiro colocou ao todo _____ azulejos.

ATIVIDADES

1. Calcule.

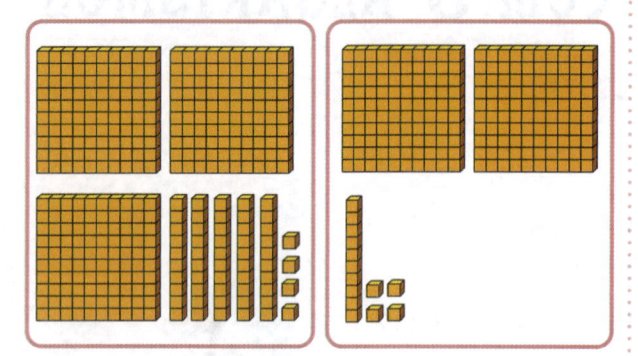

☐ + ☐ = ☐

2. Calcule quantos reais André e Alice têm juntos.

Dinheiro de André

Dinheiro de Alice

_____ + _____ = _____

Juntos, eles têm _____ reais.

3. Arme e efetue no quadro de ordens. Siga o exemplo.

a) 235 + 732

	C	D	U
	2	3	5
+	7	3	2
	9	6	7

b) 526 + 112

C	D	U

c) 243 + 12

C	D	U

d) 637 + 301

C	D	U

e) 313 + 124

C	D	U

4. Arme e efetue as adições.

a) 521 + 52 + 6 = _____

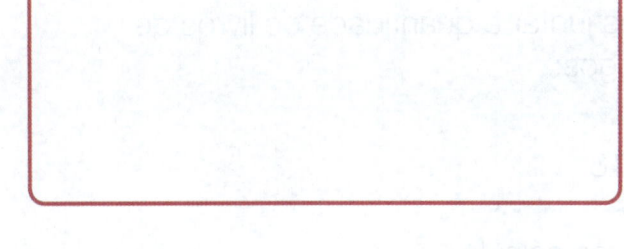

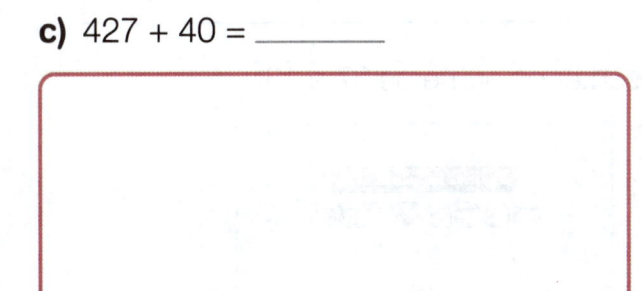

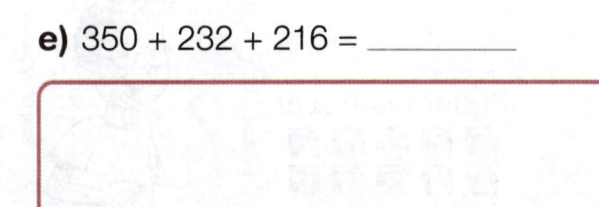

b) 603 + 64 = _____

c) 427 + 40 = _____

d) 324 + 211 = _____

e) 350 + 232 + 216 = _____

PROBLEMAS

1. Em um concurso de desenhos feito por crianças, participaram 236 meninas e 361 meninos. Quantas crianças participaram desse concurso?

Cálculo

Resposta: _____

2. Uma biblioteca recebeu 264 livros de romance, 103 de contos e 22 de poemas. Quantos livros essa biblioteca recebeu?

Cálculo

Resposta: _____

3. Em um acampamento de férias havia 671 pessoas de manhã. À tarde chegaram mais 307 pessoas. Quantas pessoas havia ao todo no acampamento?

Cálculo

Resposta: _____

MATEMÁTICA

Adição com reagrupamento

No Clube de Matemática há 27 livros de geometria e 18 de jogos.

Quantos livros há ao todo no Clube de Matemática?

Para resolver esse problema, precisamos juntar a quantidade de livros de geometria com a quantidade de livros de jogos:

$$27 + 18$$

Observe algumas maneiras de efetuar esse cálculo.

Utilizando Material Dourado

Veja quanto vale cada cubinho e a barra.

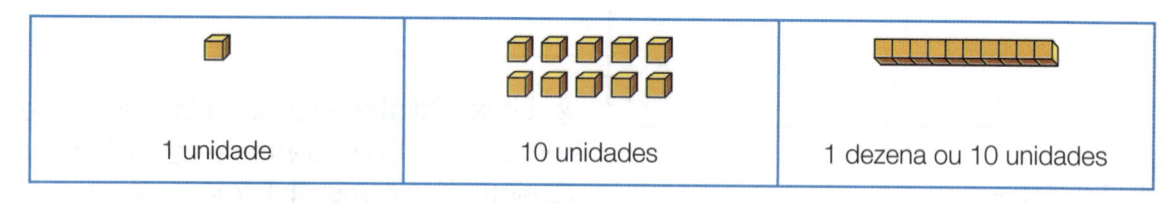

| 1 unidade | 10 unidades | 1 dezena ou 10 unidades |

Utilizando ▪ e ▬ vamos representar os números 27 e 18.

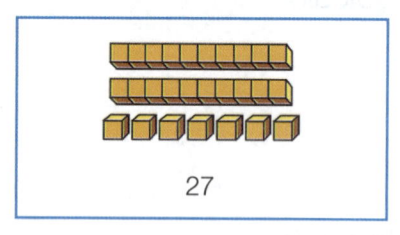

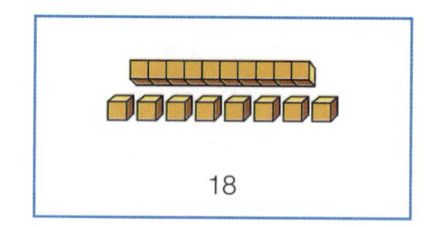

27   18

Vamos juntar essas quantidades:

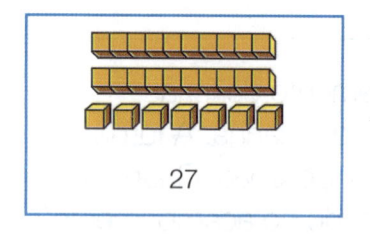

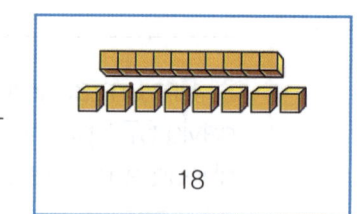

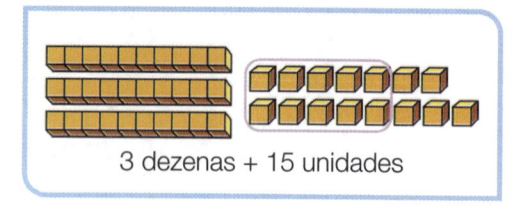

27   +   18   =   3 dezenas + 15 unidades

Ficamos então com:

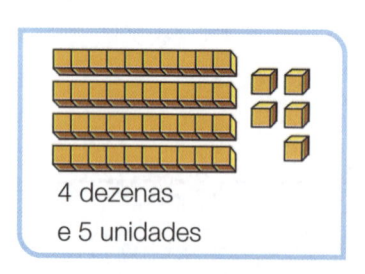

4 dezenas
e 5 unidades

Podemos trocar ▪▪▪▪▪ ▪▪▪▪▪ por ▬

No Clube de Matemática há 45 livros.

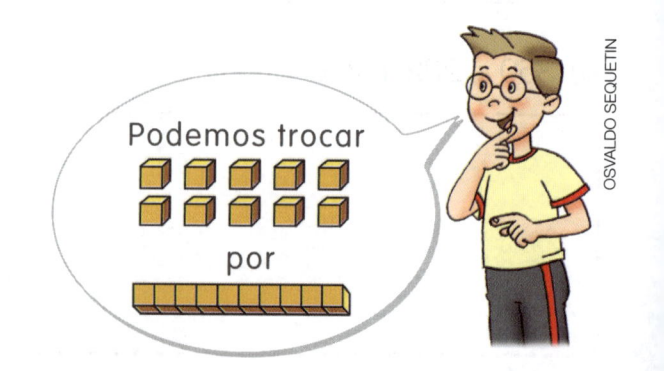

Por decomposição

Observe como podemos fazer o cálculo por decomposição.

$$27 + 18$$
$$20 + 7 + 10 + 8$$
$$20 + 10 + 7 + 8$$
$$30 + 15$$
$$30 + 10 + 5$$
$$40 + 5 = 45$$

- Decompor o 27: 20 + 7
- Decompor o 18: 10 + 8
- Adicionar as dezenas: 20 + 10 = 30
- Adicionar as unidades: 7 + 8 = 15
- Decompor o 15: 10 + 5 = 15
- Adicionar novamente as dezenas:
- 30 + 10 = 40
- Adicionar 40 + 5.

Logo, há no Clube de Matemática 45 livros.

Utilizando o algoritmo

Agora vamos efetuar 27 + 18.

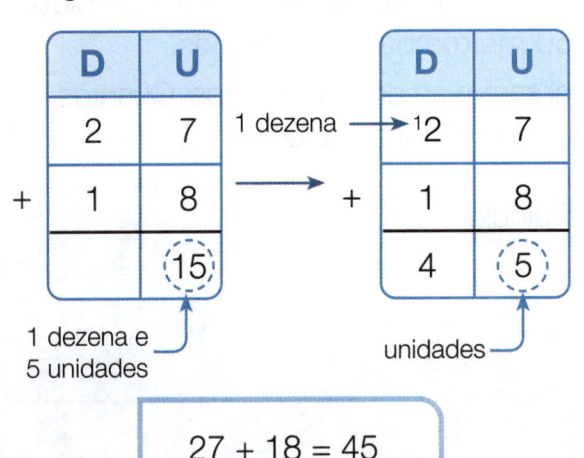

D	U
2	7
+1	8
	15

1 dezena e 5 unidades

1 dezena →

D	U
¹2	7
+1	8
4	5

unidades

27 + 18 = 45

Podemos simplificar. Veja:

D	U
①2	7
+1	8
4	5

ATIVIDADES

1. Arme e efetue no quadro de ordens.

a) 233 + 217 + 46

C	D	U
+		

b) 326 + 34 + 12

C	D	U
+		

c) 271 + 196 + 82

C	D	U
+		

MATEMÁTICA

2. Resolva as operações.

a) 264 + 119 = _____

b) 123 + 329 = _____

c) 441 + 139 = _____

d) 223 + 529 = _____

3. Arme e efetue as adições.

a) 326 + 149 + 207 = ☐

b) 528 + 119 + 37 = ☐

c) 412 + 316 + 4 = ☐

PROBLEMAS

1. Numa festa de aniversário, o palhaço distribuiu 282 sorvetes e ainda ficou com 18. Quantos sorvetes tinha o palhaço?

Cálculo

Resposta: _____

2. Fomos passar as férias na fazenda. Trouxemos de lá uma centena e meia de laranjas, meia centena de goiabas e três dezenas de bananas. Quantas frutas trouxemos?

Cálculo

Resposta: _____

3. De uma peça de fita, foram vendidos 150 metros para um freguês.

Sobraram na peça 70 metros. Quantos metros tinha a peça toda?

Cálculo

Resposta: _____

Subtração sem reagrupamento
(com três algarismos)

Um teatro tem capacidade para 378 pessoas. Já chegaram 243 pessoas. Quantos lugares ainda há para serem ocupados?

Para efetuar esse cálculo vamos usar o Material Dourado.

Representamos 378 com o Material Dourado e riscamos 243.

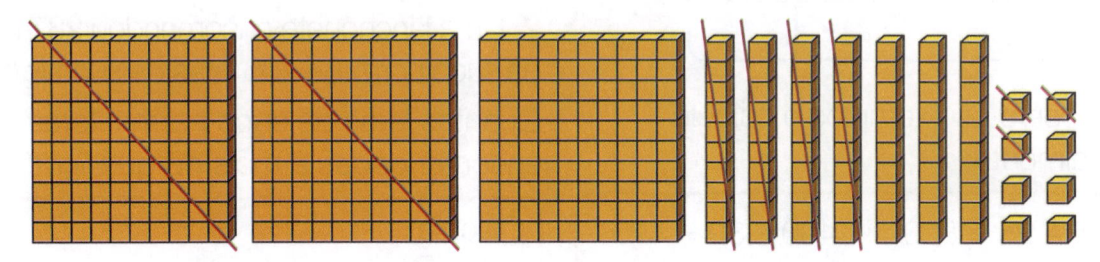

Sobram sem riscar:

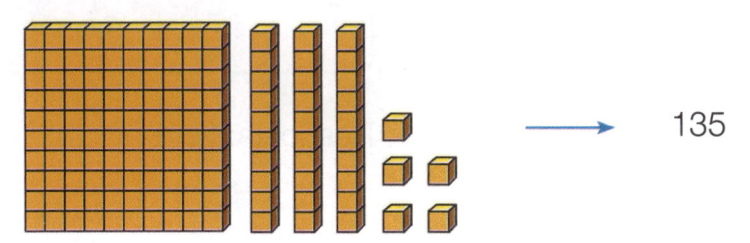

→ 135

Representamos essa subtração assim:

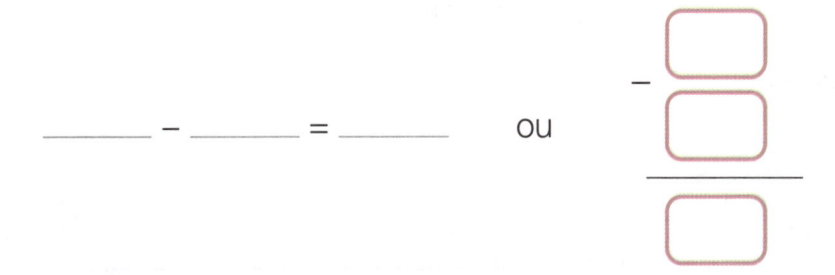

_____ – _____ = _____   ou

Há ainda para serem ocupados _____ lugares.

ATIVIDADES

1. Resolva as subtrações no quadro de ordens.

a) 788 – 61 = _____

C	D	U

b) 398 – 72 = _____

C	D	U

2. Observe os exemplos e calcule mentalmente:

> 325 – 25 = 300   490 – 80 = 410
> 790 – 280 = 510

a) 435 – 35 = _____

b) 546 – 46 = _____

c) 787 – 87 = _____

d) 570 – 60 = _____

e) 460 – 50 = _____

3. Arme e efetue no seu caderno.

a) 525 – 204 = _____

b) 999 – 789 = _____

c) 978 – 432 = _____

d) 874 – 241 = _____

PROBLEMAS

1. Luan é mestre de obras. Ele recebeu 46 sacos de cimento ontem e 68 sacos de cimento hoje.

Quantos sacos de cimento ele recebeu hoje a mais do que ontem?

Cálculo

Resposta: _____

2. Uma lanchonete encomendou 237 latas de suco normal e 106 latas de suco *light*.

Quantas latas de suco normal foram encomendadas a mais do que *light*?

Cálculo

Resposta: _____

3. Em uma escola rural há 48 alunos, sendo 12 meninos. Quantas meninas estudam na escola?

Cálculo

Resposta: _____

Subtração com reagrupamento

Usando Material Dourado

André comprou um livro que custa 28 reais para seu pai, e pagou com uma nota de 50 reais. Quanto recebeu de troco?

50 − 28 = ?

Vamos representar os 50 reais e o preço do livro com cubinhos e barras.

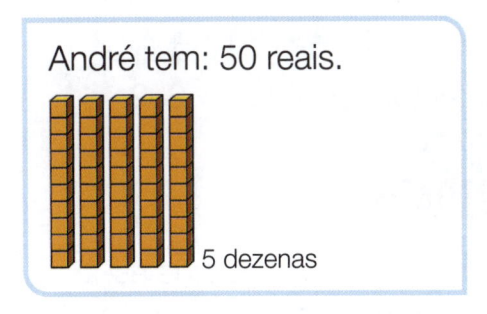

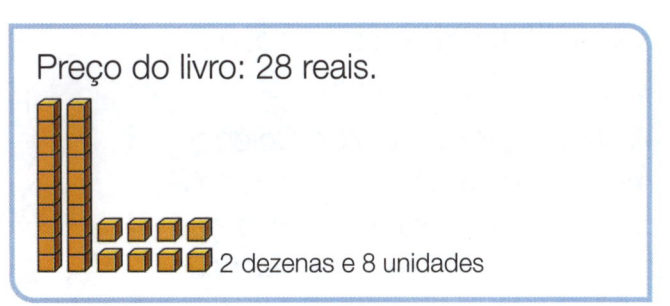

André tem: 50 reais.

5 dezenas

Preço do livro: 28 reais.

2 dezenas e 8 unidades

Para tirar 2 dezenas e 8 unidades de 5 dezenas, podemos tirar as 2 dezenas diretamente, mas como tiramos as 8 unidades? Vamos trocar 1 dezena por 10 unidades.

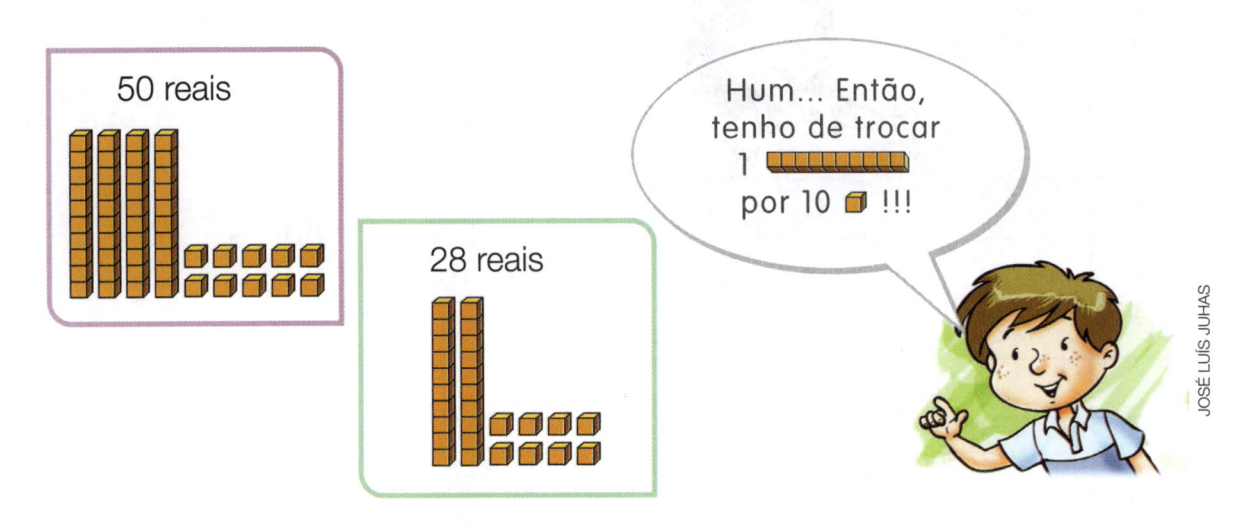

50 reais

28 reais

Hum... Então, tenho de trocar 1 ▭ por 10 ◾ !!!

Agora, efetuamos a subtração. Observe.

50 reais

- Vamos retirar 2 dezenas e 8 unidades.
- Sobram então 2 dezenas e 2 unidades.
- Resposta: André recebeu de troco 22 reais.

Usando o algoritmo

	D	U
	5	0
−	2	8

→

	D	U
	₄5̶	¹⁰0̶
−	2	8
	2	2

- Trocamos 1 dezena por 10 unidades.
- Ficamos com 4 dezenas e 10 unidades.
- Agora, efetuamos a subtração.

Veja um outro exemplo.

As turmas do 3º ano do Colégio Caminho Feliz farão uma excursão ao jardim zoológico. São 65 alunos no total e apenas 29 fizeram a inscrição.

Quantos alunos ainda não fizeram a inscrição?

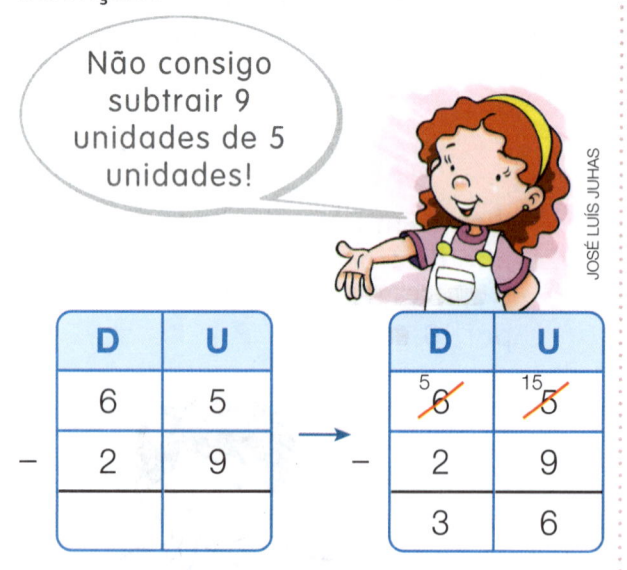

Não consigo subtrair 9 unidades de 5 unidades!

	D	U
	6	5
−	2	9

→

	D	U
	⁵6̶	¹⁵5̶
−	2	9
	3	6

- Trocamos 1 dezena por 10 unidades, então ficamos com 5 dezenas e 15 unidades.
- Agora, posso subtrair 9 unidades de 15 unidades: 15 − 9 = 6.
- Depois, subtraio 2 dezenas de 5 dezenas.
- Assim, chegamos à resposta: 36 alunos não fizeram a inscrição.

Subtração por decomposição

Podemos resolver a subtração usando o número em sua forma decomposta.

Observe como se faz a subtração 356 − 124.

Armamos a operação com os números em sua forma decomposta.

```
    300 + 50 + 6
−   100 + 20 + 4
    ─────────────
    200 + 30 + 2
```

Portanto, 356 − 124 = 232.

ATIVIDADE

1. Agora é a sua vez. Efetue as subtrações trabalhando com os números na forma decomposta.

a) 539 − 428 = _____

```
    500 + 30 + 9
−   400 + 20 + 8
    ─────────────
```

b) 257 − 134 = _____

```
    200 + 50 + 7
−   100 + 30 + 4
    ─────────────
```

c) 692 − 251 = _____

```
    600 + 90 + 2
−   200 + 50 + 1
    ─────────────
```

d) 936 − 425 = _____

```
    900 + 30 + 6
−   400 + 20 + 5
    ─────────────
```

174

RESOLUÇÃO DE PROBLEMAS

1. Leia a situação abaixo.

> As turmas de alunos do 2º ano da escola Criança do Futuro coletaram latinhas de alumínio para a campanha ecológica da Feira de Ciências. Ontem eles coletaram 549 latinhas e hoje foram coletadas 363.

Você observou que está faltando uma pergunta na situação acima de modo que ela se torne um problema?

a) Em cada caso, escolha a pergunta que torna a situação um problema para ser revolvido com uma operação de:

adição
☐ Quantas latinhas foram vendidas?
☐ Quantas latinhas foram coletadas ontem e hoje?
☐ Quantas latinhas foram coletadas hoje?

subtração
☐ Quantas latinhas foram coletadas pelos alunos dos 1º anos?
☐ Quantas latinhas foram coletadas ontem?
☐ Quantas latinhas foram coletadas ontem a mais do que hoje?

b) Agora resolva cada um dos problemas:

Problema de adição

Resposta: _____

Problema de subtração

Resposta: _____

2. Leia a situação a seguir:

a) Elabore uma pergunta para essa situação que, para ser respondida, você precise calcular o resultado de uma adição.

> Carla adora tirar fotos com seu celular. Na galeria de fotos do celular, há 387 fotos com os amigos e 436 com os familiares.

Pergunta: _____

b) Resolva o problema e complete a resposta.

Resposta: _____

175

Verificação da adição e da subtração

Observe:

```
  26  minuendo          14   subtraendo
-  14  subtraendo   →  + 12   diferença
  12  diferença         26   minuendo
```

> Para saber se uma subtração está correta, adicionamos a diferença ao subtraendo. O resultado deverá ser o minuendo.

Agora, observe esta outra operação.

```
   75  parcelas        99
+  24                - 24
   99  soma            75
```

> Para saber se uma adição está correta, subtraímos da soma uma das parcelas. O resultado será a outra parcela.

Veja outros exemplos.

```
  65          38         44          17
- 38   →    + 27       - 17   →    + 27
  27          65         27          44
```

```
  72          46         38          19
- 46   →    + 26       - 19   →    + 19
  26          72         19          38
```

ATIVIDADE

1. Resolva as operações, usando o quadro de ordens e, em seguida, verifique o resultado.

a) 315 + 167 = _____

C	D	U
+		

C	D	U
−		

b) 388 + 257 = _____

C	D	U
+		

C	D	U
−		

c) 173 + 269 = _____

C	D	U
+		

C	D	U
−		

LIÇÃO 11 — NÚMEROS PARES E NÚMEROS ÍMPARES

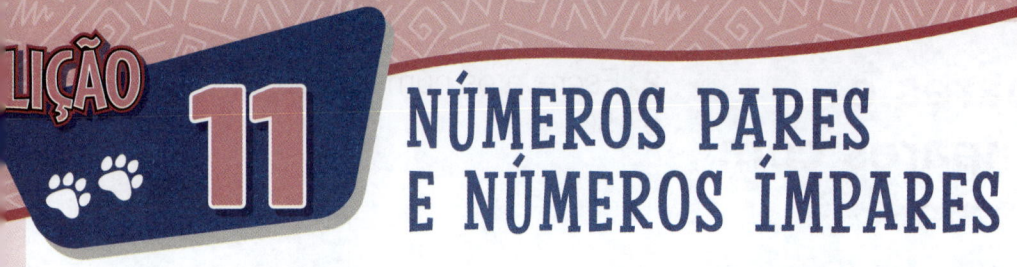

Você sabe dançar?

Veja as crianças. Elas estão se divertindo.

Agora, observe atentamente e responda.

- Quantas duplas estão dançando?
- Sobrou alguém sem par?

Os números **pares** são aqueles que formam grupos de 2 e não sobra nenhum elemento.

Os números **ímpares** são aqueles que, ao se formarem grupos de 2, sempre sobra um elemento.

Números pares e números ímpares com dois algarismos

Conte os elementos e escreva quais números são pares e quais são ímpares.

10 é par.

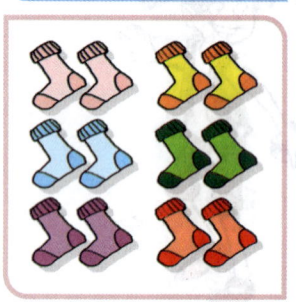

Os números que terminam em 0, 2, 4, 6 e 8 são **pares**.

Os números que terminam em 1, 3, 5, 7 e 9 são **ímpares**.

ATIVIDADES

1. Complete a sequência, adicionando e subtraindo. Pinte de azul os números pares e de verde os números ímpares.

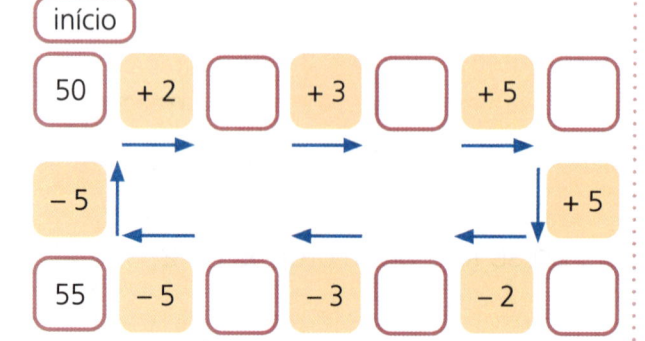

início: 50 → +2 → ☐ → +3 → ☐ → +5 → ☐
−5 ↑ ↓ +5
55 ← −5 ← ☐ ← −3 ← ☐ ← −2 ← ☐

2. Escreva os números pares entre 120 e 150.

_____

_____

3. Escreva os números ímpares entre 239 e 269.

_____

_____

4. Separe os números pares dos números ímpares.

| 133 | 26 | 48 | 192 | 237 | 220 | 191 | 79 | 414 | 565 | 112 |
| 13 | 18 | 59 | 162 | 489 | 330 | 865 | 41 | 27 | 148 | 33 |

Pares	Ímpares

5. Responda.

a) Você reside em casa ou apartamento? _____

Qual é o número da casa ou do edifício em que você mora? _____

Esse número é par ou ímpar? _____

b) Quantos alunos há na sua sala de aula? _____

Esse número é par ou ímpar? _____

Quantos meninos? _____

Quantas meninas? _____

Há mais meninos ou meninas? _____

Quantos(as) a mais? _____

178

LIÇÃO 12 — SÓLIDOS GEOMÉTRICOS E FIGURAS PLANAS

Sólidos geométricos

Veja algumas figuras geométricas e seus nomes.

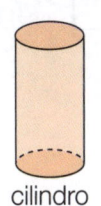

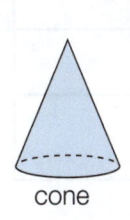

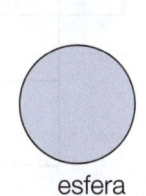

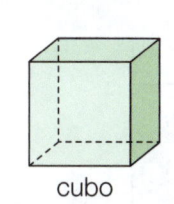

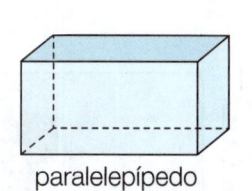

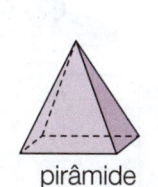

| cilindro | cone | esfera | cubo | paralelepípedo | pirâmide |

Essas figuras são chamadas de **sólidos geométricos**.

A professora Camila levou para a sala de aula umas peças de madeira que lembram sólidos geométricos. Ligue cada figura de uma coluna ao seu correspondente da outra coluna.

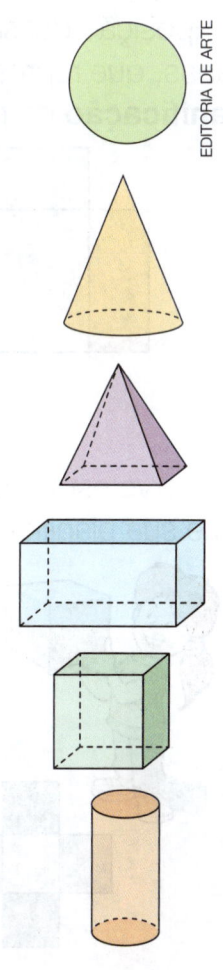

179

Luana abriu uma caixa de sabonete, que lembra um paralelepípedo. Veja como ela fez:

1. Ela pegou a caixinha que ainda estava montada...

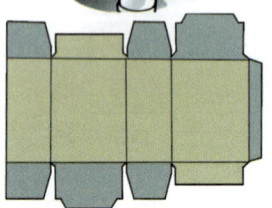

2. ... abriu a embalagem até ficar totalmente "achatada".

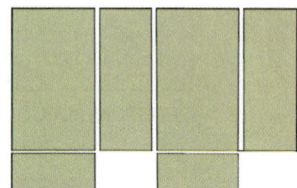

3. Depois ela recortou as abas de encaixe da embalagem e obteve esses pedaços.

Apresentamos abaixo uma composição dessas 6 figuras planas, que representa a **planificação** do paralelepípedo.

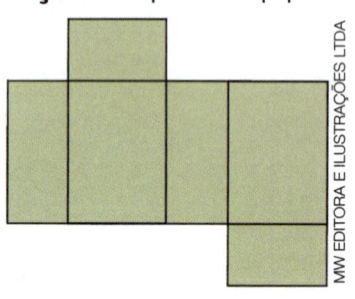

Observe esta outra caixa que Luana abriu e sua planificação.

Essa caixa tem a forma de um cubo.

ATIVIDADES

1. Pinte as possíveis planificações do paralelepípedo.

a)

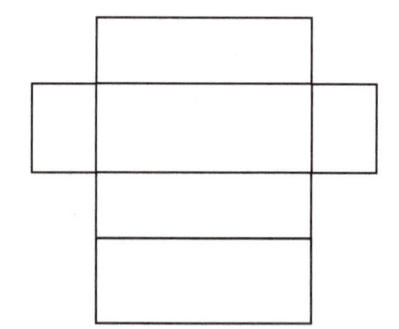

b)

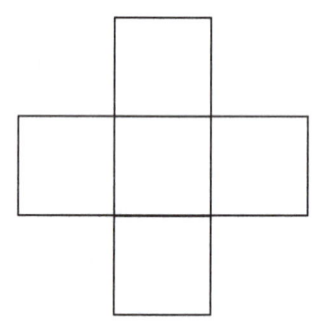

c)

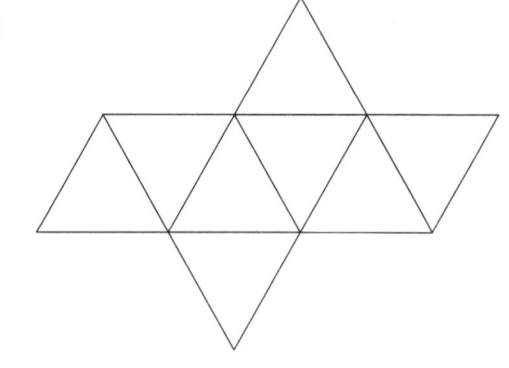

d)

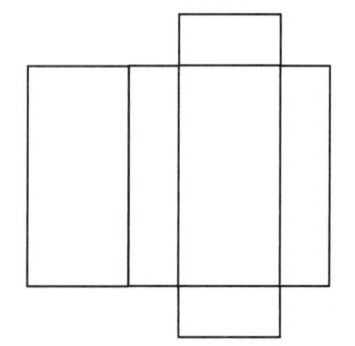

Figuras planas

Cada sólido geométrico foi apoiado sobre uma folha de papel e contornado com o lápis. Veja as figuras obtidas.

quadrado

retângulo

triângulo

círculo

Quadrado, retângulo, triângulo e círculo são figuras **geométricas planas**.

ATIVIDADES

1. Observe as figuras planas a seguir e pinte de acordo com a legenda.

■ Triângulos.   ■ Quadrados.
■ Círculos.   ■ Retângulos.

MATEMÁTICA

181

LIÇÃO 13 — PENSAMENTO ALGÉBRICO

Você já observou um semáforo em funcionamento e prestou atenção na ordem em que as cores mudam?

Semáforo, também conhecido como sinal, sinaleiro ou farol.

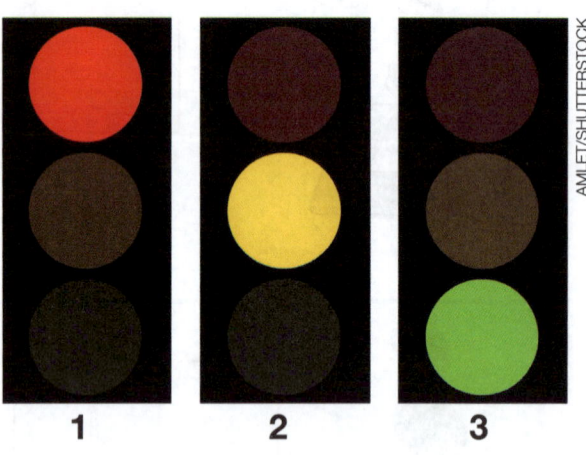

Cores do semáforo veicular.

Se você ficar por um tempo observando, verá que ele obedece a uma ordem na troca das cores, conforme o esquema:

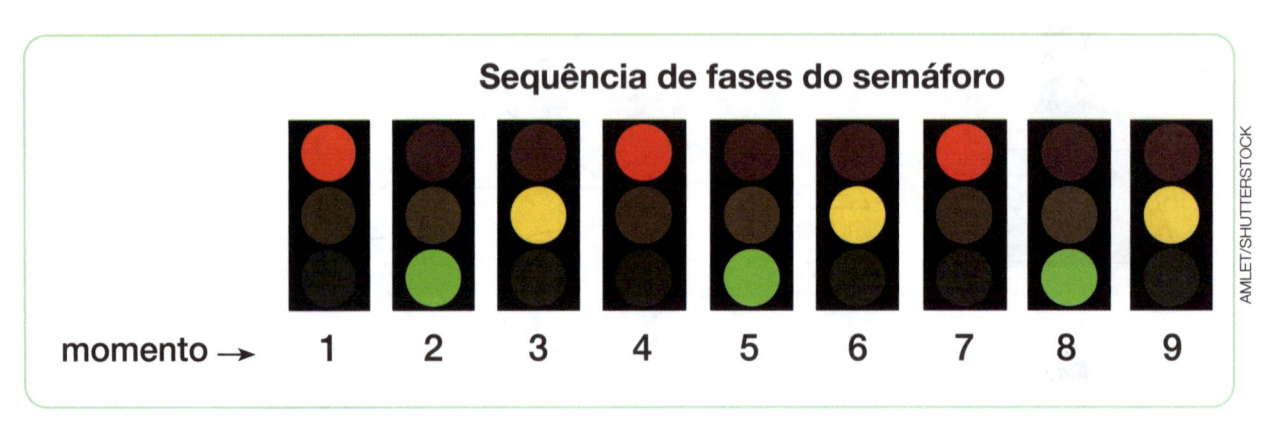

Sequência de fases do semáforo

momento → 1 2 3 4 5 6 7 8 9

- Continuando essa sequência, você sabe dizer qual cor mostrará o semáforo no 10º momento?
- Depois do 9º, em qual momento aparecerá o próximo verde?

Os semáforos mudam de uma fase para outra, obedecendo a uma ordem, representada pelas cores: vermelha, verde, amarela, vermelha, verde, amarela...

Sequências repetitivas

Renata desenhou uma sequência de círculos. Alguns círculos ficaram sem cor:

- Pinte os círculos sem cor para completar a sequência que ela desenhou.

- Circule uma parte da sequência que se repete.

- Conte quantos elementos (círculos) Renata desenhou na sequência toda.

- Nessa sequência, quantos elementos há na parte que se repete?

Em uma sequência repetitiva de figuras, o **padrão** é o grupo de figuras que se repete por toda a sequência.

Uma sequência é composta por **elementos** ou **termos**.

O **primeiro termo** da sequência acima é o círculo verde.

O **termo posterior** ao círculo amarelo é o círculo vermelho.

O **termo anterior** ao círculo amarelo é o círculo verde.

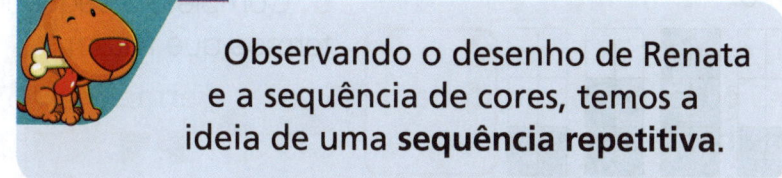

Observando o desenho de Renata e a sequência de cores, temos a ideia de uma **sequência repetitiva**.

183

ATIVIDADES

1. Observe as sequências a seguir.

Sequência 1

Sequência 2

| A | B | C | A | B | C | A | B | C |

Sequência 3

| 1 | 2 | 3 | 1 | 2 | 3 | 1 | 2 | 3 |

O que elas têm em comum? E o que elas têm de diferentes?

_____

_____

_____

_____

_____

2. Observe a sequência abaixo.

De acordo com o padrão que você percebeu, pinte o círculo do último termo.

3. Observe a sequência e desenhe o próximo termo.

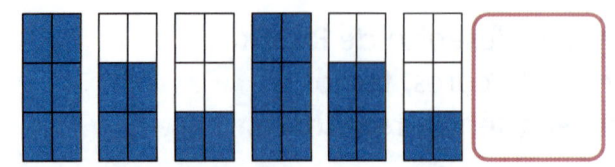

4. Observe a sequência.

★■● ★■● ★■● ★■●

a) Qual é o padrão dessa sequência? Circule.

b) Quantos termos tem essa sequência?

_____

c) Quantos termos tem o padrão dessa sequência?

_____

d) Qual é o termo inicial? Desenhe.

5. Arthur construiu uma sequência com placas de trânsito.

a) Circule o padrão dessa sequência.

b) Imagine que Arthur vai continuar essa sequência acrescentando mais alguns termos ao final dela. Desenhe abaixo o 9º e o 10º termo.

6. Complete a sequência com os termos que faltam.

184

As sequências a seguir são também repetitivas, mas não são de figuras. Elas são sequências numéricas e de letras.

Sequências recursivas

Observe o que Natan fez com os cubinhos.

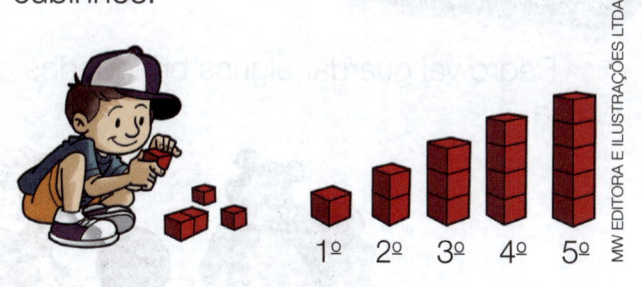

1º 2º 3º 4º 5º

7. Observe a sequência composta com cartões.

| 1 | 0 | 0 | 0 | 1 | 0 | 0 | 0 | 1 | 0 | _ | _ | _ |

a) Qual é o padrão dessa sequência?

_____

b) Escreva os números dos três cartões ausentes.

_____

- Essa sequência, composta por torres de cubinhos, está na ordem crescente ou decrescente de tamanho?

- Quantos termos tem essa sequência?

- Qual é o termo posterior à torre que tem 4 peças?

- O que você observa nessa sequência? Há algum termo repetido nela?

A sequência construída por Natan acrescenta um cubinho a cada novo termo, ou seja, soma 1.

Veja agora outra sequência feita por Natan.

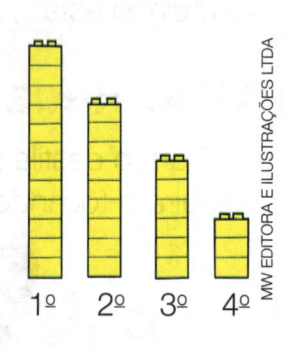

8. Observe a sequência abaixo.

2 3 5 5 7 2 3 5 5 7

a) Qual é o padrão dessa sequência?

_____

b) Qual é o termo inicial dessa sequência?

_____

c) Qual é o termo anterior ao número 3?

_____

d) Qual é o termo posterior ao número 3?

_____

1º 2º 3º 4º

- Quantas peças de montar há na primeira torre? E na segunda? E na terceira? E na quarta?

e) Imagime que vamos continuar essa sequência. Qual é o 11º termo? E o 12º termo?

Sequências como essa são chamadas de **sequências recursivas**.

185

LIÇÃO 14 — LOCALIZAÇÃO E MOVIMENTAÇÃO

Pedro vai guardar alguns brinquedos que estão espalhados pela sala de sua casa.

- Circule o brinquedo que está entre a caixa e a boneca. Qual brinquedo você circulou?

- Qual brinquedo está à direita de Pedro?

  ☐ peteca   ☐ tambor   ☐ boneca

- Complete as frases a seguir.

A boneca está _____ da mesa e à _____ de Pedro.

O ursinho está _____ da caixa e _____ da mesa.

Orientação e localização

Para o desfile de talentos da escola, os pequenos músicos formaram uma fila e seguiram tocando.

- A fila de músicos está indo em qual sentido?

  ☐ Da direita para a esquerda.   ☐ Da esquerda para a direita.

- Circule o cachorro que está caminhando no sentido contrário dos demais na fila.
- Que instrumento toca a menina que está com o pé direito levantado?

ATIVIDADES

1. Marque com um **X** o cachorro que está do lado esquerdo da menina e do lado direito do menino.

2. Veja alguns objetos organizados no quarto de Bárbara.

Complete as frases com as palavras dos quadros a seguir.

| de baixo | de cima | antes | depois | entre |

a) O dado está na prateleira _____.

b) O cubo mágico está na prateleira _____.

c) O dado está _____ o livro de Ciências e o vaso.

d) Da esquerda para a direita, o cubo mágico está _____ do dicionário.

e) Da esquerda para a direita o cubo mágico está _____ do porta-lápis.

Movimentação

Sílvio deseja ir ao banco. Ele pediu ajuda ao senhor que está ao seu lado para empurrar a cadeira de rodas até chegar lá.

De que lado de Sílvio está o senhor que vai ajudá-lo: do seu lado direito ou esquerdo?

Descreva o trajeto que o senhor vai fazer para levá-lo até o banco usando termos como: à direita, à esquerda, em frente etc.

Quando vamos descrever a **movimentação** (ou o **deslocamento**) de pessoas ou de objetos no espaço, usamos termos como: seguir em frente, virar à direita, virar à esquerda, dar tantos passos, andar tantas quadras etc.

ATIVIDADES

1. Veja um esquema que representa o segundo andar da escola de Beatriz.

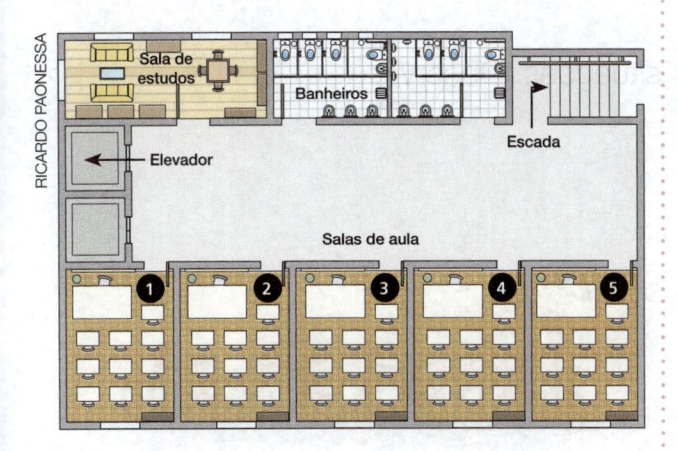

a) De quais maneiras é possível chegar a esse andar?

_____

b) Quantas salas de aula há nesse andar?

_____

c) Trace na figura os seguintes caminhos, usando uma cor diferente para cada um.

- da sala de aula 1 até a escada.
- da sala de aula 5 até o banheiro.
- da sala de aula 2 até a sala de estudos.
- da sala de aula 4 até os elevadores.

d) Você sabe para que serve uma sala de estudos? Converse com os colegas e o professor sobre o uso da sala de estudos.

2. Veja o desenho que representa um esquema do bairro em que Paula e Júlio moram.

a) Usando o lápis de cor vermelha, trace um possível caminho que Paula pode fazer para chegar até a casa de Júlio.

Por quais locais destacados no mapa Paula passaria fazendo esse trajeto?

_____

_____

b) Paula saiu de casa para a escola passando, antes, pela sorveteria. Trace, com lápis azul, o caminho que ela fez.

c) Leia o que Júlio está falando e trace com lápis verde.

> Antes de me levar para a escola, minha mãe passou na farmácia e na papelaria.

189

LIÇÃO 15 — IDEIAS DE MULTIPLICAÇÃO

Utilizamos a multiplicação em diversas situações. Observe.

Manoel conserta bicicletas.

Sabendo que cada bicicleta tem 2 rodas, podemos descobrir a quantidade total de rodas a serem consertadas multiplicando 4 bicicletas por 2 rodas.

$2 + 2 + 2 + 2 = 8$
adição

ou

$4 \times 2 = 8$
fator fator produto

$$\begin{array}{r} 4 \text{ fator} \\ \times\, 2 \text{ fator} \\ \hline 8 \text{ produto} \end{array}$$

multiplicação

Então: $\boxed{2} + \boxed{2} + \boxed{2} + \boxed{2} = \boxed{8}$
parcela parcela parcela parcela soma

4 vezes o número 2

$\boxed{4} \times \boxed{2} = \boxed{8}$
fator fator produto

Neste dia, Manoel deverá consertar 8 rodas.

190

Organização retangular

Leandro resolveu organizar suas figurinhas para facilitar a contagem de sua coleção.

24

24

4 × 6 = 24   ou   6 × 4 = 24

A organização de Leandro formou um retângulo.

Para descobrir o total de figurinhas, Leandro multiplicou a quantidade de linhas (4) pela quantidade de colunas (6). Assim como, a quantidade de colunas (6) pela quantidade de linhas (4).

Leandro tem ao todo 24 figurinhas.

Combinatória

Dani tem 3 bonecas e 4 vestidos.

Observe como ela pode vestir as bonecas:

Dani pode vestir as bonecas de 12 maneiras diferentes.

Proporcionalidade

Toda manhã, Bruno entrega água no bairro Jardim Brasil.

Em cada caixote cabem 6 galões de água.

Hoje Bruno entregou apenas 3 caixotes.

a) Desenhe a quantidade de galões que cabe em cada caixote.

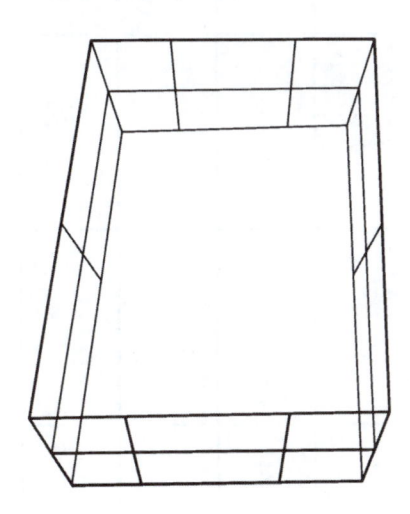

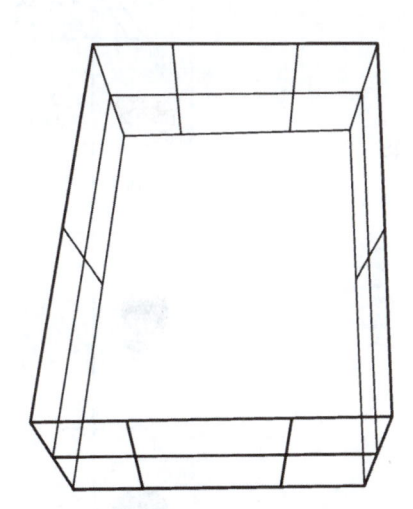

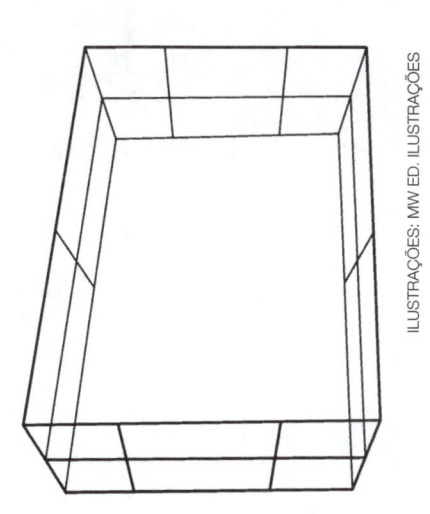

b) Bruno entregou _____ galões de água ao todo.

c) Se Bruno entregasse 4 caixotes, quantos galões de água teria entregado ao todo?

Resposta: _____

ATIVIDADES

1. Pinte os quadradinhos de acordo com as orientações. Depois, escreva a operação correspondente e o resultado. Observe o exemplo.

3 linhas e 2 colunas

3 × 2 = 6

4 linhas e 3 colunas

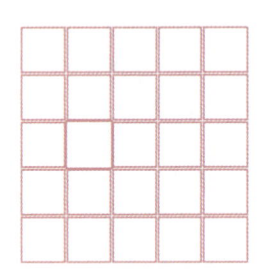

_____ × _____ = _____

5 linhas e 4 colunas

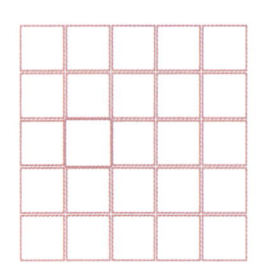

_____ × _____ = _____

2. Cada pacote tem 5 bombons. Quantos bombons há em 3 pacotes?

_____ × _____ = _____

Resposta: _____

3. A professora propôs à sua turma de alunos que formasse duplas compostas de 1 menino e 1 menina para realizar uma tarefa. Na turma havia 5 meninas e 3 meninos. Termine de completar a tabela para descobrir as possíveis duplas que podem ser formadas.

	Rafaela	Lara	Patrícia	Gabriela	Clara
Leonardo	Rafaela e Leonardo	Lara e Leonardo			
André					
Márcio					

3 × _____ = _____

Há possibilidade de formar _____ duplas diferentes.

4. Descubra a quantidade total de moradores do prédio. Em cada andar moram 4 pessoas.

_____ × _____ = _____

No prédio moram _____ pessoas.

194

Dobro

Diego e Arthur adoram empinar pipa.

Diego tem 2 pipas e Arthur, o dobro de pipas de Diego. Ou seja, Arthur tem 4 pipas.

> **Dobro** significa duas vezes. Então, 2 × 2 = 4.

Triplo

Se Arthur tivesse 6 pipas, teria o triplo de pipas de Diego.

> **Triplo** significa três vezes. Então, 3 × 2 = 6.

Quádruplo

Diego e Arthur também gostam de bater figurinhas.

Arthur tem 3 figurinhas e Diego tem o quádruplo de figurinhas de Arthur, ou seja, 12 figurinhas.

> **Quádruplo** significa quatro vezes. Então, 4 × 3 = 12.

Quíntuplo

Se Diego tivesse 15 figurinhas, teria o quíntuplo de figurinhas de Arthur.

> **Quíntuplo** significa cinco vezes. Então, 5 × 3 = 15.

ATIVIDADES

1. Observe o exemplo e continue a atividade.

3 + 3 + 3 + 3 = 12 ⟶ 4 × 3 = 12

a) 2 + 2 + 2 + 2 + 2 = ____

____ × ____ = ____

b) 8 + 8 + 8 = ____

____ × ____ = ____

c) 3 + 3 + 3 = ____

____ × ____ = ____

d) 9 + 9 = ____

____ × ____ = ____

e) 9 + 9 + 9 + 9 = ____

____ × ____ = ____

f) 8 + 8 = ____

____ × ____ = ____

g) 7 + 7 + 7 + 7 + 7 = ____

____ × ____ = ____

h) 6 + 6 + 6 + 6 = ____

____ × ____ = ____

2. Complete as tabelas.

Tabuada do 2		
1 × 2	1 vez 2 é igual a	
2 × 2	2 vezes 2 é igual a	
3 × 2	3 vezes 2 é igual a	
4 × 2	4 vezes 2 é igual a	
5 × 2	5 vezes 2 é igual a	
6 × 2	6 vezes 2 é igual a	
7 × 2	7 vezes 2 é igual a	
8 × 2	8 vezes 2 é igual a	
9 × 2	9 vezes 2 é igual a	
10 × 2	10 vezes 2 é igual a	

Tabuada do 3		
1 × 3	1 vez 3 é igual a	
2 × 3	2 vezes 3 é igual a	
3 × 3	3 vezes 3 é igual a	
4 × 3	4 vezes 3 é igual a	
5 × 3	5 vezes 3 é igual a	
6 × 3	6 vezes 3 é igual a	
7 × 3	7 vezes 3 é igual a	
8 × 3	8 vezes 3 é igual a	
9 × 3	9 vezes 3 é igual a	
10 × 3	10 vezes 3 é igual a	

3. Quantos quadradinhos há em cada figura?

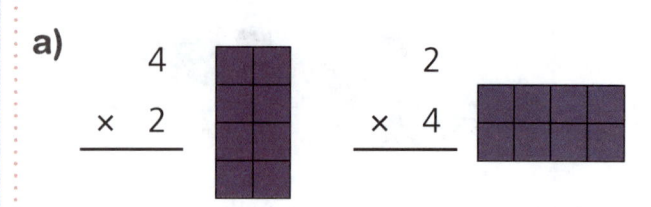

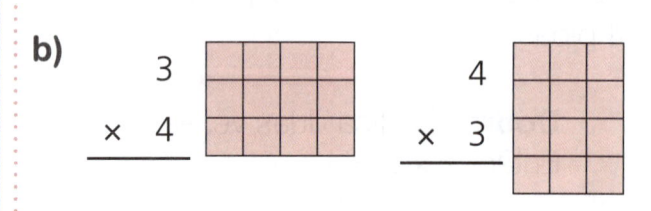

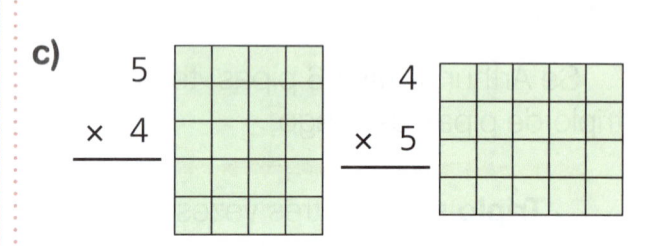

a) 4 × 2   2 × 4

b) 3 × 4   4 × 3

c) 5 × 4   4 × 5

4. Complete as tabelas.

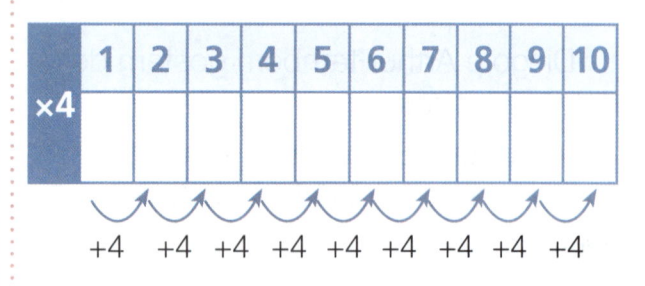

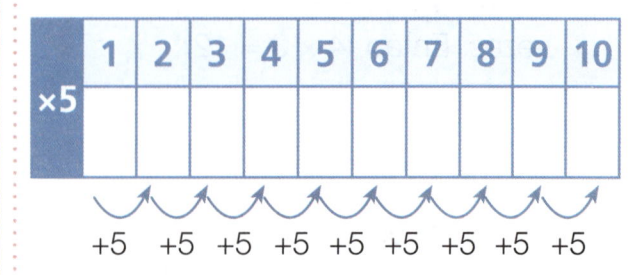

	1	2	3	4	5	6	7	8	9	10
×4										

+4 +4 +4 +4 +4 +4 +4 +4 +4

	1	2	3	4	5	6	7	8	9	10
×5										

+5 +5 +5 +5 +5 +5 +5 +5 +5

• O resultado de 3 × 4 é o mesmo de 4 × 3? A ordem dos fatores altera o produto?

PROBLEMAS

1. A dona da cantina da escola foi comprar tomates no supermercado. Ela viu que em 1 bandeja há 6 tomates. Quantos tomates há em 3 bandejas iguais a essa?

Cálculo

Resposta: _____

2. Senhor Miagui, um cozinheiro japonês, encomendou da peixaria 5 postas de salmão. O peixeiro mandou 4 vezes a quantidade que o senhor Miagui havia pedido. Quantas postas de salmão o senhor Miagui recebeu do peixeiro?

Cálculo

Resposta: _____

3. O floricultor colocou em sua vitrine 5 vasos. Em cada vaso ele pôs 6 rosas. Quantas rosas o floricultor colocou ao todo nos vasos?

Cálculo

Resposta: _____

INFORMAÇÃO E ESTATÍSTICA

Os alunos do 2º ano fizeram uma votação de suas cores preferidas. Observe o gráfico com os resultados da votação e responda às questões:

Cores preferidas – alunos do 2º ano
Número de alunos

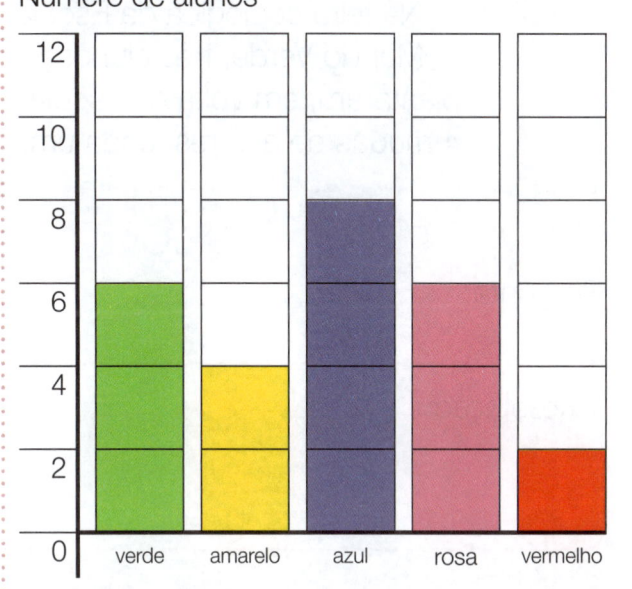

1. Cada quadrinho equivale a quantos votos? _____

2. Qual cor teve maior preferência? _____ Quantos votos? _____

3. Quantos alunos escolheram amarelo? _____

4. Qual cor teve menor preferência? _____ Quantos votos? _____

5. Quantos alunos participaram da votação? _____

6. Houve empate? _____ Quais as cores? _____

RESOLUÇÃO DE PROBLEMAS

1. Abaixo apresentamos uma frase que dá início a uma situação. Leia e depois acrescente uma pergunta que fará dessa situação um problema, que deve ser resolvido usando uma multiplicação.

> Na feira ecológica da Escola Mundo Verde, três alunos plantaram, em volta da escola, 4 mudas de árvores, cada um.

Pergunta: _____

Resolução:

Resposta: _____

2. Elabore uma pergunta para que a frase a seguir possa ser um problema de multiplicação.

> Lorenzo tem 5 figurinhas e Gabriel tem o quádruplo disso.

Pergunta: _____

Resolução:

Resposta: _____

LIÇÃO 16 — IDEIAS DA DIVISÃO

Paulo comprou 8 bombons. Ele quer dividir igualmente os bombons entre sua mãe e sua professora. Quantos bombons ele dará para cada uma?

$8 \div 2 = 4$

$$\begin{array}{r|l} 8 & 2 \\ -8 & 4 \\ \hline 0 & \end{array}$$

Paulo dará 4 bombons para a mãe e 4 bombons para a professora.

199

No pátio da escola há 24 crianças.

A professora pediu a elas que formassem filas com 6 alunos em cada uma.

Os alunos se distribuíram em 4 filas com 6 crianças em cada uma. Para repartir uma quantidade, fazemos uma **divisão**.

Então:

24 dividido por 6 é igual a 4.

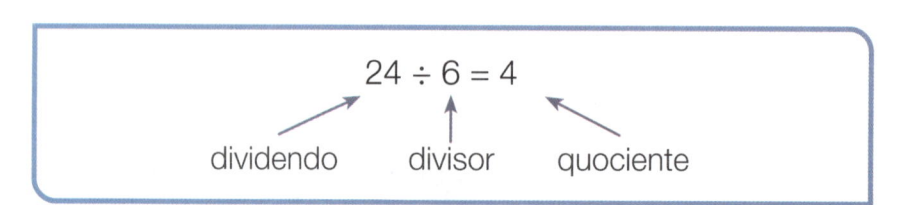

$$24 \div 6 = 4$$

dividendo   divisor   quociente

ATIVIDADES

1. Desenhe e complete para representar as divisões.

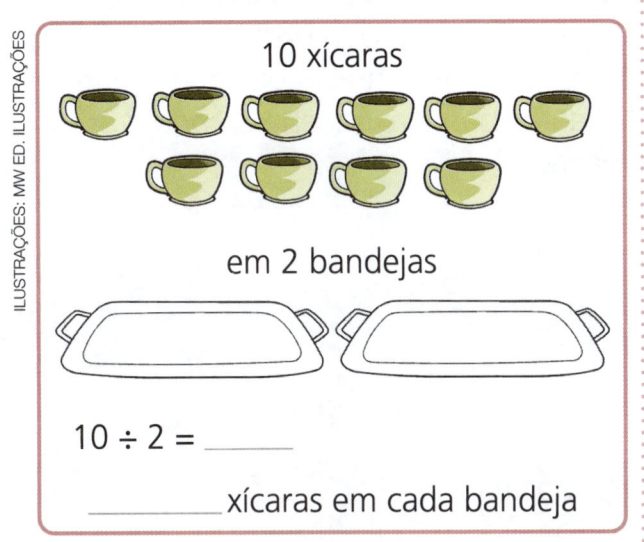

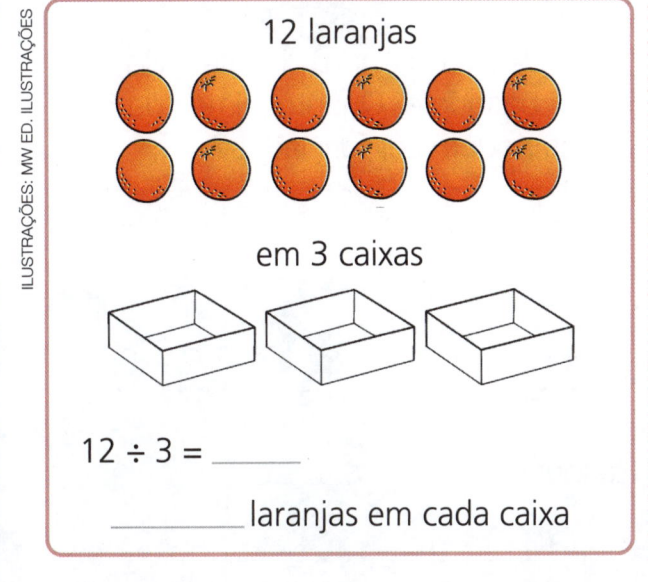

6 peixinhos

em 3 aquários

6 ÷ 3 = _____

_____ peixinhos em cada aquário

10 xícaras

em 2 bandejas

10 ÷ 2 = _____

_____ xícaras em cada bandeja

12 laranjas

em 3 caixas

12 ÷ 3 = _____

_____ laranjas em cada caixa

2. Descubra qual é o número "escondido" em cada quadradinho.

6 ÷ ☐ = 3

☐ ÷ 4 = 4

☐ ÷ 3 = 3

20 ÷ ☐ = 5

10 ÷ 2 = ☐

☐ ÷ 3 = 4

12 ÷ 4 = ☐

15 ÷ ☐ = 5

3. Forme grupos para dividir igualmente:

a) de 5 em 5;

15 ÷ 5 = _____

b) de 3 em 3.

12 ÷ 3 = _____

PROBLEMAS

1. Juliana quer guardar 20 peras em 5 cestas. Quantas peras ela deve colocar em cada cesta, para que todas tenham a mesma quantidade?

Cálculo

Resposta: _____

2. Uma cafeteria tem 30 xícaras. O garçom precisa distribuí-las igualmente em 6 bandejas. Quantas xícaras devem ser colocadas em cada bandeja?

Cálculo

Resposta: _____

3. A prefeitura de uma cidade comprou 28 mudas de ipê para serem plantadas em 7 ruas da cidade. Todas as ruas receberão o mesmo número de mudas. Quantas mudas de ipê serão plantadas em cada rua?

Cálculo

Resposta: _____

4. No carrinho de sorvete do senhor Joaquim há 16 picolés. Ele quer distribuí-los igualmente entre 4 crianças. Quantos picolés o senhor Joaquim dará a cada criança?

Cálculo

Resposta: _____

5. No Zoológico Municipal de Uberaba, o veterinário mandou distribuir 9 bananas entre 3 macacos, igualmente. Quantas bananas receberá cada macaco?

Cálculo

Resposta: _____

6. Na classe de André, 18 meninos jogam basquete. Quantos times de 6 atletas podem ser formados?

Cálculo

Resposta: _____

202

Metade

Você já ouviu alguém dizer:

– Filho, dê a metade de seu lanche para seu irmão.

– Lucas, me dê metade de sua maçã.

– Nossa, já gastei metade do meu dinheiro.

Vamos ver o que é **metade**.

Veja as situações.

um kiwi / metade do kiwi / outra metade do kiwi

8 morangos

4 morangos é a metade de 8 morangos

Carla, eu tenho 6 bonecas.

Sandra, eu tenho a metade do que você tem.

Complete.

Sandra tem _____ bonecas.

Carla tem _____ bonecas.

A metade de 6 é _____.

Para obtermos **a metade** de uma quantidade, basta dividi-la por 2.

ATIVIDADES

1. Pinte a metade dos objetos de cada grupo.

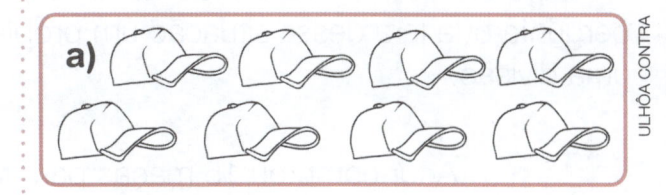

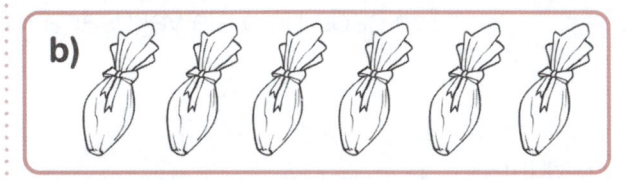

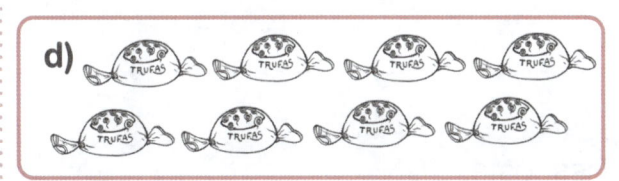

a)

b)

c)

d)

2. Observe os agrupamentos e complete.

a) A metade de 2 é _____.

b) A metade de 8 é _____.

203

RESOLUÇÃO DE PROBLEMAS

1. Abaixo apresentamos o início de uma situação. Leia e depois acrescente uma pergunta que fará dessa situação um problema, que deve ser resolvido usando uma divisão.

> Artur comprou 15 maçãs para fazer três bolos.
> Em cada bolo ele vai usar a mesma quantidade de maçãs.

Pergunta: _____

Resolução:

Resposta: _____

2. Elabore uma pergunta para que a frase a seguir possa ser um problema de divisão.

> Laura tem 18 lápis e Lúcia tem a metade disso.

Pergunta: _____

Resolução:

Resposta: _____

LIÇÃO 17 — NOÇÃO DE ACASO

É possível ou é impossível?

Sofia está em uma praia de Pernambuco, em um dia com muito sol! Ela acabou de abrir o guarda-sol.

Com certeza o guarda-sol fez sombra.

É impossível que a água do mar esteja congelada.

Talvez o dia continue ensolarado até o entardecer.

> Usamos os termos "com certeza", "é impossível" ou "talvez" quando necessitamos saber se é certo que algo vai acontecer ou não.

ATIVIDADES

1. Observe cada cena e escreva em cada uma: "vai acontecer com certeza" ou "é impossível acontecer".

Vai chover hambúrguer.	O ovo vai se quebrar.	Vai molhar o carro.

_____ _____ _____

2. Leia o que cada criança está falando e classifique cada frase em: "com certeza vai acontecer", "talvez aconteça" ou "é impossível acontecer".

- Vou juntar 3 figurinhas com 2 figurinhas e serão 5 figurinhas.
- Vou juntar 3 figurinhas com 2 figurinhas e serão 8 figurinhas.
- Vou juntar duas coleções de figurinhas e serão 9 figurinhas.

206

É provável ou é improvável?

Davi está participando de um jogo. Ele vai escolher uma cor e girar a roleta. Enquanto a roleta gira, ele vai torcer para que sua melhor chance seja confirmada.

- O círculo foi dividido em quantas partes iguais?
- Qual é a cor que aparece mais vezes no círculo?
- Qual é a cor que aparece menos vezes no círculo?
- Davi disse que era quase impossível a roleta parar no branco. Você concorda com ele?
- Qual cor tem mais chance de ser sorteada?
- Excluindo a cor branca, qual cor tem menos chances de ser sorteada?

Quando algo tem mais chances de acontecer do que outra, dizemos que é **mais provável** (ou **muito provável**).

Quando algo tem menos chances de acontecer do que outra, dizemos que é **menos provável** (ou **pouco provável**).

Quando algo é quase impossível de acontecer, dizemos que é **improvável**.

ATIVIDADES

1. Professor Bento vai fazer um sorteio entre seus alunos. Cada aluno recebeu apenas uma das cartas mostradas abaixo.

(3) (11) (9) (13) (7)
(21) (15) (5) (17)

a) Complete cada frase abaixo com um dos dizeres da coluna azul.

| pouco provável | muito provável |
| improvável | impossível |

Ao sortear um desses números é _____ que saia um número menor do que 9.

É _____ sortear o número 2.

É _____ que saia um número menor do que 5.

É _____ que o número sorteado tenha dois dígitos.

b) Qual é a característica comum a todos esses números?

_____

_____

c) É possível ou é impossível sortear um número par? Por quê?

_____

_____

2. Veja todos os animais que há no sítio do senhor Nilton.

a) Circule os animais com 4 patas.

b) Quantos são os animais de 4 patas?

_____

c) Quantos são os animais de 2 patas?

_____

d) Complete as frases a seguir com:

(cavalo) (cachorro) (vaca) (gato)

Ao escolher um entre os animais do sítio é:

• improvável que seja um _____.

• muito provável que seja uma _____.

• impossível que seja um _____.

• pouco provável que seja um _____.

e) Ao escolher um animal do sítio, é impossível que seja uma tartaruga. Por quê?

_____

_____

208

INFORMAÇÃO E ESTATÍSTICA

Manuela e Heitor fizeram uma pesquisa, entrevistando os colegas de classe. Eles queriam saber qual era a sobremesa favorita dos amigos. Veja a ficha que eles preencheram.

Pergunta da pesquisa:
Qual é a sua sobremesa favorita?

Opções	Total
Gelatina	|||||
Sorvete	|||||||||||||
Fruta	|||||||||

Para preencher esse quadro escrevemos as opções e fizemos um tracinho para cada resposta.

Depois disso as crianças representaram os dados em uma tabela, colocando o título da pesquisa e a fonte da pesquisa.

Sobremesa favorita dos alunos do 2º ano A

Opções	Total
Gelatina	5
Sorvete	12
Fruta	8

Fonte: Manuela e Heitor, alunos do 2º ano A

- Na 1ª coluna foram colocadas as opções usadas no quadro para coletar os dados.
- Na 2ª coluna foram colocados o número de vezes em que cada opção foi escolhida.
- Toda tabela deve ter título.
- A fonte deve informar quem fez a pesquisa ou de onde os dados foram coletados.

Agora é sua vez! Você vai fazer uma pesquisa com seus colegas de classe.

a) Primeiro, escolha um tema para a sua pesquisa.

☐ brincadeira favorita   ☐ fruta favorita   ☐ cor favorita

b) Agora faça a entrevista e complete a ficha a seguir, como fizeram Manuela e Heitor.

Pergunta da pesquisa: _____

Opção	Respostas

c) Transcreva os dados da ficha para a tabela a seguir.

Título: _____

Opções	Total

Fonte: _____

MATEMÁTICA

209

LIÇÃO 18 — TEMPO E DINHEIRO

Calendário

Você conhece o calendário?

O **calendário** é uma forma de contagem dos dias. Cada grupo de 30 ou 31 dias forma um mês. E em cada ano temos 12 meses. Leia o nome dos meses no calendário de 2023.

Calendário 2023

Janeiro

D	S	T	Q	Q	S	S
1	2	3	4	5	6	7
8	9	10	11	12	13	14
15	16	17	18	19	20	21
22	23	24	25	26	27	28
29	30	31				

1 - Confraternização Universal

Fevereiro

D	S	T	Q	Q	S	S
			1	2	3	4
5	6	7	8	9	10	11
12	13	14	15	16	17	18
19	20	21	22	23	24	25
26	27	28				

21 - Carnaval

Março

D	S	T	Q	Q	S	S
			1	2	3	4
5	6	7	8	9	10	11
12	13	14	15	16	17	18
19	20	21	22	23	24	25
26	27	28	29	30	31	

Abril

D	S	T	Q	Q	S	S
						1
2	3	4	5	6	7	8
9	10	11	12	13	14	15
16	17	18	19	20	21	22
23	24	25	26	27	28	29
30						

7 - Sexta-feira da Paixão
9 - Páscoa
21 - Tiradentes

Maio

D	S	T	Q	Q	S	S
	1	2	3	4	5	6
7	8	9	10	11	12	13
14	15	16	17	18	19	20
21	22	23	24	25	26	27
28	29	30	31			

1 - Dia do Trabalho
14 - Dia das Mães

Junho

D	S	T	Q	Q	S	S
				1	2	3
4	5	6	7	8	9	10
11	12	13	14	15	16	17
18	19	20	21	22	23	24
25	26	27	28	29	30	

8 - Corpus Christi

Julho

D	S	T	Q	Q	S	S
						1
2	3	4	5	6	7	8
9	10	11	12	13	14	15
16	17	18	19	20	21	22
23	24	25	26	27	28	29
30	31					

Agosto

D	S	T	Q	Q	S	S
		1	2	3	4	5
6	7	8	9	10	11	12
13	14	15	16	17	18	19
20	21	22	23	24	25	26
27	28	29	30	31		

13 - Dia dos Pais

Setembro

D	S	T	Q	Q	S	S
					1	2
3	4	5	6	7	8	9
10	11	12	13	14	15	16
17	18	19	20	21	22	23
24	25	26	27	28	29	30

7 - Dia da Independência

Outubro

D	S	T	Q	Q	S	S
1	2	3	4	5	6	7
8	9	10	11	12	13	14
15	16	17	18	19	20	21
22	23	24	25	26	27	28
29	30	31				

12 - Nossa Senhora Aparecida
15 - Dia do Professor

Novembro

D	S	T	Q	Q	S	S
			1	2	3	4
5	6	7	8	9	10	11
12	13	14	15	16	17	18
19	20	21	22	23	24	25
26	27	28	29	30		

2 - Finados
15 - Proclamação da República

Dezembro

D	S	T	Q	Q	S	S
					1	2
3	4	5	6	7	8	9
10	11	12	13	14	15	16
17	18	19	20	21	22	23
24	25	26	27	28	29	30
31						

25 - Natal

> Fevereiro é o único mês que tem 28 ou 29 dias.

Escreva o nome dos meses nos espaços abaixo.

1º janeiro					5º _____			9º _____

2º _____		6º _____			10º _____

3º _____		7º _____			11º _____

4º abril					8º agosto				12º dezembro

• Quantos meses tem o ano?

Veja o calendário do mês de janeiro de 2023.

JANEIRO						
Dom.	Seg.	Ter.	Qua.	Qui.	Sex.	Sáb.
1	2	3	4	5	6	7
8	9	10	11	12	13	14
15	16	17	18	19	20	21
22	23	24	25	26	27	28
29	30	31				

• Quantos dias tem o mês de janeiro? _____

Agora, preencha o quadro abaixo com os dias da semana.

Dias da semana	
1º _____	5º _____
2º _____	6º _____
3º _____	7º _____
4º _____	

211

ATIVIDADES

1. Observe em qual dia da semana do mês de abril cada criança faz aniversário e complete a tabela.

Dom.	Seg.	Ter.	Qua.	Qui.	Sex.	Sáb.
						1
2	3	4	5	Lucas	7	8
9	10	11	12	13	14	Pedro
Jussara	17	18	19	20	Laila	22
23	24	Marta	26	27	28	29
30						

Nome		
🧒		Quinta-feira, dia 6
👦		_____, dia ____
👧		_____, dia ____
👧		_____-feira, dia ____
👧		_____-feira, dia ____

Responda.

a) Em quais dias da semana não há aniversariantes?

_____

b) Quem faz aniversário antes do dia 10?

_____

c) Quem faz aniversário antes do dia 20? E depois do dia 20?

_____

d) Quem faz aniversário no dia 15? Qual é o dia da semana?

_____

e) Qual é o nome do último aniversariante do mês? Qual é o dia da semana e a data do aniversário?

_____

f) De qual dia da semana você mais gosta? Por quê?

_____

2. Quantos dias há em cada mês. Complete:

Janeiro: 31 dias

Fevereiro: 28 ou 29 dias

Março: _____

Abril: _____

Maio: _____

Junho: _____

Julho: _____

Agosto: _____

Setembro: _____

Outubro: _____

Novembro: _____

Dezembro: _____

Horas

Observe o relógio ao lado. Ele indica 4 horas.

O ponteiro pequeno aponta para o 4. Ele marca as horas. O ponteiro grande aponta para o 12.

Quando o ponteiro grande aponta para o número 12, as horas são exatas.

Agora, observe este outro relógio. Ele indica 4 horas e meia.

O ponteiro pequeno está entre o 4 e o 5. Ele marca as horas. São mais de 4 horas, mas ainda não são 5 horas.

O ponteiro grande aponta para o 6.

Quando o ponteiro grande aponta para o número 6, temos meia hora.

Uma hora tem 60 minutos.

Meia hora tem 30 minutos.

ATIVIDADES

1. Desenhe os ponteiros dos relógios, marcando a mesma hora de cada relógio **digital**.

a) 4:00

b) 7:00

c) 5:00

d) 12:00

2. Como seriam marcadas as horas em um relógio digital?

a)

b)

c)

Horários

Observe a rotina de Iolanda aos sábados.

- A que horas Iolanda começa a arrumar a cama?

- A que horas Iolanda passeia com o cachorro?

- Quanto tempo passou entre a hora que Iolanda acordou e começou a pintar?

- O que Iolanda faz às 10 h?

- E você, o que faz às 10 h?

- A que horas você costuma acordar?

Dinheiro

Sistema monetário

Gabriel quer comprar um carrinho novo. Para isso, ele sempre guarda todas as moedas que recebe de seus pais e familiares em um cofrinho.

Veja, agora, ele está guardando uma moeda de 1 real.

Real é o dinheiro utilizado no Brasil.

O dinheiro pode ser feito de papel (cédulas) ou de metal (moedas) e é usado para comprar diferentes produtos e pagar por serviços realizados.

O real é representado pelo símbolo **R$**.

Um real ou R$ 1,00

Nosso dinheiro

Cédulas

R$ 100,00 R$ 50,00  R$ 20,00

R$ 10,00 R$ 5,00  R$ 2,00

Moedas

R$ 1,00 R$ 0,50  R$ 0,25 R$ 0,10  R$ 0,05 R$ 0,01

Cada figura contida nas cédulas ou moedas possui um significado. Procure descobrir quais são esses significados.

No dia a dia, utilizamos cédulas e moedas para comprar produtos e serviços. Observe a foto.

- Em quais situações você utiliza cédulas e moedas?

ATIVIDADES

1. Escreva quantos reais há em cada quadro.

[2 + 5 + 10] _____

[5 + 10 + 10] _____

[50 + 20 + 10] _____

[100 + 50 + 50] _____

2. Agora conte as moedas que Marina guardou em seu cofre.

_____
_____
_____
_____

3. Pense e responda.
Fernando quer comprar uma bola. Veja quanto custa.

R$ 5,00

Estas são as moedas que ele tem.

Quanto ainda falta para Fernando poder comprar a bola?

_____

4. Estas são as moedas de Sabrina.

Veja a boneca que ela quer comprar.

R$ 9,00

De quanto Sabrina precisa para completar o valor da boneca?

_____

5. Ricardo comprou um carrinho e pagou com uma nota de R$ 10,00.

8,00

Quanto Ricardo recebeu de troco?

_____

6. Alice tem R$ 5,00. Com essa quantia ela pode comprar este ursinho de pelúcia?

☐ Sim.
☐ Não.

R$ 12,00

Por quê?

_____

217

7. Preste atenção na tabela de preços de uma lanchonete.

Calcule o preço de cada combinação de lanche.

Tabela de preços
pipoca R$ 1,00
batata frita R$ 2,00
maçã R$ 2,00
suco R$ 3,00
cachorro-quente R$ 3,00
sanduíche R$ 4,00
pizza R$ 4,00
torta R$ 5,00

Kit Lanche		
1	suco, pipoca, maçã	
2	suco, batata frita, maçã	
3	suco, cachorro-quente, maçã	
4	suco, sanduíche, maçã	
5	suco, pizza, maçã	
6	suco, pizza, pipoca	
7	suco, torta, maçã	
8	suco, torta, pipoca	
9	suco, torta, batata frita	

a) Qual é o preço do *Kit* Lanche 2? _____

b) Qual é o número do *Kit* Lanche mais barato? _____

c) Qual é o número do *Kit* Lanche mais caro? _____

d) Qual é o *Kit* Lanche de sua preferência? _____

19 MEDIDAS DE COMPRIMENTO

Realizando medidas

Observe estas crianças. Todas elas estudam na turma da professora Marta.

Como você pode ver, umas são mais altas que as outras.

Fernanda é a aluna mais alta de todas as crianças e Sandra parece ter a mesma altura que Patrícia, enquanto Bia é a mais baixa.

Preste bastante atenção.

Fernanda   Patrícia   Bia   Sandra

— Como podemos ter certeza da altura das meninas?

— Verificando as medidas.

— E como podemos verificar?

— É fácil! Vamos registrar a altura das meninas com marcas numa parede!

ILUSTRAÇÕES: HÉLIO SENATORE

219

Medindo com palmos

Fernanda tem 6 palmos e 4 dedos, Bia tem 5 palmos, Sandra tem 6 palmos e 3 dedos e Patrícia tem 6 palmos.

Agora, responda:

- Qual das meninas é a mais alta?
- Sandra e Patrícia têm a mesma altura?
- Qual é a altura de Sandra?

Medindo comprimentos

Durante toda a História, o ser humano utilizou o próprio corpo como **referência**. Foi a partir daí que surgiram as medidas como a polegada, o palmo, o pé, o passo, a braça e tantas outras. Algumas são utilizadas até hoje.

Veja os quadros.

O palmo — O passo — O pé

Agora que você já conhece algumas formas para medir, responda:

- Quantos palmos tem sua carteira?
- Quantos passos tem a largura de sua sala de aula?
- Compare suas medidas com as de seus colegas. O que você percebeu?

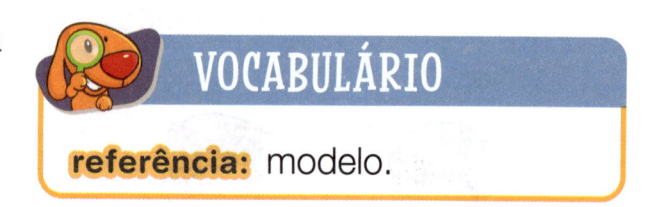

VOCABULÁRIO

referência: modelo.

O metro

Cada pessoa tem um tamanho diferente de pé, de passo, de palmo. Foi então preciso criar uma unidade que não variasse e fosse universal. Assim foi criado o metro.

> A unidade padrão de medida de comprimento é o **metro**.

Para medir coisas que têm comprimentos parecidos com o da altura do nosso corpo, ou um pouco maior, usamos o metro. Para medir pequenos comprimentos, como o do lápis ou o do nosso polegar, usamos o centímetro. Agora, para grandes comprimentos, como o de estradas ou distâncias entre cidades, usamos o quilômetro.

> O símbolo de cada unidade é:
>
> **metro**: m   **centímetro**: cm   **quilômetro**: km

A régua é um instrumento de medida de comprimento. Ela está dividida em partes iguais. Os números de sua escala indicam os centímetros.

Veja outros instrumentos para medir comprimento em metros.

Metro articulado.   Trena.   Fita métrica.

ATIVIDADES

1. Ligue o instrumento de medida que é mais adequado para cada atividade.

Metro articulado.   Fita métrica.   Régua escolar.

Costureira.   Pedreiro.   Estudante.

2. Meça o comprimento de cada faixa.

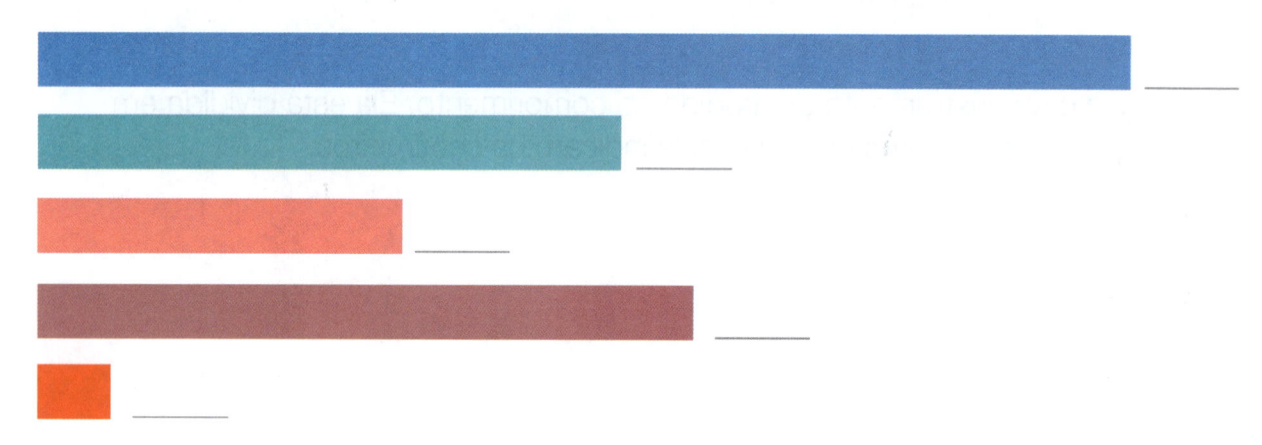

3. Em cada quadro, pinte o lápis com maior comprimento. Escreva quantos centímetros a mais ele têm do que o lápis menor.

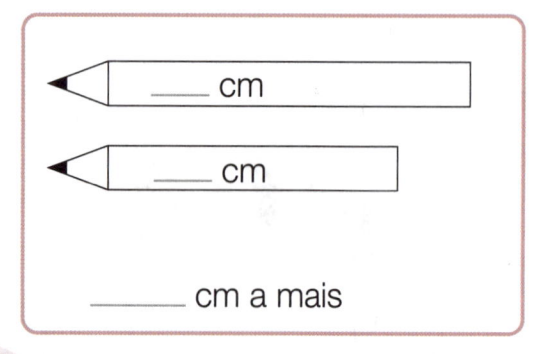

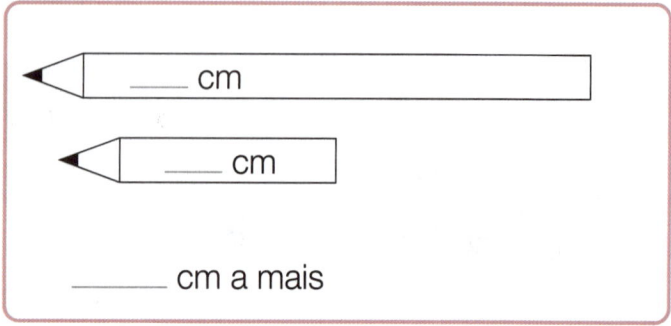

_____ cm

_____ cm

_____ cm a mais

_____ cm

_____ cm

_____ cm a mais

4. Verifique quanto mede e anote no caderno.

a) Largura do seu caderno.

b) Espessura do seu livro.

c) Comprimento de uma caneta.

- Compare com o seu colega. O que aconteceu?

5. Utilizando sua régua escolar (ou uma trena, se possível), responda às perguntas.

a) Quantos centímetros mede seu apontador? _____

b) Qual é o comprimento de sua mesa de estudos na escola?

_____

c) Qual é a sua altura? _____

d) Qual é o comprimento da sua mão? _____

e) Qual é o comprimento do seu pé? _____

6. Use seu palmo para medir:

a) O comprimento do seu livro de Matemática. _____

b) A altura da mesa ou carteira que você usa na escola. _____

c) O comprimento do quadro de giz da sua sala de aula. _____

7. Use seu passo para medir:

a) O comprimento do quadro de giz da sua sala de aula. _____

b) A largura da porta de entrada da sua sala de aula. _____

8. Compare essas medidas com as medidas que seus colegas fizeram. O que você percebeu?

_____

PROBLEMAS

1. Gustavo mora em um sítio e comprou 55 metros de arame para fazer uma cerca. Com essa quantidade não foi possível terminar a cerca, então ele comprou mais 35 metros. Quantos metros de arame ele comprou ao todo para fazer a cerca?

Cálculo

Resposta: _____

2. Dona Lúcia tem 5 metros de fita. Dona Esmeralda tem 2 vezes mais. Quantos metros de fita têm as duas juntas?

Cálculo

Resposta: _____

3. Sebastião comprou 26 metros de madeira para fazer um armário. Já gastou 18 metros. Quantos metros de madeira ainda restam?

Cálculo

Resposta: _____

4. Tia Fátima gastou 3 metros de tecido para fazer uma fantasia. Quantos metros ela gastará para fazer 3 fantasias iguais a essa?

Cálculo

Resposta: _____

5. Em uma peça de tecido há 24 metros e, em outra, a metade dessa quantidade. Quantos metros de tecido há nas duas peças?

Cálculo

Resposta: _____

6. A distância da casa de Janaína até a praça é de 98 metros. Janaína já andou 63 metros. Quantos metros ainda faltam para ela chegar à praça?

Cálculo

Resposta: _____

LIÇÃO 20 — MEDIDAS DE MASSA

Balança digital.

Balança de pratos.

Balança analógica de cozinha.

Balança de ponteiros.

A balança é utilizada para medir massa, que é mais conhecida como "peso".

Popularmente, usamos a palavra "peso" para nos referir à massa.

Você sabe qual é a sua massa? Achou estranha essa pergunta? Então, quanto você pesa? Quando pesamos alguma coisa ou pessoa, estamos medindo a massa.

A unidade padrão de medida de massa é o **quilograma**, que também é conhecido como quilo.

O símbolo do quilograma é **kg**.

Para medir pequenas massas ou produtos com "peso" menor que 1 kg, usamos o **grama**.

O símbolo do grama é **g**.

ATIVIDADES

1. Responda:

a) Quem pesa mais: o menino ou o cachorro?

_____

b) Quanto pesam os dois juntos?

_____

c) Quanto o menino pesa a mais do que o cachorro?

_____

d) Você se pesou recentemente?

_____

e) Quanto você está pesando?

_____

f) Quem pesa mais: você ou o menino do desenho?

_____

2. Quanto você acha que pesa este livro?

☐ Menos de 1kg.   ☐ Mais de 1kg.

3. Preste atenção nos produtos. Eles são vendidos por quilograma ou por grama.

Café 500 g.

Feijão 1 kg.

Biscoito 200 g.

Arroz 5 kg.

Açúcar 1 kg.

Gelatina 50 g.

a) O pai de Vítor comprou 3 pacotes de arroz. Quantos quilogramas ele comprou?

_____

b) A irmã de Jorge comprou 2 pacotes de feijão. Quantos quilogramas ela comprou?

_____

c) O avô de Márcia comprou 1 pacote de café, 1 pacote de açúcar, 1 pacote de biscoito e uma caixa de gelatina. Qual é o "peso" de tudo que ele levará na sacola?

_____

RESOLUÇÃO DE PROBLEMAS

1. Carolina pesa 26 quilogramas e Juliana, 21 quilogramas. Quantos quilogramas Carolina tem a mais que Juliana?

Cálculo

Resposta: _____

2. Rosa foi ao supermercado e comprou 8 quilogramas de feijão e 3 quilogramas de arroz. Quantos quilogramas de alimento Rosa comprou?

Cálculo

Resposta: _____

3. Uma padaria produziu 75 quilogramas de pães. Foram vendidos 64 quilogramas. Quantos quilogramas de pães restaram?

Cálculo

Resposta: _____

4. Observe a situação.

Os três amigos subiram, cada um na sua vez, na balança.

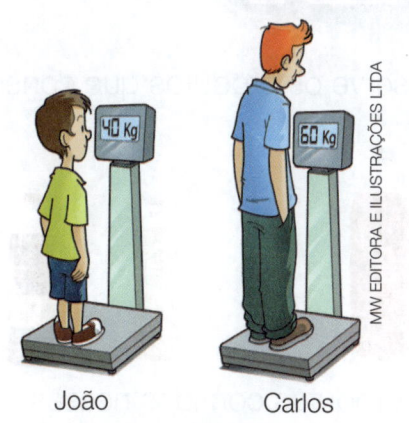

João — 40 Kg
Carlos — 60 Kg
Marcelo — 30 Kg

a) Agora elabore, para essa situação, uma pergunta que necessite de uma operação qualquer para ser resolvida.

Pergunta: _____
_____
_____

b) Troque de problema com um colega: um deve resolver o problema do outro.

Resolução:

Resposta: _____

MATEMÁTICA

227

LIÇÃO 21 — MEDIDAS DE CAPACIDADE

Observe os produtos que consumimos em nosso dia a dia.

Os produtos contidos nessas embalagens são líquidos. Para medir a quantidade de líquido, usamos a unidade fundamental de volume, que é o **litro**.

O símbolo do litro é **L**.

Em muitos recipientes, cabe mais que um litro de líquido. Em outros, cabe menos que um litro.

Para medir pequenas quantidades de líquidos que cabem em um copo ou em uma xícara, usamos o **mililitro**.

O símbolo do mililitro é **mL**.

ESTE SUCO É DE LARANJA. VOCÊS VÃO ADORAR!

De acordo com a cena, todas as crianças vão poder se deliciar com o suco bem geladinho. Sabem por quê?

Cada copo é capaz de armazenar aproximadamente 200 mL.

- 5 copos de 200 mL de qualquer líquido são iguais a 1 litro.

200 mL   1 L

ATIVIDADES

1. Pense e responda da melhor forma.

a) Ricardo quer comprar 1 litro de iogurte. Quantos potinhos de 200 mL ele precisa comprar?

_____

b) Fernando comprou 2 garrafas de refrigerante de 500 mL. Quantos litros ele comprou?

_____

2. Alice tem na geladeira 4 copinhos com 250 mL de chá. Quantos litros de chá Alice tem?

_____

3. Para Fernando comprar 2 litros de água, de quantas garrafinhas de 500 mL ele precisa?

_____

4. Qual é a quantidade de líquido que cabe no recipiente maior?

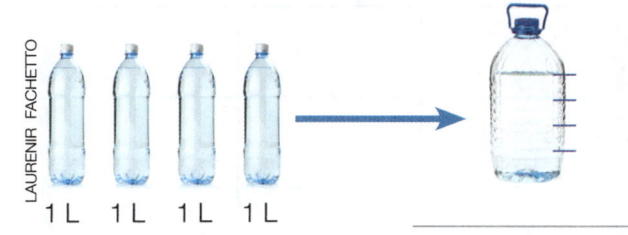

1 L   1 L   1 L   1 L

5. Se com 1 litro de suco eu encho 4 copos, de quantos litros de suco necessito para encher 16 copos?
Reparta conforme o modelo e responda.

Resposta: Necessito de _____ litros para encher 16 copos.

6. Cada recipiente de refrigerante tem 2 litros. Quantos recipientes são necessários para completar 10 litros? Desenhe as garrafas que faltam.

7. Um litro de leite enche 5 copos de 200 mL.

Complete a tabela para saber a quantidade de leite que cada criança bebeu.

	COPOS POR DIA	EM 2 DIAS	EM 3 DIAS	EM 4 DIAS
Marcos	2			
Fernanda	4			
Maurício	3			

229

INFORMAÇÃO E ESTATÍSTICA

Observe quantos litros de suco Cristina fez para vender no fim de semana:

- Suco de laranja: 4L
- Suco de limão: 2L
- Suco de uva: 5L
- Suco de abacaxi: 3L
- Suco de goiaba: 1L

Preencha a tabela abaixo com as informações sobre a quantidade de litros de cada suco que Cristina fez para vender:

SUCO	LITROS

Quantos litros de suco Cristina fez?

No sábado Cristina vendeu:
- 2 litros de suco de laranja.
- 1 litro de suco de abacaxi.
- 2 litros de suco de uva.
- 1 litro de suco de limão.
- 1 litro de suco de goiaba.

No domingo Cristina vendeu:
- 2 litros de suco de laranja.
- 1 litro de suco de abacaxi.
- 3 litros de suco de uva.
- 1 litro de suco de limão.
- Nenhum litro de suco de goiaba.

Agora preencha outra tabela para que Cristina tenha o controle da quantidade de litros de suco vendidos por dia:

	Sábado	Domingo
Suco de laranja		
Suco de abacaxi		
Suco de uva		
Suco de limão		
Suco de goiaba		
Total		

Em que dia Cristina vendeu mais litros de suco?

_____

_____

Coleção

Eu gosto m@is

HISTÓRIA

2º ANO
ENSINO FUNDAMENTAL

SUMÁRIO

Lição 1 – Eu tenho documentos **233**
- Todos temos nomes 233
- Documentos 236
- Sua marca 239

Lição 2 – Eu tenho uma moradia **243**
- As moradias são diferentes 243
- Todas as pessoas precisam de abrigo e proteção 246

Lição 3 – A passagem do tempo **247**
- Que horas são? 249

Lição 4 – O tempo e a história **252**
- Como podemos saber o que aconteceu no passado? 254

Lição 5 – Os registros da história **257**
- Documentos que contam História 257
- Os áudios e os filmes contam histórias 260
- Os lugares contam histórias 262

Lição 6 – O mundo do trabalho **264**
- O que é trabalho? 264
- O trabalho remunerado e as profissões 264
- Profissões que desapareceram 268
- Profissões que estão desaparecendo 269

Lição 7 – O trabalho perto de você **270**
- Os trabalhadores da comunidade 270
- Os tipos de trabalhadores 272
- Criança não trabalha 272
- Atividades da criança em casa 273
- Da natureza para a nossa casa 275

Lição 8 – Datas comemorativas **276**
- Dia Nacional do Livro Infantil 276
- Dia do Indígena 277
- Dia do Folclore – 22 de agosto 278
- Dia Nacional da Consciência Negra 279

LIÇÃO 1 — EU TENHO DOCUMENTOS

Todos temos nomes

Todas as pessoas recebem um nome ao nascer. É um direito de todos ter nome e sobrenome.

MEU NOME É SOFIA DA SILVA SIQUEIRA. SOFIA SIGNIFICA "SABEDORIA" EM GREGO. MINHA MÃE ESCOLHEU ESSE NOME PARA MIM PORQUE ACHOU MUITO BONITO.

MEU NOME É RENATO PEREIRA. RENATO QUER DIZER "ALGUÉM QUE NASCEU DE NOVO". TODOS EM CASA ME CHAMAM DE RENATINHO, PORQUE SOU O FILHO MAIS NOVO.

MEU NOME É ADRIANA MARA ESPÓSITO. MEU APELIDO É DRICA. MEUS PAIS ESCOLHERAM ESSE NOME PARA MIM EM HOMENAGEM À MINHA AVÓ.

ILUSTRAÇÕES: JOÃO ANSELMO E IZOMAR

HISTÓRIA

MEU NOME É ANDRÉ DELGADO DE LIMA. MEU APELIDO É DECO. FOI MINHA AVÓ QUEM ESCOLHEU MEU NOME, QUE SIGNIFICA "CORAJOSO".

EU SOU MITIKO NAKAMOTO. MI É O MEU APELIDO. TENHO UMA AMIGA QUE TEM O MESMO APELIDO, MAS OUTRO NOME: MIRNA.

MEU NOME É CARLOS BATISTA SANTOS. MEU APELIDO É CARLINHOS. MEU PAI ESCOLHEU ESSE NOME PARA MIM EM HOMENAGEM A UM ESCRITOR BRASILEIRO CHAMADO CARLOS DRUMMOND DE ANDRADE.

ILUSTRAÇÕES: JOÃO ANSELMO E IZOMAR

- E você? Qual é o seu nome completo?
- Quem escolheu o seu nome?
- Por que você tem esse nome?
- Qual é o significado do seu nome?
- Você tem algum apelido?

ATIVIDADES

1. Desenhe, nos espaços a seguir, dois amigos e escreva o nome completo deles.

2. Em relação aos amigos que você desenhou, responda.

- Amigo 1:

a) Quem escolheu o nome dele?

_____

b) Por que ele tem esse nome?

_____

_____

c) Qual é o significado do nome dele?

_____

_____

- Amigo 2:

a) Quem escolheu o nome dele?

_____

b) Por que ele tem esse nome?

_____

_____

c) Qual é o significado do nome dele?

_____

_____

Documentos

Para provar quem elas são, as pessoas precisam ter **documentos**.

Os documentos trazem informações que nos identificam para as outras pessoas.

Além disso, eles registram dados importantes que contam a nossa história.

A **certidão de nascimento**, por exemplo, é um documento que possuímos desde que nascemos. Ela informa o nome que recebemos, o dia em que nascemos, o local onde isso aconteceu, além dos nomes de nossos pais e avós.

É obtida no cartório por um de nossos pais.

VOCABULÁRIO

cartório: estabelecimento onde são feitos registros importantes.

> Quem registrou seu nascimento no cartório?

Além da certidão de nascimento, você terá outros documentos importantes durante a sua vida. A **carteira de vacinação** é o segundo documento de uma criança. Ela é muito importante, pois contém os registros de todas as vacinas que a criança tomou e as que ela ainda precisará tomar ao longo de sua vida.

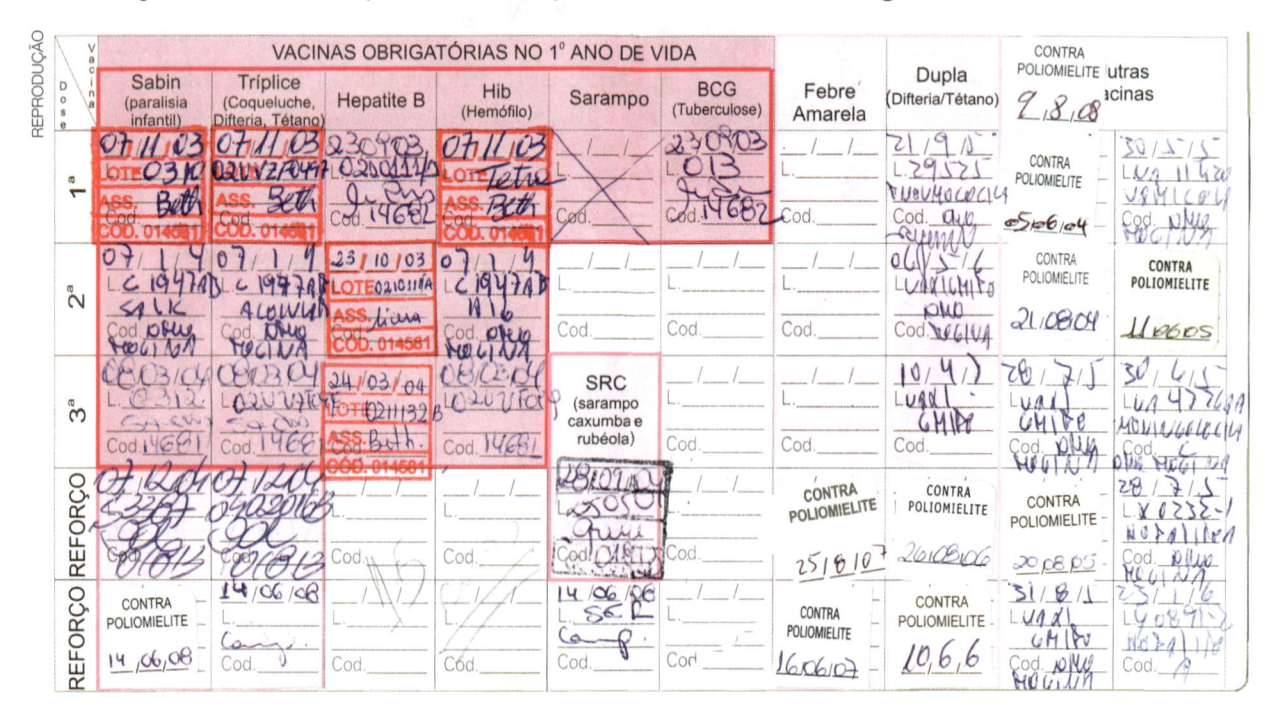

Outros documentos que as pessoas podem ter são: a **carteira de identidade**, a **carteira de estudante**, a **carteira de trabalho**, o documento para dirigir um veículo, o passaporte para viajar a outros países, entre outros.

Em todos os documentos, há um número que serve para identificar a pessoa.

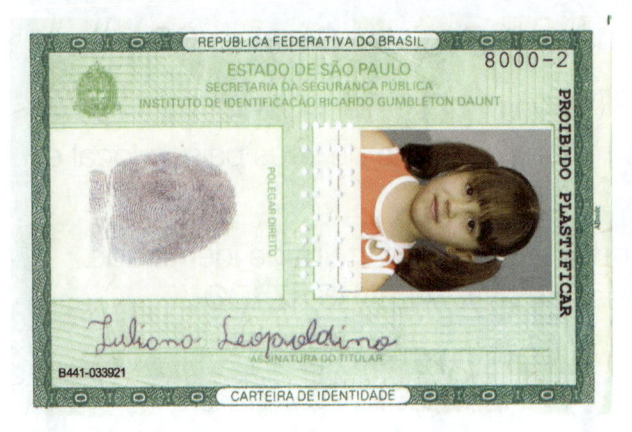

A **carteira de habilitação** é o documento adquirido por todos os motoristas. Ela deve ser usada para a pessoa poder dirigir um veículo. Para isso, ela deve ser maior de 18 anos.

O **passaporte** é o documento que permite às pessoas viajarem para outros países.

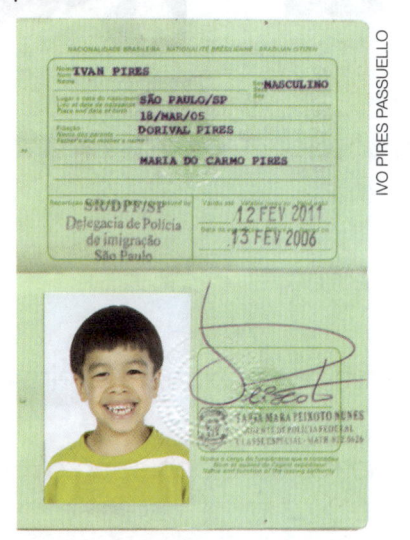

A **carteira de estudante** é o documento que identifica as pessoas como estudantes.

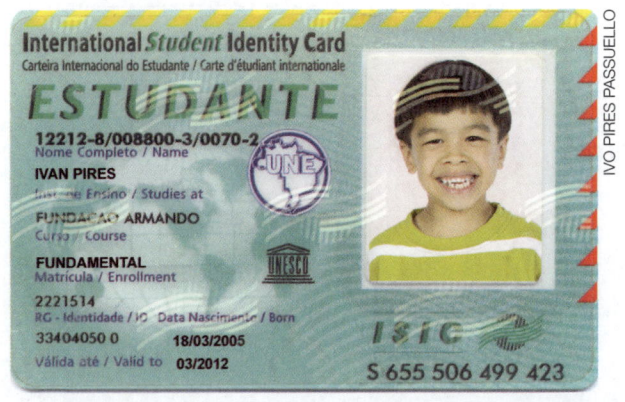

A **carteira de trabalho** é o documento que todos os trabalhadores devem ter. Nesse documento, a pessoa tem garantidos todos os direitos de um trabalhador: registro do emprego, férias, entre outros.

A carteira de identidade

A **carteira de identidade** também é chamada **Registro Geral** ou **RG**.

Observe a carteira de identidade de Daniel.

Este documento traz a fotografia, o nome dele, o nome de seus pais, o local e a data de seu nascimento.

Daniel não sabia ler nem escrever quando tirou a sua carteira de identidade. Por isso, no lugar da assinatura, aparece escrito NÃO ALFABETIZADO.

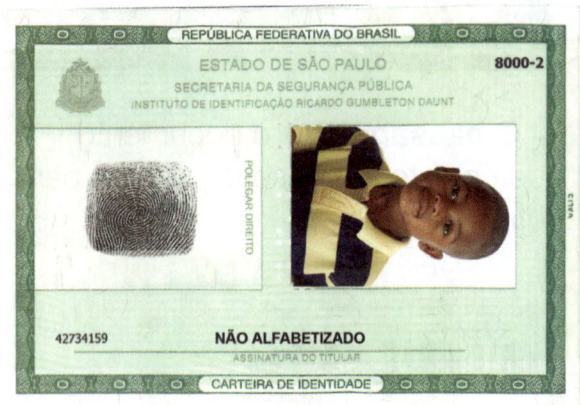

ATIVIDADES

1. Observe novamente a carteira de identidade e responda.

a) De quem é esse documento?

_____

b) Em que data e em qual cidade essa pessoa nasceu?

_____

c) Como os pais dessa pessoa se chamam?

_____

Sua marca

Ninguém é igual a você.

Além de ter características físicas e gostos próprios, que o tornam único, há outras formas de diferenciá-lo das demais pessoas.

Cada pessoa tem uma marca que a diferencia de outra. Essa marca está nas pontas dos dedos. São as **impressões digitais**.

A impressão digital é o desenho formado pelas elevações da pele nos dedos das mãos.

Impressão digital do polegar direito de uma pessoa adulta.

Por ser sempre diferente de pessoa para pessoa, a impressão digital é usada em documentos importantes para nos identificar.

ATIVIDADES

1. Agora você vai descobrir suas impressões digitais!

   - Passe tinta de carimbo na ponta de seus dedos.
   - Pressione cada um dos dedos sobre o espaço abaixo.
   - Depois, limpe bem as mãos.

   > Observe as marcas que existem na ponta de seus dedos. Elas são suas impressões digitais!

2. Compare suas impressões digitais com as de seus colegas.

   - Elas são iguais ou diferentes?

239

A carteirinha escolar

Você já parou para observar a sua carteirinha escolar? Geralmente, nesse documento constam o nome e a data de nascimento do aluno. Por isso a carteirinha escolar é também um documento de identificação pessoal.

Mas, além disso, a carteirinha escolar é um documento que conta um pouco da história de vida do aluno, pois nela estão também outras informações, como o nome e a localização da escola, o ano letivo e a sala em que ele estuda.

Ao reunirmos os diversos documentos de uma pessoa, observando com atenção as informações contidas neles, por exemplo, as datas e os locais, podemos entender um pouco mais sobre a trajetória de vida dessa pessoa. Conhecendo, assim, os locais por onde ela passou e em quais períodos da vida ela esteve nesses lugares.

A aluna Ana Carolina frequenta o Colégio Paulo Afonso de Alcântara Filho. Em 2023 ela cursa o 2º ano.

A carteirinha da biblioteca

Em muitas escolas do Brasil, é comum que haja uma biblioteca para que os alunos possam consultar e fazer empréstimos dos livros.

Há cidades que possuem uma ou mais bibliotecas públicas, disponibilizando aos moradores dessas localidades livros, jornais e revistas para consultas e também para empréstimos.

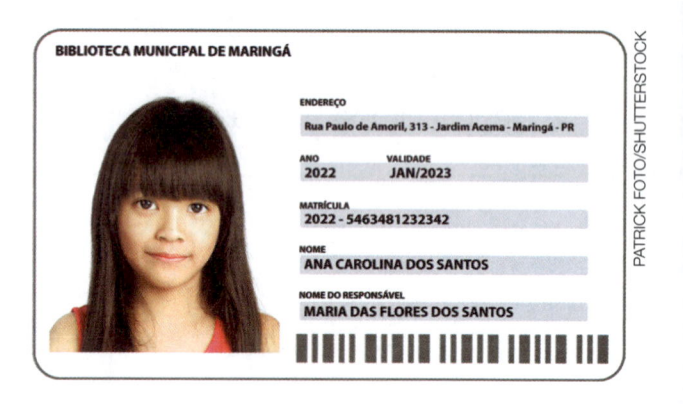

Para utilizar os serviços disponíveis em uma biblioteca, é necessário inscrever-se fornecendo seus dados pessoais, que devem ser comprovados com um documento de confirmação de endereço (uma conta de luz, de água ou outra correspondência qualquer), e um documento com foto (a carteira de identidade ou a carteirinha escolar, por exemplo). Caso a pessoa seja menor, isto é, tenha menos de 18 anos, deverá apresentar uma autorização assinada pelos pais ou cuidadores, ou seja, um documento confirmando que os responsáveis por essa pessoa sabem que ela está se inscrevendo na biblioteca.

> Você frequenta alguma biblioteca? Da escola ou do bairro?

240

Ao fazer essa inscrição, recebemos uma carteirinha que nos identifica e também serve como um registro dos livros que pegamos emprestado na biblioteca. Ao final de um ano, por exemplo, temos marcado nessa carteirinha o histórico de todos os livros que lemos.

ATIVIDADES

1. Identifique os documentos pessoais, numerando-os.

   1 Certidão de nascimento

   2 Carteirinha escolar

   3 Carteira nacional de habilitação

   4 Carteira de identidade

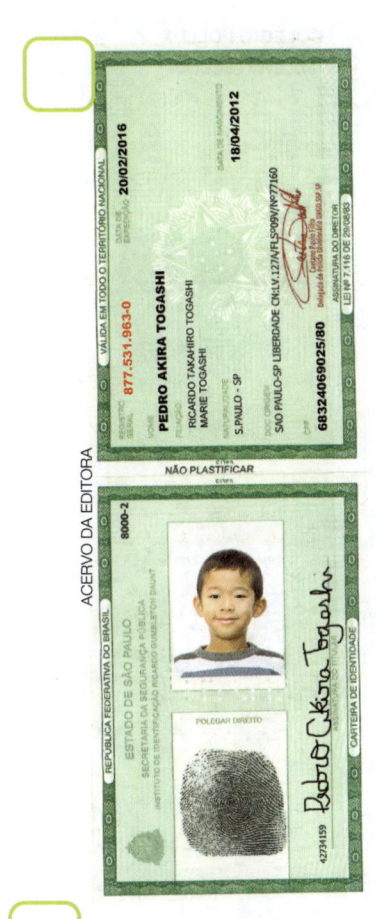

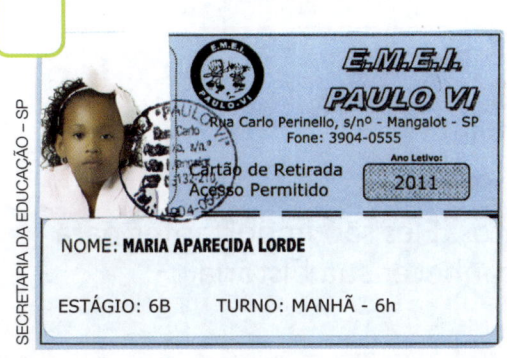

Certidão de nascimento.

2. Com a ajuda dos adultos que vivem com você, marque com um **X** os documentos que você possui.

☐ Carteira nacional de habilitação.

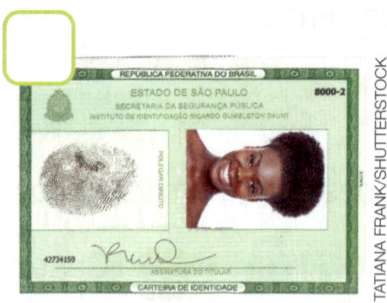

☐ Carteira de identidade.

☐ Título de eleitor.

☐ Certidão de nascimento.

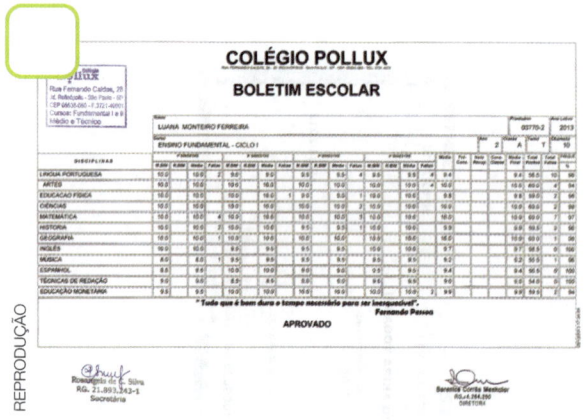

☐ Boletim escolar.

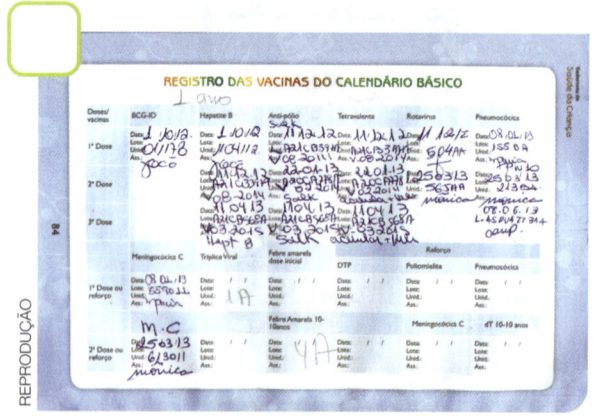

☐ Carteira de vacinação.

Cuide bem de seus documentos. Eles são importantes para você exercer seus direitos e conhecer sua história.

LIÇÃO 2 — EU TENHO UMA MORADIA

As moradias são diferentes

As **moradias** são os locais onde as pessoas vivem. Elas devem oferecer abrigo e proteção. Todas as pessoas têm direito a uma moradia.

Nas fotos abaixo e da página seguinte, você pode observar que existem diferentes tipos de moradias.

Casa de madeira em Manaus (AM). Foto de 2010.

Conjunto de prédios residenciais na cidade de Manaus (AM). Foto de 2012.

Casa de tijolos em Prados (MG). Foto de 2013.

Moradia do povo indígena Kamayurá, Mato Grosso (MT). Foto de 2013.

243

Todas as pessoas vivem em algum tipo de moradia.

Algumas moram em prédios com vários apartamentos; outras, em casas com quintal.

Há ainda pessoas que moram em casas feitas de madeira ou em casas construídas dentro de sítios ou fazendas.

Sítio na Serra da Mantiqueira (MG). Foto de 2014.

Moradias na cidade de Búzios (RJ). Foto de 2012.

Conjunto habitacional em Paulo Afonso (BA). Foto de 2012.

Palafitas em Manaus (AM). Foto de 2013.

Converse com o professor e os colegas:

- Você mora em casa ou apartamento?
- Você acha importante ter onde morar?
- Como seria sua vida se você não tivesse um lugar para morar?

ATIVIDADES

1. Faça, no espaço a seguir, um desenho de sua moradia.

2. O que tem em volta de sua moradia?

- [ ] Muitos vizinhos.
- [ ] Poucos vizinhos.
- [ ] Varanda.
- [ ] Quintal.
- [ ] Garagem.
- [ ] Piscina.
- [ ] Árvores.
- [ ] Jardim.

3. Desenhe o lugar de que você mais gosta na sua moradia.

4. Em casa, com a ajuda de algum adulto com quem você vive, responda.

a) Qual é o nome da rua onde fica sua moradia?

_____

b) Há quanto tempo você e sua família vivem nessa moradia?

_____

c) O que vocês fazem para manter a moradia sempre bem-arrumada?

_____

_____

_____

HISTÓRIA

245

Todas as pessoas precisam de abrigo e proteção

As moradias oferecem a proteção e o abrigo de que as pessoas necessitam.

Também são importantes porque geralmente nelas convivem pessoas de uma mesma família.

É na moradia que as pessoas conversam, se alimentam, guardam seus pertences, descansam e aprendem umas com as outras.

- Incluindo você, quantas pessoas moram na sua casa? Quais os nomes?
- Vocês costumam receber visitas? Quem são essas visitas?
- Como recebem as visitas?

ATIVIDADES

1. Relacione as fotos aos tipos de moradia.

1. Casa de madeira
2. Prédio residencial
3. Casa de sítio
4. Casa com jardim

2. Pinte o quadro que informa para que serve a moradia.

- Comércio
- Abrigo
- Produção de automóveis
- Criação de animais

246

LIÇÃO 3 — A PASSAGEM DO TEMPO

Quadrinhos:
— MEU PAI DESENHOU UM RELÓGIO IGUAL AO DELE PRA MIM!
— O MEU TAMBÉM!
— MAS NÃO TEM NADA AQUI.
— ELE VÊ AS HORAS NO CELULAR.

Jean Galvão

ATIVIDADES

1. Na historinha, os personagens conversam sobre dois aparelhos usados para ver as horas. Quais são? Marque com um X a resposta certa:

a) ☐ Relógio de pulso e celular.

b) ☐ Relógio de parede e computador

c) ☐ Telefone fixo e relógio de bolso

2. O que a menina estranhou? Sublinhe a frase correta:

a) O relógio desenhado em seu pulso.

b) O celular desenhado na palma da mão do menino.

c) Não tinha nada desenhado no pulso do menino.

3. Complete a frase:

O pai do menino vê as horas em um

_____.

4. Você já desenhou um relógio de mentira no pulso? Por que você fez isso? Conte para o professor e os colegas.

_____

_____

5. Sente-se com um colega e conversem sobre a seguinte questão: além do relógio, como podemos perceber que o tempo passou?

_____

_____

_____

HISTÓRIA

247

ATIVIDADES

1. Desenhe, nos espaços abaixo, o que você faz ao longo do dia.

Manhã

Noite

Tarde

2. Pinte os quadros que indicam o que você faz nos fins de semana. Escreva nos outros quadros algo diferente que você faz nos sábados ou nos domingos.

Jogar bola com os amigos.	Assistir a filmes em casa.
Estudar.	Visitar os parentes.
Jogar *videogame*.	Passear com a família.

248

Que horas são?

Para poder medir o tempo, os seres humanos dividiram o dia em horas, minutos e segundos.

- Um dia tem 24 horas.
- Uma hora tem 60 minutos.
- Um minuto tem 60 segundos.

Essa divisão foi feita no passado com base na observação do dia e da noite e da posição do Sol e da Lua.

À medida que a divisão do tempo foi se tornando cada vez mais importante para os seres humanos, foi necessário criar um aparelho capaz de marcar essa passagem do tempo. Assim foi inventado o relógio.

Em cada período da história, um tipo de relógio foi o mais utilizado. Atualmente, os relógios mais comuns são os analógicos e os digitais.

Acertando as horas

Existem dois modos de falarmos as horas. Podemos usar os numerais de 1 a 24. Ou os numerais de 1 a 12, e acrescentamos **da manhã**, **da tarde** e **da noite**.

Quando o relógio marca 12, dizemos que é **meio-dia**. Quando o relógio marca 24, dizemos que é **meia-noite**.

Observe os exemplos:

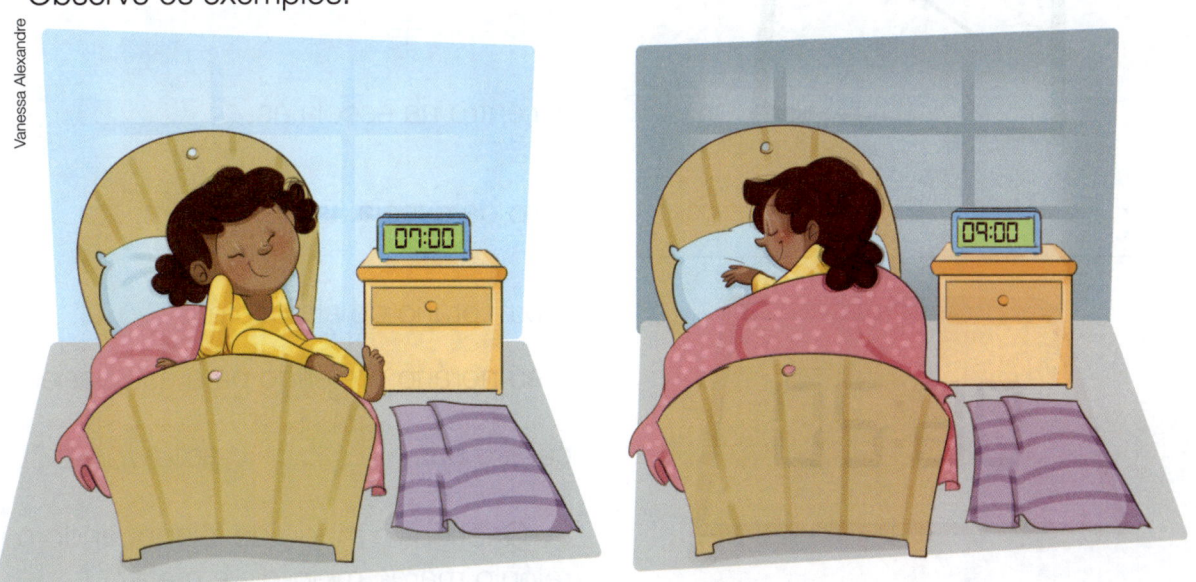

Maria Beatriz acorda às sete horas da manhã e vai dormir às nove horas da noite.

João Vítor almoça sempre ao meio-dia e janta às dezoito horas.

ATIVIDADES

1. Escreva que horas são:

_____

2. Complete:

Eu entro na escola às _____.

Saio da escola às _____.

Meu horário de almoço é _____.

Meu horário preferido para estudar em casa é das _____ às _____.

3. Qual outro modo de falar quando o relógio marca meio-dia e meia?

_____

_____

250

Que dia é hoje?

Podemos saber em que dia da semana estamos ou quando ocorrerá um feriado usando o calendário.

O calendário é um marcador do tempo que mede a passagem dos dias. Ele é dividido em dias, meses e anos.

- Um ano tem 365 dias divididos em 12 meses.
- Os meses podem ter 30 ou 31 dias.
- Fevereiro é um mês diferente, pois tem 28 dias. Mas de quatro em quatro anos o mês de fevereiro tem 29 dias. Dizemos então que esse ano é bissexto, porque tem um dia a mais, e fica com 366 dias.
- Um mês é dividido em semanas.
- Cada semana tem sete dias.
- Os nomes dos dias da semana são: domingo, segunda-feira, terça-feira, quarta-feira, quinta-feira, sexta-feira e sábado.

ATIVIDADES

1. Complete as frases:

A semana tem _____ dias.

Os dias da semana em que não temos aula são: _____ e _____.

O mês de fevereiro tem _____ dias, mas de _____ em _____ anos ele tem _____ dias.

Os outros meses têm _____ ou _____ dias.

2. Em que dia da semana você nasceu? Pergunte a algum adulto que mora com você.

_____

_____

3. Faça no caderno uma tabela igual à apresentada a seguir. Depois, preencha essa tabela com as atividades que você realiza em cada período e dia da semana.

	Domingo	Segunda-feira	Terça-feira	Quarta-feira	Quinta-feira	Sexta-feira	Sábado
Manhã							
Tarde							
Noite							

LIÇÃO 4 — O TEMPO E A HISTÓRIA

Leia o poema.

O PASSADO...

O passado já passou
Foi, não mais voltou
Nem nunca mais voltará...
Foi o que foi, existiu
Marcou o tempo, definiu
Um trajeto um tempo
Que se tinha de passar!

O PRESENTE...

O presente é este tempo
O agora, o já, este momento
Que penso, sinto e escrevo...
Meus dias, horas e anos
Amores, desamores, desenganos
Esperando desvendar o segredo!

O FUTURO...

O futuro é incerto
O futuro pode estar perto
Ou até nunca chegar...
O futuro do dia a dia,
O segredo, o medo, a fantasia
De um sonho realizar!

Chica Ilhéu. *O passado, o presente, o futuro!* Disponível em: https://chicailheu.blogs.sapo.pt/95935.html. Acesso em: 31 maio 2022.

Você já refletiu sobre o passado, o presente e o futuro? Em qual dos três tempos você está?

O **presente** é tudo o que está acontecendo agora, hoje, no momento em que vivemos.

O **passado** é tudo o que já passou. Pode ter sido algo antes de você nascer, antes de seus avós nascerem ou mesmo algo que aconteceu ontem.

O **futuro** é tudo o que ainda não aconteceu, que vai acontecer em um tempo ainda não vivido por nós.

ATIVIDADES

1. Escolha uma estrofe do texto e represente-a por meio de um desenho.

2. O texto fala que: "O passado já passou". Escreva um fato da sua vida que passou e que foi importante para você. Depois, desenhe-o.

_____

_____

_____

_____

3. O que você está fazendo agora, neste momento? Escreva e desenhe.

_____

_____

_____

Marque com um **X**. Esse acontecimento que você desenhou faz parte do tempo:

☐ presente.

☐ passado.

☐ futuro.

HISTÓRIA

253

4. Os lugares mudam com o passar do tempo. Observe a seguir fotos do viaduto Santa Efigênia, na cidade de São Paulo, em épocas diferentes.

Viaduto Santa Efigênia, na cidade de São Paulo, por volta de 1920. Foto de Guilherme Gaensly.

Viaduto Santa Efigênia, em São Paulo. Foto de 2011.

Como seria essa paisagem no futuro? Imagine-a e desenhe.

5. De acordo com o poema de Chica Ilhéu, complete os espaços com as palavras **passado**, **presente** e **futuro**.

a) O agora, o já, este momento...

_____

b) Foi, não mais voltou, nem nunca mais voltará...

_____

c) O _____
pode estar perto ou até nunca chegar...

Como podemos saber o que aconteceu no passado?

Os acontecimentos do passado podem ficar guardados na nossa **memória**.

Muitos deles conseguimos lembrar e outros podem ser contados pelas pessoas que também se recordam deles.

Leia o trecho a seguir, em que o narrador lembra o passado e as mudanças que influenciaram a história da família dele.

254

Nasci em Cachoeiro de Itapemirim, em uma casa à beira de um córrego, o Amarelo, poucos metros antes de sua entrada no Rio Itapemirim. Eu devia ser ainda de colo quando meu pai derrubou e comprou outra, do outro lado do córrego.

Rubem Braga. *Casa dos Braga*: memória de infância. Rio de Janeiro: Record, 2002. p. 17.

As fotos, os objetos, as construções e os documentos escritos podem nos ajudar a conhecer o que existiu no passado. Muitos desses documentos são conservados até hoje, apesar de o tempo já ter passado.

Observe nas fotos a paisagem de uma avenida de Porto Alegre em diferentes épocas. Perceba que algumas construções do passado foram conservadas.

Avenida Osvaldo Aranha, em Porto Alegre, Rio Grande do Sul, 1960.

Avenida Osvaldo Aranha, em Porto Alegre, Rio Grande do Sul, 2007.

ATIVIDADES

1. Responda:

a) Há quanto tempo você vive em sua moradia?

b) O que mudou e o que permaneceu nela?

2. Observe novamente as fotos da Avenida Osvaldo Aranha, acima.

Circule as construções que aparecem nas duas fotos.

3. Apesar de permanecerem na paisagem por muito tempo, as construções observadas em 2007 não são mais exatamente como eram em 1960. Elas também sofreram transformações ao longo dos anos.

Por que isso aconteceu?

4. As fotos são ótimos registros do passado.

Observe com atenção a foto a seguir. Ela mostra um grupo de alunos com sua professora, em sala de aula, nos anos 1960.

Charles E. Rotkin/Corbis

Compare a sala de aula da foto com a sua sala de aula.

a) As carteiras da sua sala de aula são iguais ou diferentes às mostradas na foto? Responda e desenhe a sua carteira para mostrar as semelhanças e as diferenças.

☐ iguais ☐ diferentes

b) E as paredes da sala de aula? Responda e desenhe as paredes da sala da sua escola para mostrar as semelhanças e as diferenças.

☐ iguais ☐ diferentes

c) E a lousa, é igual ou diferente? Responda e desenhe a lousa da sua sala para mostrar as semelhanças e as diferenças.

☐ iguais ☐ diferentes

LIÇÃO 5 — OS REGISTROS DA HISTÓRIA

Documentos que contam História

Existem muitos outros documentos que marcam a nossa história pessoal. Eles registram informações importantes não apenas sobre as pessoas, mas também sobre os fatos da vida de uma sociedade ou de um país.

Para estudar a História, temos a ajuda das **fontes históricas**, que são documentos que permitem ao historiador recontar, interpretar e reconstruir os fatos do passado.

Os documentos históricos podem ser de diferentes épocas, algumas até muito distantes do tempo em que vivemos.

Eles devem ser conservados para que possamos conhecer o que aconteceu no passado: como as pessoas viviam e o que faziam, os objetos e roupas que usavam etc.

Pintura rupestre em rocha no Parque Nacional da Serra da Capivara, em São Raimundo Nonato, Piauí. Foto de 2013.

Esses documentos são conservados pelas pessoas em suas casas ou estão em museus. Existem também documentos feitos há muito tempo e que permanecem em seus locais de origem, como pinturas em cavernas ou em rochas, monumentos ao ar livre e outros.

Museus são instituições que abrigam e conservam diferentes tipos de documentos: objetos antigos e novos, textos, filmes, músicas etc. Todos esses documentos são importantes para preservar a memória e a história das sociedades.

Os documentos escritos também têm sua importância, pois eles descrevem histórias do passado, como a carta de Pero Vaz de Caminha. Nessa carta, ele narra o encontro entre os portugueses e os indígenas em 1500.

Os documentos escritos também podem nos trazer informações sobre a nossa família. O diário de uma bisavó ou uma certidão de nascimento podem conter informações sobre a nossa origem familiar.

Quando um bebê nasce em uma maternidade, mãe e filho recebem uma pulseira de identificação. Na pulseira do bebê, escreve-se o nome da mãe. Na pulseira da mãe, o nome do bebê. Esse documento evita que as crianças sejam confundidas.

Qualquer objeto que identifique ou informe dados ou fale sobre a história das pessoas pode ser considerado um **documento material**.

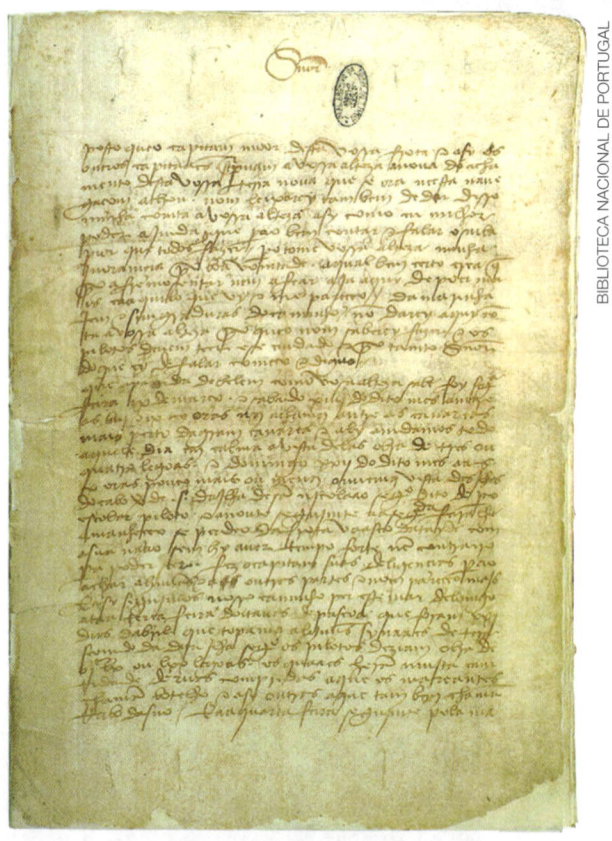

Carta de Pero Vaz de Caminha ao Rei de Portugal, sobre a expedição de Cabral no Brasil, em 1500.

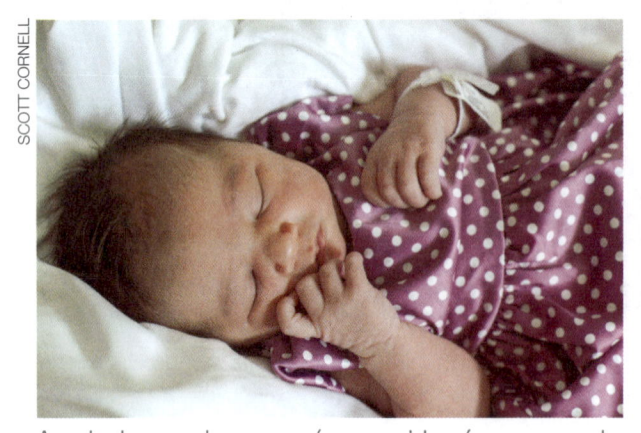

A pulseira usada por recém-nascidos é um exemplo de documento material.

Vasos e utensílios da época de D. João VI, século XIX. Museu Nacional UFRJ, Rio de Janeiro. Foto de 2012.

As roupas, os brinquedos, o carrinho e os móveis do bebê também são exemplos de documentos materiais da história de uma pessoa.

Desde criança, convivemos com muitos outros documentos que trazem informações diferentes sobre nós. Fotografias, desenhos, cartões e convites, por exemplo, têm imagens que transmitem informações.

Um par de sapatinhos traz informações sobre quem o usou.

A bola de futebol de uma criança revela que ela pratica esse esporte.

As fotos com amigos ou parentes mostram momentos especiais.

Da mesma forma, encontramos muitos **documentos iconográficos** que nos ajudam a conhecer outros assuntos. Obras de arte – como pinturas, esculturas, gravuras –, fotografias jornalísticas, entre outros, trazem informações importantes sobre a vida da sociedade.

Observe as imagens a seguir:

Crianças e seus familiares no Rio de Janeiro. Foto de 1958.

Jornais, revistas e noticiários são fontes de informação sobre a história da nossa sociedade.

VOCABULÁRIO

documentos iconográficos: documentos visuais, como fotos, obras de arte, ilustrações, mapas.

Os áudios e os filmes contam histórias

Você já ouviu **gravações antigas de rádio**? Já assistiu a programas de TV e a propagandas antigas? Já assistiu a filmes e desenhos que seus pais viram na infância?

Assim como as gravações de rádio, os programas, os comerciais de TV, os filmes e os desenhos de tempos atrás, os registros que fazemos de nossa vida em família e nas diversas comunidades das quais participamos também ficam marcados como a memória de um tempo, de uma época ou de um período.

Os registros feitos em vídeo ou com o celular são fontes digitais da História.

Você costuma registrar em vídeo momentos importantes de sua vida? Como você guarda seus vídeos?

ATIVIDADES

1. Faça a correspondência das fontes históricas com as definições corretas.

A   Fonte escrita

B   Fonte material

C   Fonte iconográfica

D   Fonte digital

☐ Qualquer tipo de objeto que informe sobre a história das pessoas.

☐ Registros feitos em vídeo, em áudio ou outros em aparelhos como celulares ou computador.

☐ Pinturas, fotografias ou outras imagens nas quais podemos obter informações sobre como as pessoas viviam.

☐ Documentos que registram por escrito informações pessoais ou de uma comunidade.

2. Copie no quadro correto o nome dos documentos do quadro abaixo.

- reportagem apresentada na tevê
- carteira de identidade
- fotografia
- entrevista concedida a uma rádio
- quadro
- roupas antigas
- cartas
- brinquedos

Documento escrito

_____

_____

Documento material

_____

_____

Documento iconográfico

_____

_____

Documento sonoro e/ou visual

_____

_____

3. Os documentos iconográficos (aqueles com imagens) produzidos hoje podem nos ajudar a entender coisas importantes sobre a vida das pessoas de nossa sociedade.

Sabendo disso, faça um desenho sobre a sua vida na escola, com imagens que tragam informações sobre esse momento.

4. Complete a frase com as seguintes palavras: história, hábitos, materiais, comunidade, costumes.

Além dos _____, existem

outras fontes, como os _____,

e os _____, que nos

ajudam a conhecer a _____

de uma _____.

HISTÓRIA

261

Os lugares contam histórias

Assim como objetos, textos, imagens, sons e filmes contam histórias, os lugares também podem explicar acontecimentos e eventos ocorridos no passado. Além disso, podem nos fornecer pistas sobre a história das pessoas que passaram ou moraram nesses lugares.

Os lugares que contam histórias podem ser de diversos tipos. Uma praça, uma rua, um monumento, um parque, uma casa particular, um prédio público etc.

Observe as fotos a seguir.

A Casa das Rosas, em São Paulo, foi construída em 1935 para ser a moradia de uma família. Com arquitetura típica do período em que foi erguida, hoje ela é um espaço público no qual ocorrem eventos literários.

A praça Luiza Távora, em Fortaleza (CE), abriga o Centro de Artesanato da cidade. Lá, é possível encontrar diversos tipos de artesanatos típicos do Ceará.

O Centro Histórico de Olinda (PE) representa uma arquitetura construída há muitos séculos, no período em que o Brasil ainda era colônia portuguesa. Mas, além disso, os materiais usados nessas construções e o padrão das casas também nos ajudam a entender um pouco mais sobre a história do lugar e das pessoas que já passaram por lá e das que vivem no local atualmente.

- Você já visitou algum lugar histórico? Qual? Onde ele fica?

ATIVIDADES

1. Encontre, no caça-palavras a seguir, três lugares que contam histórias.

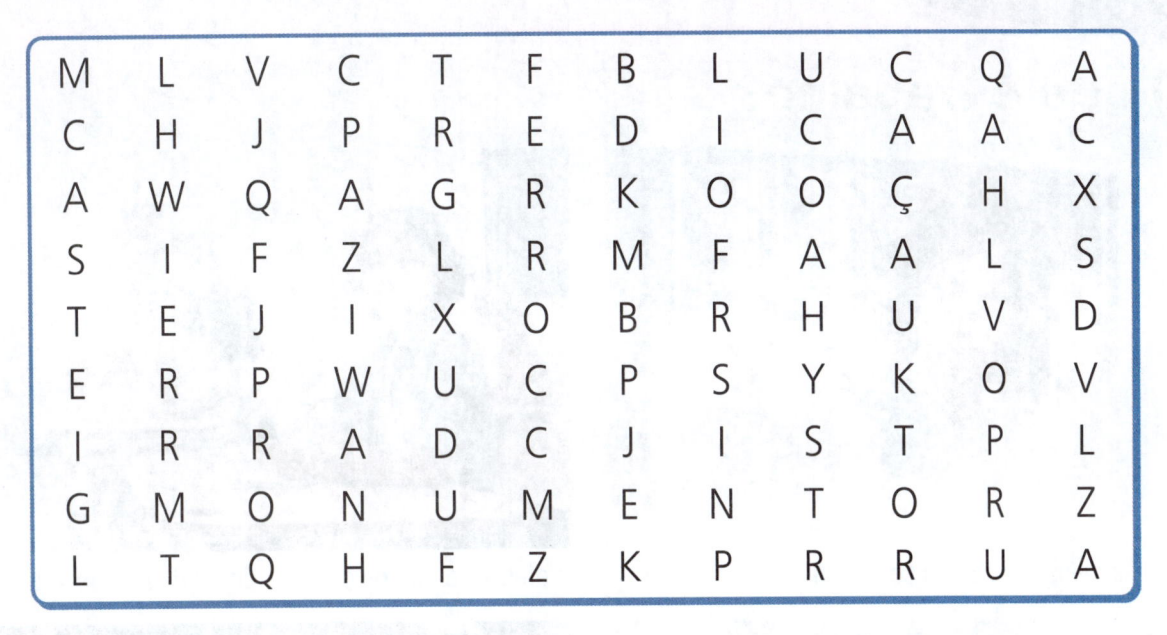

M	L	V	C	T	F	B	L	U	C	Q	A
C	H	J	P	R	E	D	I	C	A	A	C
A	W	Q	A	G	R	K	O	O	Ç	H	X
S	I	F	Z	L	R	M	F	A	A	L	S
T	E	J	I	X	O	B	R	H	U	V	D
E	R	P	W	U	C	P	S	Y	K	O	V
I	R	R	A	D	C	J	I	S	T	P	L
G	M	O	N	U	M	E	N	T	O	R	Z
L	T	Q	H	F	Z	K	P	R	R	U	A

2. Na sua cidade ou bairro, há algum lugar que conte a história da comunidade? Qual é esse lugar?

_____
_____
_____

3. E qual história da comunidade é representada por esse lugar?

_____
_____
_____

4. No caderno, desenhe como é esse lugar.

HISTÓRIA

263

LIÇÃO 6 — O MUNDO DO TRABALHO

O que é trabalho?

Cientista pesquisando em seu laboratório.

Professor e alunos em sala de aula, de máscaras.

Homem realizando tarefas domésticas.

Caixa de mercado e cliente em fila, de máscaras.

Você sabe que as pessoas adultas trabalham, não é? Em sua família, talvez exista alguém que saia todos os dias para trabalhar.

Então, o que é **trabalho**?

Trabalho é tudo aquilo que o ser humano produz com base em suas capacidades intelectuais e físicas. Estudar, arrumar a casa, cuidar dos filhos, dirigir um ônibus, recolher o lixo, plantar e colher verduras, consertar um carro, pintar um quadro, compor uma música, tudo isso é trabalho.

O trabalho remunerado e as profissões

Algumas pessoas trabalham e recebem salários. Essas pessoas, em geral, possuem uma profissão e recebem um salário, ou seja, uma quantia em dinheiro, pelo trabalho que executam.

Há profissões que existem há muito tempo, como a de sapateiro. Outras, porém, são novas, como a de programador de jogos eletrônicos.

No passado, era comum que as profissões dos pais fossem aprendidas pelos filhos, como uma tradição familiar. Por exemplo, não havia escolas nem cursos que formavam uma pessoa para ser sapateiro; era o pai que ensinava o filho a consertar e a fazer sapatos.

Hoje em dia, é cada vez mais comum as pessoas estudarem e se especializarem para poder exercer uma profissão. Um técnico em informática, que trabalha com computadores, por exemplo, pode tanto aprender sozinho ou com algum parente ou amigo, como em um curso especializado ou uma faculdade.

Técnico em informática em seu trabalho.

Aluno estudando em curso para se tornar técnico de informática.

Trabalhadores nas cidades

Nas cidades, existem muitos trabalhadores em atividades urbanas, como no setor de **serviços**, por exemplo.

Serviços são as atividades que fornecem à população energia elétrica, rede de água e esgoto, transportes, correios, policiamento etc.

Assim, esses trabalhadores podem ser eletricitários, funcionários de rede de água e esgoto, motoristas, cobradores de ônibus, bancários, carteiros etc.

Taxista.

Professores, engenheiros, médicos, dentistas, fisioterapeutas e advogados também oferecem serviços à população.

Além dos serviços, na maioria das cidades existem **indústrias**. Os trabalhadores das indústrias são os operários. Eles podem ser mecânicos, funileiros, soldadores, tecelões etc.

Nas cidades, existem também trabalhadores que se dedicam ao **comércio**. Nessa atividade, encontramos profissões como vendedores, caixas de supermercado, atendentes de lojas etc.

Limpador de janelas.

Montador de veículos.

Trabalhadores no campo

No campo, existem trabalhadores com grande variedade de profissões. Os trabalhadores das fazendas podem se dedicar à plantação ou à pecuária, por exemplo. Também podem cuidar dos laticínios, das fábricas de queijos e de alimentos etc.

Outro tipo de trabalhador é o **agricultor**, que cuida de pequenas plantações para consumo familiar ou para vender em feiras e supermercados nas cidades. O agricultor tem um sítio ou uma chácara e normalmente vive ali com a família.

Em muitas grandes propriedades, o número de trabalhadores tem diminuído por causa da mecanização da produção, isto é, a introdução de máquinas que fazem o trabalho de várias pessoas, como arar a terra, semear, colher etc.

Agrônomo em plantação de soja.

Vaqueiro.

Agricultora.

Trabalhador em máquina de colheita.

266

ATIVIDADES

1. Preencha a cruzadinha com as profissões.

2. Observe as fotos e escreva o nome da profissão.

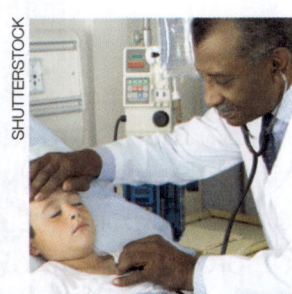

_____   _____   _____   _____

3. Encontre nas frases a seguir a melhor definição de trabalho e circule-a.

a) ☐ Trabalho é uma atividade obrigatória para todos os seres humanos do planeta.

b) ☐ Trabalho é tudo aquilo que o ser humano produz com base em suas capacidades intelectuais e físicas.

c) ☐ Todo o trabalho é remunerado.

Profissões que desapareceram

Assim como têm surgido novas profissões, muitas outras estão desaparecendo diante dos avanços tecnológicos.

Trabalhos que eram comuns no passado deixaram de ser feitos, por isso o profissional especializado nessa atividade não existe mais. Acompanhe.

- **Motorneiro**: era o condutor de bondes.
- **Acendedor de lampiões**: era quem acendia lampiões de gás nas ruas, quando ainda não existia energia elétrica.
- **Leiteiro**: era a pessoa que passava nas ruas vendendo leite. Existia até os que conduziam uma cabra e iam vendendo o leite de cabra tirado na hora!

Bonde conduzido por motorneiro. São Paulo, 1954.

Leiteiro. Minas Gerais, 1862.

Acendedor de lampiões. Rio de Janeiro, por volta de 1900.

Profissões que estão desaparecendo

Muitas profissões antigas estão desaparecendo, mas ainda sobrevivem em alguns lugares do Brasil.

- **Caixa de estacionamento**: fornecem tíquetes e fazem a cobrança da taxa de estacionamento.

- **Amolador**: pessoa que percorre as ruas amolando facas e tesouras em um aparelho de amolar.

ATIVIDADES

1. No passado, havia muitas profissões que hoje não existem mais. Observe a foto ao lado e, depois, responda.

a) Que trabalho esse homem fazia?

_____

_____

b) Você já ouviu falar dessa profissão?

_____

_____

c) Em casa, pergunte aos adultos se eles sabem que outras profissões parecidas com essa da foto existiram no Brasil. Registre nas linhas a seguir o resultado dessa pesquisa.

Aguadeiro, trabalhador que vendia água nas ruas das cidades. Paris, França. Foto de 1900.

_____

_____

2. Faça uma entrevista com seus familiares e registre algumas profissões que estão desaparecendo, mas ainda sobrevivem na cidade em que você vive.

269

LIÇÃO 7 — O TRABALHO PERTO DE VOCÊ

Os trabalhadores da comunidade

Como você já aprendeu, todos nós fazemos parte de diferentes comunidades. Mas você já reparou na quantidade de pessoas que trabalham em cada uma delas?

Em todos os grupos dos quais fazemos parte, existem muitas pessoas que realizam atividades que ajudam todos os demais membros da comunidade, fazendo tudo funcionar com mais eficiência. Essas pessoas recebem salários pelo trabalho que realizam.

O funcionário da padaria, o agricultor, o carteiro, o professor, o coletor de lixo e o veterinário são exemplos de trabalhadores da comunidade.

Professora.

Coletores de lixo.

Veterinário.

Quais são os trabalhadores da(s) comunidade(s) de que você participa?

ATIVIDADES

1. A seguir, reconheça quem são os trabalhadores de sua comunidade. Escreva o nome da profissão e a importância de cada um deles para o lugar em que você mora.

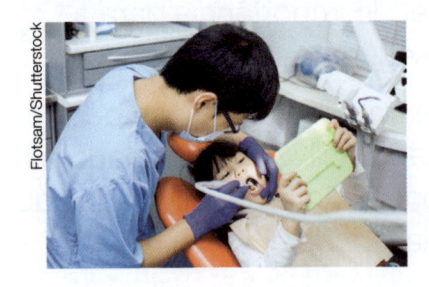

Profissão: _____

É importante porque _____

_____.

Profissão: _____

É importante porque _____

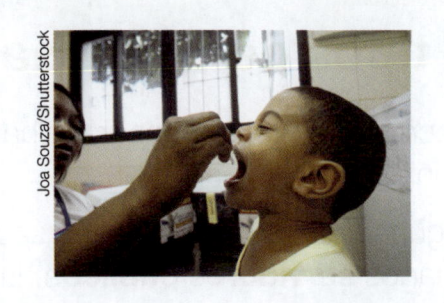

_____.

Profissão: _____

É importante porque _____

_____.

Profissão: _____

É importante porque _____

_____.

Profissão: _____

É importante porque _____

_____.

Profissão: _____

É importante porque _____

_____.

271

Os tipos de trabalhadores

Você percebeu quantos trabalhadores são necessários para fazer uma comunidade funcionar?

Alguns desses trabalhadores são funcionários do governo. Eles são também chamados **servidores públicos**. Isso porque se dedicam às atividades relacionadas ao funcionamento da sociedade, e a remuneração que recebem pelo trabalho que executam vem dos impostos pagos pela população.

Esses trabalhadores realizam atividades de grande importância para a população, trabalhando nas áreas da saúde, da segurança e da educação.

Além dos servidores públicos, há outro tipo de trabalhador que se dedica à população, principalmente às pessoas em situação difícil. São trabalhadores que atuam de modo **voluntário** e não recebem remuneração pelas atividades que realizam. Eles são guiados por princípios de solidariedade.

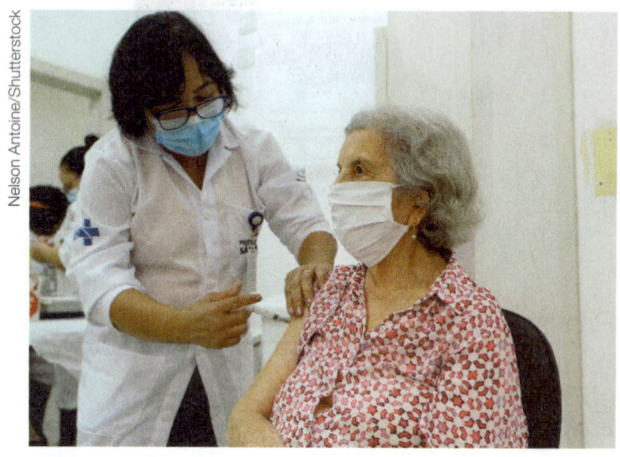

A enfermeira que atende em UPA é funcionária pública, isto é, seu salário vem dos impostos pagos por todos os cidadãos.

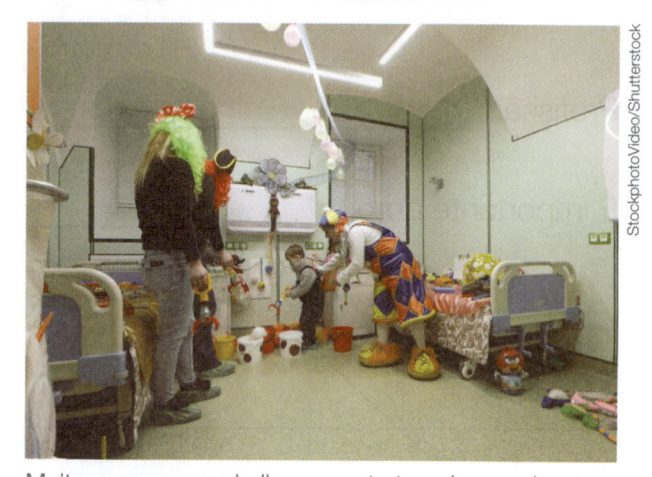

Muitas pessoas se dedicam a entreter crianças doentes em hospitais com brincadeiras. O trabalho delas é voluntário, isto é, elas não recebem uma remuneração.

> Você conhece alguma pessoa que realiza trabalho voluntário? Quem é? O que ela faz?

Criança não trabalha

O Estatuto da Criança e do Adolescente (ECA) é um conjunto de leis que protege as crianças brasileiras, garantindo que todas possam ser respeitadas, cuidadas, tenham direito ao lazer e a praticar esportes.

O ECA estabelece que nenhuma criança deve trabalhar. Porque o trabalho impede que essa criança desenvolva suas habilidades emocionais e intelectuais. Além disso, a criança que trabalha fica mais exposta à violência e aos riscos de se machucar.

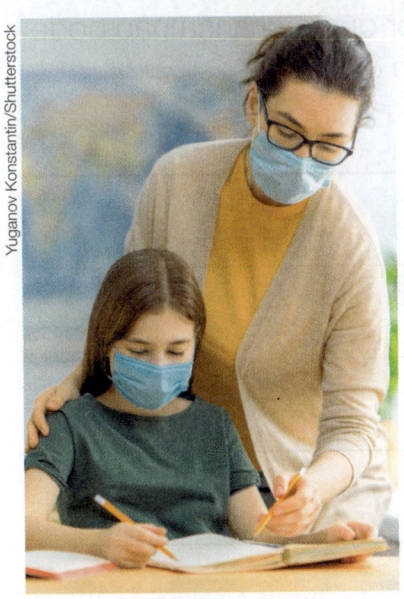

Essa lei estabelece ainda que, a partir dos 14 anos, o adolescente pode ser aprendiz, ou seja, pode aprender uma habilidade profissional, por algumas horas ao dia. E somente a partir dos 16 anos o adolescente pode começar a trabalhar e a receber salário. Mas desde que esta atividade não prejudique sua saúde nem os estudos.

As crianças não podem trabalhar, pois precisam estudar e crescer com saúde.

Cartaz da Secretaria Municipal de Desenvolvimento Social da cidade de Caitité (BA) para campanha de conscientização contra o trabalho infantil.

Atividades da criança em casa

Quando uma criança ajuda a família nas atividades de casa, ela está realizando um trabalho muito importante, que contribuirá para que aprenda a viver em grupo e também a cuidar de si mesma.

As crianças podem ajudar em todas as tarefas que não apresentem riscos nem interfiram em seus estudos e em suas brincadeiras.

Em casa, a criança pode e deve ajudar nas atividades. Ela também deve ser responsável por cuidar de si mesma e de suas coisas.

Observe alguns exemplos.

ATIVIDADES

1. Circule o desenho em que algum direito das crianças não está sendo respeitado.

2. Crie uma frase alertando que no Brasil o trabalho infantil é proibido.

_____

_____

_____

3. Em uma roda de conversa, conte para os colegas e o professor se você conhece ou já ouviu falar de alguma criança que trabalha. Por que você acha que isso ainda acontece no nosso país?

4. Explique por que a criança não pode trabalhar como os adultos.

_____

_____

_____

_____

_____

5. Escreva quatro atividades que você realiza em casa para ajudar seus familiares.

_____

_____

_____

_____

_____

6. Marque um **X** nas atividades que NÃO são próprias para crianças.

☐ Cozinhar por conta própria, sem a presença de um adulto.

☐ Arrumar a cama e guardar os brinquedos.

☐ Ir sozinha ao supermercado e fazer as compras para casa.

☐ Auxiliar o(s) irmão(s) menor(es) enquanto os pais estão atarefados.

Da natureza para a nossa casa

No Brasil, é muito comum, pela manhã, as crianças tomarem café com leite, comerem pão com manteiga e, às vezes, alguma fruta, como mamão, banana e laranja.

Mas você já pensou de onde vem a comida que você consome todos os dias?

Muitas pessoas trabalham para que o alimento chegue até sua mesa. Observe, a seguir, quais os passos para a fabricação do pão.

Colheita de trigo. → Transporte. → Produção da massa. → Comercialização.

ATIVIDADES

1. Quais são seus legumes, frutas e verduras prediletos? Eles são cultivados próximos à sua casa?

_____

_____

_____

_____

2. Este livro, seu caderno e todas as folhas que você utiliza para desenhar, escrever e pintar são de papel. Você já pensou como é feito o papel? Pesquise na biblioteca ou na internet as etapas da fabricação do papel.

Depois, escreva aqui, em uma sequência que vai da origem ao uso na sala de aula, as etapas da produção do papel.

_____

_____

_____

_____

_____

_____

_____

_____

HISTÓRIA

275

LIÇÃO 8

DATAS COMEMORATIVAS

Dia Nacional do Livro Infantil

Em 18 de abril de 1882, na cidade de Taubaté, no estado de São Paulo, nasceu José Bento Renato Monteiro Lobato.

Juca, como era chamado, brincava com as irmãs menores, Ester e Judith, com os brinquedos feitos por eles próprios, usando sabugo de milho, chuchus e mamão verde. Gostava de ler os livros de seu avô materno, o visconde de Tremembé. A mãe ensinou o menino a ler e a escrever. Aos 7 anos, ele entrou na escola.

Monteiro Lobato foi um grande escritor brasileiro. Ele escreveu dezessete livros para crianças e também outros para adultos. A data de seu nascimento, **18 de abril**, foi escolhida para comemorar o Dia Nacional do Livro Infantil.

O escritor na editora que ele fundou, Monteiro Lobato e Cia. Editores. Foto de 1920.

LEIA MAIS

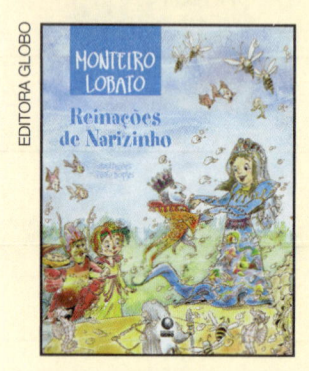

Reinações de Narizinho

Monteiro Lobato. São Paulo: Globo, 2012.
O livro narra as aventuras que acontecem no Sítio do Picapau Amarelo e apresenta Emília, Tia Nastácia, Dona Benta e sua neta Lúcia. Mais conhecida como Narizinho, é Lúcia quem conduz o leitor nas viagens pelo mundo da fantasia.

ATIVIDADES

1. Você conhece os personagens do Sítio do Picapau Amarelo?

   • Identifique alguns deles de acordo com as informações a seguir.

   A É a menina do nariz arrebitado.

   B Sábio feito de sabugo de milho.

   C Boneca de pano falante.

   D Faz doces muito gostosos.

E   Mora na cidade e passa as férias no sítio.

F   É a vovó mais querida do mundo.

Você se lembra dos nomes desses personagens?

Dia do Indígena

No dia **19 de abril**, comemora-se o Dia do Indígena.

Antes da chegada dos portugueses, outros povos já habitavam o Brasil. Eles receberam o nome de "índios", dado pelos primeiros navegadores, que pretendiam chegar às Índias, terras onde havia produtos para serem comprados e vendidos na Europa. Porém, em vez de chegar às Índias, esses primeiros navegadores acabaram encontrando um novo continente, a América.

A chegada dos portugueses trouxe problemas para a vida dos povos indígenas. Muitos foram obrigados a abandonar suas terras, outros foram levados à força para trabalhar nas fazendas criadas pelos novos moradores.

No Brasil, ainda existem muitas nações indígenas, com costumes diferentes uns dos outros. Esses costumes também são, muitas vezes, diferentes dos praticados nas cidades, pelos não indígenas. As vestimentas, os alimentos, o modo de trabalhar e as moradias mostram essas diferenças.

ATIVIDADES

1. Procure no diagrama algumas atividades desenvolvidas pelos povos indígenas brasileiros. Consulte o quadro abaixo.

caçar   plantar   pintar   pescar   colher   construir

W	A	P	P	L	A	N	T	A	R
A	C	I	E	R	M	Y	Z	T	U
C	O	N	S	T	R	U	I	R	H
V	L	T	C	A	Ç	A	R	G	A
Z	H	A	A	O	H	E	L	M	A
K	E	R	R	B	I	H	E	N	L
W	R	C	G	J	P	A	D	X	F

2. A influência da cultura indígena está presente em nosso dia a dia. Pesquise e cite exemplos da influência indígena na cultura brasileira:

a) no vocabulário: _____.

b) na culinária: _____.

c) nos costumes: _____.

Dia do Folclore – 22 de agosto

O **folclore** é a cultura popular, ou seja, a maneira de pensar, de agir e de sentir de um povo que é transmitida de uma geração para a outra.

O folclore brasileiro reúne influências dos vários povos que se encontraram em nosso país: indígenas, asiáticos, africanos e europeus de diversos países.

Fazem parte do nosso folclore as músicas, as lendas, as danças, as adivinhas, os provérbios, as parlendas, as brincadeiras, as festas etc.

Além das lendas e de muitos personagens, uma marca do folclore do Brasil são as festas como o Bumba meu Boi, entre outras.

Bumba meu Boi, em São Luís, no Maranhão.

ATIVIDADES

1. Pesquise e descubra as respostas das charadas referentes às lendas do nosso folclore.

a) Solto fogo e adoro a lua cheia.

_____

b) Protejo as matas e tenho os pés virados para trás.

_____

c) Perco meus poderes quando estou sem meu gorro.

_____

d) Tenho o corpo coberto de pelos e me transformo nas noites de lua cheia.

_____

e) Sou bela, canto e encanto os pescadores com minha voz.

_____

2. Vamos brincar?

Junto com seus colegas, faça um campeonato de trava-línguas. Ganha quem conseguir falar as três frases sem errar! Divirta-se!

a) Fia, fio a fio, fino fio, frio a frio.

b) Gato escondido com rabo de fora tá mais escondido que rabo escondido com gato de fora.

c) Sabia que a mãe do sabiá não sabia que o sabiá sabia assobiar?

Dia Nacional da Consciência Negra

No dia 20 de novembro, comemoramos o **Dia Nacional da Consciência Negra**. Essa data foi escolhida porque se acredita que nesse dia morreu Zumbi dos Palmares, um grande chefe dos africanos escravizados que haviam fugido e lutavam por sua liberdade.

Mas quem foi Zumbi?

No ano de 1695, os moradores de um dos povoados formados por escravos fugitivos foram atacados por tropas do governo português.

O **Quilombo de Palmares**, como se chamava o povoado, localizava-se nas terras do atual estado de Alagoas. Para lá se dirigiam os trabalhadores escravos que abandonavam as fazendas porque desejavam ser livres. Para muitos deles, esse era um lugar para fugir da escravidão.

O quilombo tinha seus chefes. Um deles foi Zumbi, considerado um grande guerreiro.

No dia 20 de novembro de 1695, o quilombo foi atacado e Zumbi foi morto por soldados do grupo enviado pelo governo português.

Em homenagem a sua força e coragem, escolheu-se esse dia para comemorar o orgulho dos afrodescendentes no Brasil e a importância dos povos de origem africana na formação do país.

Zumbi (1927), de Antônio Parreiras. Óleo sobre tela, 115,3 cm × 87,4 cm. Museu Antônio Parreiras, Niterói, RJ.

ATIVIDADES

1. Por que se comemora o Dia da Consciência Negra no dia 20 de novembro?

_____

_____

2. Observe a foto a seguir.

Integrantes do Movimento Negro de Ribeirão Preto realizam uma marcha pelo centro da cidade para celebrar o Dia da Consciência Negra, em 2012.

Ela registra uma comemoração importante. Qual é essa comemoração? Onde se realizou?

_____

_____

_____

3. Converse com os colegas e com o professor sobre os direitos que todos devem ter, independentemente de cor, etnia, credo, e, a seguir, liste esses direitos.

_____

_____

_____

Coleção

Eu gosto m@is

GEOGRAFIA

2º ANO
ENSINO FUNDAMENTAL

SUMÁRIO

Lição 1 – Minha moradia **283**
- As moradias não são iguais 285
- A construção da moradia 287
- Os cômodos de uma moradia 288
- Meu endereço é.. 290
- A vizinhança... 292
- Os números pares e ímpares em uma rua 292

Lição 2 – A escola... **296**
- Representando os espaços da escola... 298
- A maquete 300
- A planta 302

Lição 3 – Diferentes tipos de escola **304**
- Escola na cidade.. 305
- Escola no campo.. 305
- Escolas indígenas e quilombolas... 306

Lição 4 – Formas de orientação espacial **308**
- Formas de se orientar pelo Sol 309
- Rosa dos ventos, bússola e GPS... 310

Lição 5 – As ruas **313**
- As ruas têm nome 313
- As ruas têm função 315
- Organização do trânsito 317
- Cinto de segurança 318
- Acessibilidade nas ruas 319

Lição 6 – O bairro... **322**
- As transformações dos bairros.. 325
- Os trabalhadores no bairro 327
- Os serviços públicos no lugar onde moro 328
- A rotina dos bairros 331
- O lazer 332
- As associações de moradores 333

Lição 7 – As pessoas se locomovem e se comunicam **335**
- Meios de transporte 335
- As pessoas se comunicam 337
- Tipos de meios de comunicação 338

Lição 8 – O meio ambiente.. **340**
- A água 341
- Usos da água doce 341
- Necessidade de cuidar da água 342
- O solo 346
- Poluição do ar 350
- Poluição da água 350
- Poluição do solo 351
- A preservação dos ambientes 351

LIÇÃO 1

MINHA MORADIA

Observe a imagem a seguir.

Vista de Olinda para Recife (PE), 2018.

A imagem que você acabou de ver mostra várias casas e edifícios. Esses lugares servem para as pessoas viverem. Neless as pessoas têm abrigo, podem dormir, cozinhar, comer, tomar banho e ter lazer. Eles são a **moradia**, também chamada **residência** ou **lar**.

Todas as pessoas precisam de uma moradia que atenda às suas necessidades.

As moradias podem ser muito diferentes, mas todas devem garantir abrigo e proteção às pessoas.

Leia, a seguir, o texto que duas crianças escreveram sobre a moradia em que vivem.

Eu moro em um apartamento. Ele é grande. Tenho um quarto só para mim.

Eu gosto de lá, mas queria ter uma árvore para pendurar meu balanço.

Lá no prédio onde eu moro existe uma árvore, mas ninguém pode balançar nela. Aliás, ninguém pode fazer nada lá. Tudo é proibido!

Mariana

Minha casa é pequena. Minha família quase não cabe nela. Mas o Pirata, meu cachorro, vive bem. A casinha que meu pai fez para ele no quintal é melhor do que a minha. Ainda bem!

João Pedro

No depoimento de Mariana e João Pedro para este livro, eles contam algumas diferenças sobre o tamanho de suas moradias e falam de outras coisas relacionadas ao modo como convivem nelas.

ATIVIDADES

1. Como é sua moradia?

_____

_____

2. Com quem você convive em sua moradia?

_____

_____

3. Liste algumas atividades que você faz na sua moradia.

_____

_____

_____

_____

4. Desenhe a sua moradia no espaço a seguir e, depois, escreva o tipo de moradia que ela é.

As moradias não são iguais

Existem vários tipos de moradia. Algumas são grandes e outras são pequenas. Há moradias luxuosas e outras simples. Há aquelas feitas de cimento, madeira, ferro ou pedras. Muitas pessoas vivem em edifícios altos. Outras vivem em casas térreas ou sobrados.

Há pessoas que não têm moradia própria nem condições de alugar uma. Muitas vivem em abrigos, instituições ou mesmo na rua.

Observe alguns tipos de moradia.

Oca: moradia de alguns grupos indígenas brasileiros, feita de palha, taquara, folhas e barro.

Casa de taipa ou pau a pique: feita de ripas ou de varas cruzadas e barro.

Casa de alvenaria: feita de tijolos ou blocos de concreto, areia, cimento e outros materiais. Pode ser térrea, com um só andar, ou sobrado, com mais de um andar.

285

Prédios de apartamentos: feitos de blocos de concreto ou tijolos, areia, cimento, ferro e outros materiais. Abrigam muitas residências.

Palafita: moradia feita de madeira, erguida por estacas fincadas nas beiras dos rios ou em lugares alagados.

ATIVIDADES

1. Desembaralhe as letras, descubra o tipo de moradia e escreva.

a) Tipo de moradia na qual há muitas residências.

E F Í I C I D O: _____

b) Moradia feita sobre estacas em lugares alagados.

A P L A I A F T: _____

c) Tipo de moradia de alguns grupos indígenas brasileiros.

A C O: _____

d) Moradia construída com cimento e tijolos, entre outros materiais.

A C A S D E A V E L R A I A N
_____

2. Converse com os colegas para saber o tipo de moradia em que eles vivem. Em seguida, faça uma lista com os tipos de moradia dos colegas.

A construção da moradia

Assim como existem diversos tipos de material para construir uma casa, também existem várias maneiras de construí-la.

Muitas pessoas compram um imóvel pronto, outras alugam. Há pessoas que constroem a própria moradia. Fazem aos poucos, uma parte de cada vez, até que ela fique pronta.

Às vezes, as pessoas se reúnem e constroem uma moradia para cada pessoa da rua ou da comunidade. Cada um faz uma parte e o trabalho só termina quando todos recebem a moradia. Isso se chama **mutirão**.

Vários profissionais participam da construção de uma moradia:

O arquiteto desenha a planta e o engenheiro calcula como será feita a moradia a partir da planta e fiscaliza a obra.

O mestre de obras orienta e acompanha os trabalhos.

Os pedreiros fazem a massa, levantam as colunas e as paredes e, depois, rebocam para finalizar.

O encanador coloca canos e torneiras.

O pintor pinta as paredes, o teto, as janelas e as portas.

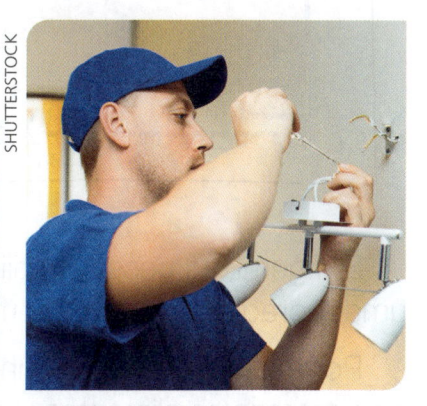

O eletricista coloca os fios elétricos e as tomadas.

Há ainda o serralheiro, que se ocupa das partes de ferro (grades, portões etc.), e o carpinteiro, que trabalha com madeira na confecção de portas, janelas e telhado.

ATIVIDADE

1. Desembaralhe as letras e descubra as profissões de cada alternativa.

a) Assenta os tijolos na construção de paredes.

D R P E E O I R

_____

b) Desenha a planta do imóvel.

Q E T E A U I R T O

_____

c) Faz instalação de canos e torneiras.

A O D E N A N R C

_____

Os cômodos de uma moradia

Observe as divisões em cômodos mais comuns nas moradias.

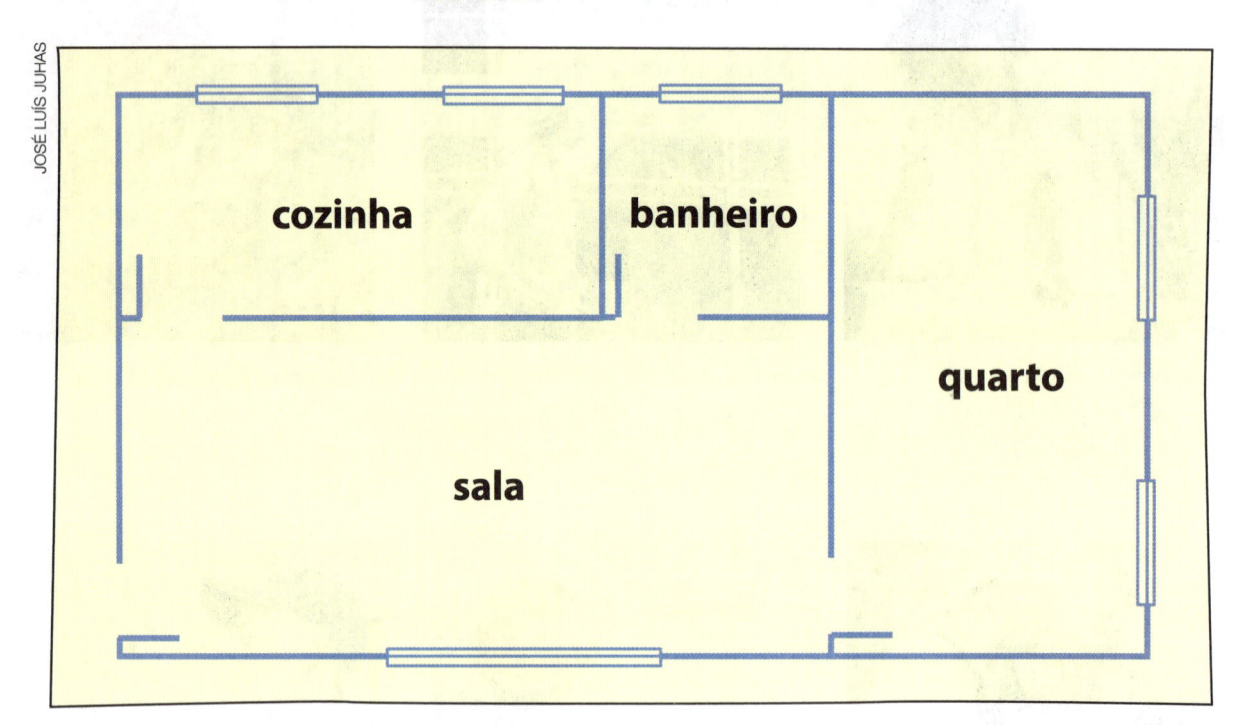

[Planta com os cômodos: cozinha, banheiro, quarto e sala. Crédito: JOSÉ LUIS JUHAS]

Em geral, as pessoas utilizam cada cômodo de uma moradia para uma ou mais atividades diferentes.

Por exemplo, é na cozinha que armazenamos e preparamos os alimentos. Assim, é importante que nesse espaço haja os equipamentos necessários para isso, como a geladeira, o armário e o fogão.

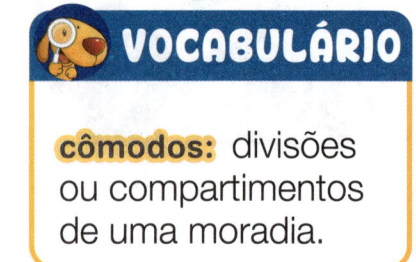

A sala é o cômodo no qual as pessoas costumam se reunir para conversar, assistir à televisão ou fazer as refeições.

> **VOCABULÁRIO**
>
> **cômodos:** divisões ou compartimentos de uma moradia.

Cozinha.

Sala.

Os quartos são, geralmente, os cômodos em que as pessoas dormem. Por isso, nesse espaço ficam a cama, o guarda-roupa e os objetos pessoais.

No banheiro, as pessoas cuidam da higiene pessoal. Nesse cômodo, encontramos o vaso sanitário, a pia, o chuveiro etc.

Quarto.

Banheiro.

ATIVIDADES

1. Responda:

a) Quantos e quais são os cômodos de sua casa?

___

b) Em qual cômodo de sua casa você gosta de ficar mais tempo? Justifique.

___

2. Agora veja a representação do desenho de um apartamento visto de cima. Identifique numerando os locais onde:

1. Preparamos a comida.

2. Tomamos banho.

3. Dormimos.

4. Os familiares se reúnem.

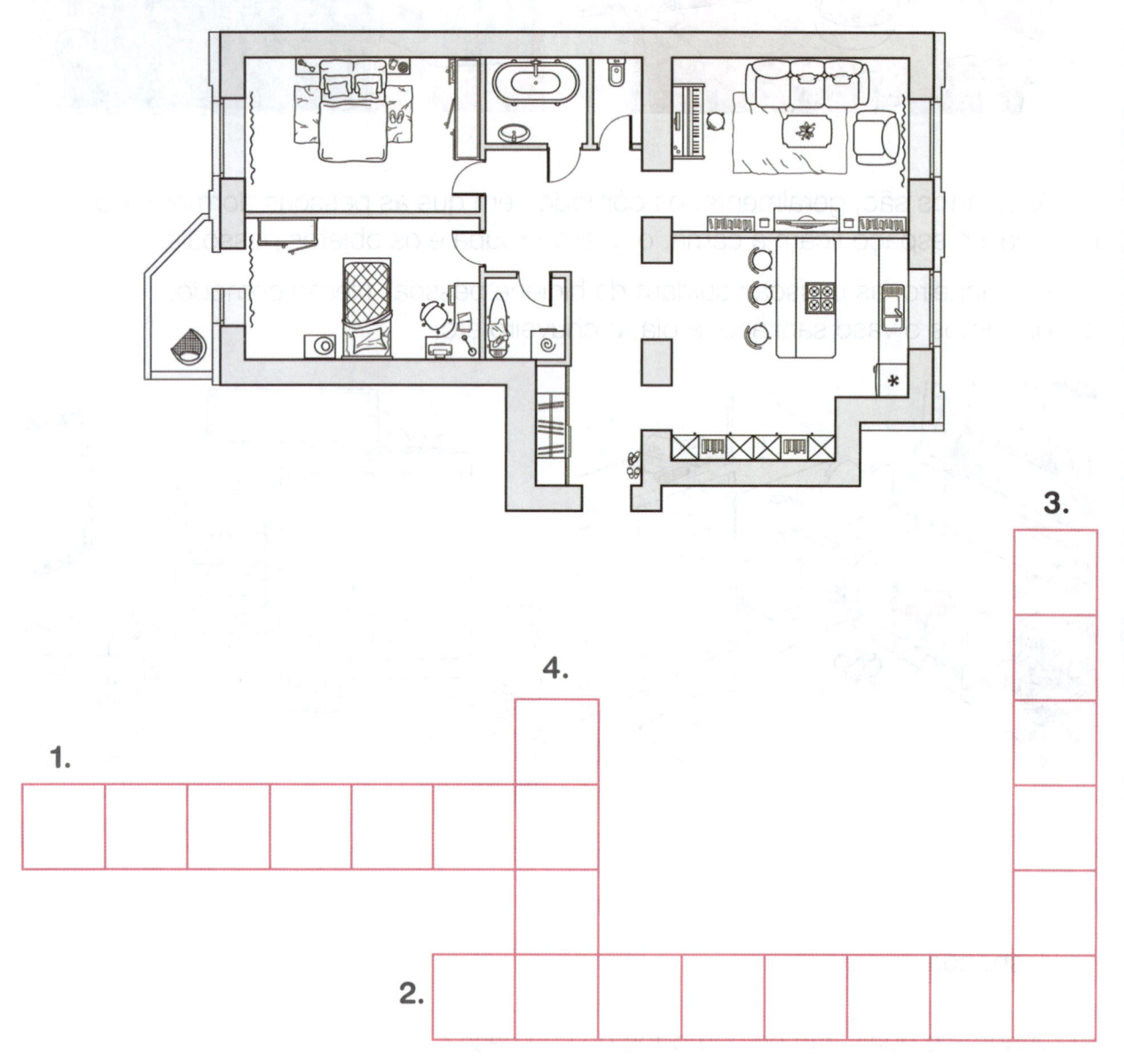

Meu endereço é...

Seja como for a sua casa, ela fica em um lugar. Esse lugar é chamado **endereço**, que é a referência de localização da moradia.

Observe as informações que constam em um endereço:

- o nome da rua, avenida ou praça na qual está localizada a moradia;
- o número da moradia;
- complemento, se for apartamento, o número e o bloco;
- o CEP (Código de Endereçamento Postal);
- o bairro;
- a cidade;
- o estado;
- o país.

Foto de moradia em Carnaubeiras, no Maranhão.

Além do endereço da moradia, também é importante saber o nome de uma rua próxima ou algum local de referência conhecido, como um supermercado, um ponto de ônibus.

Cada um deve saber o endereço de sua moradia.

ATIVIDADE

1. As pessoas precisam ter um endereço como referência. Escreva o seu endereço.

Nome da rua: _____

Número: _____ Complemento: _____

Ponto de referência: _____

Bairro: _____

Cidade: _____ Estado: _____

País: _____ CEP: _____

291

A vizinhança

Geralmente, as moradias são construídas próximas umas das outras. Quando isso acontece, dizemos que elas são **vizinhas**.

Há pessoas que moram em edifícios com vários andares. Em cada andar, costuma haver mais de um apartamento. Nesse caso, as pessoas desses andares são vizinhas.

Nas ruas, existem outras construções, além de casas. A **vizinhança** pode ser formada por casas comerciais, escolas, instituições, hospitais etc.

Esses pontos comerciais e outros estabelecimentos também são importantes em uma rua. Eles facilitam a vida dos moradores que habitam as proximidades.

Os números pares e ímpares em uma rua

João Víctor mora na Rua do Córrego.

Seu Mariano mora ao lado da casa de João Víctor.

Martinha mora no sobrado.

João Víctor está parado em frente à casa onde mora, olhando de frente para ela.

Nessa posição, a casa de Seu Mariano está à direita da casa de João Víctor. E a casa de Martinha está à esquerda da casa de João Víctor.

Os números que identificam as construções nesse lado da rua são todos ímpares.

Do outro lado da rua também existem outros tipos de construção.

Em frente à casa de João Víctor há uma padaria. Se João Víctor estiver parado em frente à padaria, olhando de frente para ela, a escola em que estuda estará à sua direita e o prédio estará à sua esquerda.

Os números que identificam as construções nesse lado da rua são todos pares.

Nas ruas, os números geralmente são determinados da seguinte forma: de um lado ficam os pares e, do outro, os ímpares.

ATIVIDADES

1. Marque **V** para as frases verdadeiras e **F** para as falsas.

☐ Em uma rua, geralmente, há construções dos dois lados.

☐ Cada lado da rua tem um nome diferente.

☐ Para ir ao outro lado de uma rua, é preciso atravessá-la.

☐ Uma moradia só pode ter vizinhos à direita.

☐ Em frente a uma moradia podem existir diferentes tipos de construção.

2. Quais estabelecimentos comerciais existem em sua rua? Escreva o nome de alguns deles.

_____

_____

_____

_____

3. Observe as cenas da página anterior e complete.

a) João Víctor mora na Rua _____ _____, número _____.

b) O vizinho da direita é _____ _____.

Ele mora no número _____ da rua.

Leia este poema que fala de vizinhos.

Os vizinhos

Lá na minha vizinhança
Vive toda essa gente:
Gente bem parecida, gente bem diferente.

Seu Almir, de cara fechada e a Nair dando risada,
Seu Agenor sempre se queixando:
– Ai que dor, ai que dor!
Enquanto sua mulher reclama de tanto calor.

E lá na padaria, o português Manuel
Vende todo santo dia o gostoso pão de mel.

Mas não posso deixar de falar do meu vizinho,
Seu Dante,
Pois todos o admiram por ser tão elegante.

Lá na minha vizinhança
Quem faz a maior festança
É mesmo a criançada

Que topa qualquer parada.

É sempre a mesma história:
De manhã, que calmaria!
Criançada na escola.
À tarde, que gritaria,
E hora de jogar bola.

A hora que o dia termina
A lua o céu ilumina
E dentro de cada lar
E só dormir e sonhar.

Maria Luiza Campos Aroeira e Maria Inês Bizzotto Soares. *Abracadabra*: sociedade e natureza. Belo Horizonte: Dimensão, 2003. p. 70, v. 3.

294

ATIVIDADES

1. De acordo com o poema, cada vizinho tem seu jeito de ser, mas todos são amigos e se divertem.

a) Quem faz a maior festança?

☐ As crianças.   ☐ Os adultos.

b) Por que, de manhã, é a maior calmaria?

_____

_____

2. Quais atitudes são comuns entre sua família e os vizinhos? Marque com um **X**.

☐ Cumprimentar.

☐ Não conversar.

☐ Visitar.

☐ Trocar informações.

☐ Discutir.

☐ Oferecer ajuda, se houver necessidade.

3. Qual é a característica de cada vizinho, segundo a descrição do poema?

a) Seu Almir:

_____

_____

b) Nair:

_____

_____

c) Seu Agenor:

_____

_____

d) Mulher de Seu Agenor:

_____

_____

e) Seu Dante:

_____

_____

4. Escreva o nome de quatro vizinhos que moram na sua rua.

_____

_____

_____

_____

GEOGRAFIA

295

LIÇÃO 2 — A ESCOLA

A escola é um dos lugares que você vai quase todos os dias. Nela, aprendemos a ler e a escrever, praticamos esportes, brincamos e convivemos com os colegas, com os professores e com outros funcionários.

Toda escola recebe um nome. Esse nome tem uma história. Quase sempre é o nome de uma pessoa que realizou um trabalho importante para o bairro, para a cidade, para o município, para o estado, para o país ou para a própria escola.

As divisões de uma escola chamam-se **dependências**. Nas escolas grandes, há muitos alunos e várias dependências. Já nas escolas pequenas, há poucos alunos e somente algumas dependências. As principais dependências da escola são as salas de aula, a diretoria, a secretaria, a cozinha, os banheiros etc.

Muitas escolas possuem outras dependências, como:

Biblioteca.

Parque.

Quadra de esportes.

Cantina.

ILUSTRAÇÕES: JOSÉ LUIS JUHAS

ATIVIDADES

1. Escreva o nome das pessoas que você encontra em sua escola.

Um colega: _____

O diretor: _____

O bibliotecário: _____

O professor: _____

2. Em qual lugar de sua escola você mais gosta de ficar? Por quê?

_____

_____

_____

_____

3. Relacione as dependências da escola às atividades nelas realizadas.

1 Brincamos. ☐ Na biblioteca.

2 Estudamos. ☐ Na quadra de esportes.

3 Lanchamos. ☐ No pátio.

4 Pesquisamos. ☐ Na cantina.

5 Jogamos bola. ☐ Na sala de aula.

4. Marque nos relógios o horário em que você entra e sai da escola.

Entrada.

Saída.

5. Quais atividades você costuma realizar na escola?

Segunda-feira: _____

_____

Terça-feira:_____

_____

Quarta-feira:_____

_____

Quinta-feira:_____

_____

Sexta-feira:_____

_____

Em qual dia da semana você mais gosta de ir à escola? Por quê?

_____

_____

Representando os espaços da escola

Podemos observar uma pessoa, um objeto e até mesmo um lugar de vários modos e representar essas visões no papel.

Observe os desenhos do menino e da carteira em que ele se senta na escola.

ILUSTRAÇÕES: JOSÉ LUIS JUHAS

Nesta cena, o menino está vendo a carteira de frente.

Nesta cena, o menino está vendo a carteira de cima para baixo. Ele está em cima da cadeira.

Nesta cena, o menino está vendo a carteira do alto e de lado.

A visão de frente para o objeto é chamada **visão frontal**.
A visão do alto, de cima para baixo, é a **visão vertical**.
A visão do alto e de lado é chamada **visão oblíqua**.

298

ATIVIDADES

1. Observe novamente as cenas anteriores e pinte a resposta correta.

a) Em todas as cenas, é sempre a mesma criança e a mesma carteira?

☐ Sim.   ☐ Não.

b) A criança muda de posição nas cenas?

☐ Sim.   ☐ Não.

2. Observe os objetos a seguir. Imagine que eles estão fixos em um local e indique de que ponto de vista eles foram representados, seguindo a numeração.

3. Observe a imagem abaixo e marque um **X** na visão utilizada para tirar a foto.

☐ Visão vertical.

☐ Visão oblíqua.

☐ Visão frontal.

4. Vamos fazer representações de objetos escolares.

a) Pegue uma borracha e coloque-a na altura de seus olhos, bem de frente. Desenhe como você vê esse objeto.

b) Coloque sua borracha mais distante. Fique em uma posição mais alta e de lado em relação a ela. Desenhe como você vê esse objeto.

c) Coloque sua borracha no chão. Fique em pé e olhe-a de cima para baixo. Desenhe como você vê esse objeto.

A maquete

Podemos representar a sala de aula ou qualquer outro espaço por meio de uma maquete.

Ao observar a maquete pronta, é possível ter uma visão dos objetos de diferentes pontos de vista.

VOCABULÁRIO

maquete: é uma representação em miniatura de qualquer ambiente ou objeto.

Maquete de um edifício.

ATIVIDADES

1. Observe as imagens das maquetes.

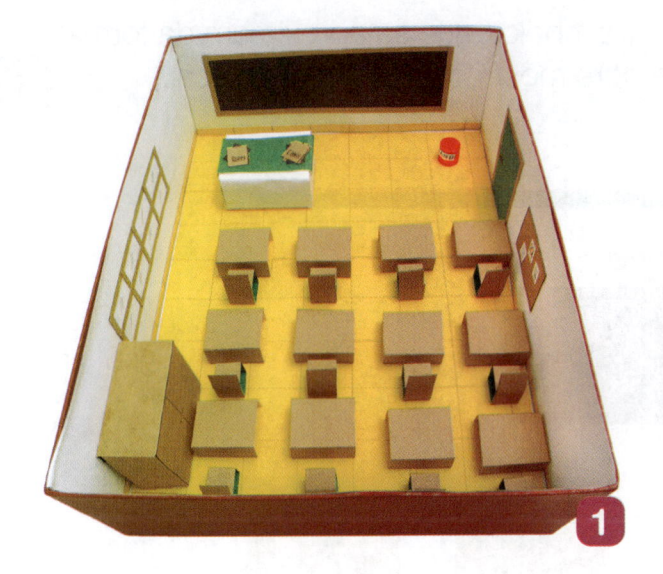

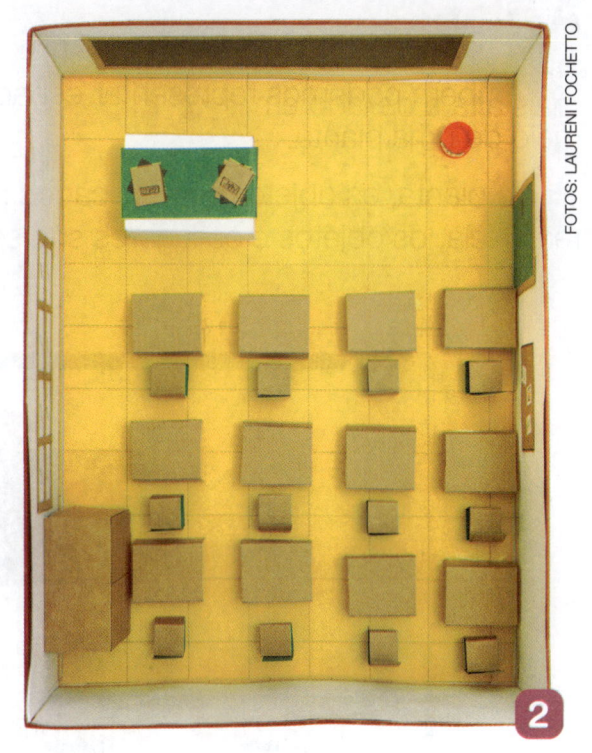

O que essas ilustrações representam?

_____

2. Você percebeu diferenças entre as duas maquetes?

Complete as frases.

a) A primeira maquete foi fotografada na visão oblíqua, isto é, _____

_____.

b) A segunda maquete foi fotografada na visão vertical, isto é, _____

_____.

3. Qual objeto esses elementos da maquete representam? Faça a correspondência.

- carteira
- mesa do professor
- cesto de lixo
- armário

A planta

Também podemos representar espaços e locais, como a sala de aula, por meio de uma planta.

Na planta, os objetos são indicados por símbolos que se aproximam da forma real. Nela, os objetos e os lugares são sempre mostrados na visão vertical.

Planta da sala de aula.

Legenda
- armário
- cadeira do professor
- cadeira do aluno
- carteira do aluno
- cesto de lixo
- janela
- quadro de giz
- mesa do professor
- mural
- porta

A legenda indica o significado de cada símbolo utilizado na planta. As cores na planta e na legenda devem ser as mesmas.

ATIVIDADES

1. Observe a planta anterior e complete a frase:

Nessa sala de aula, há _____,

_____,

_____,

_____

e _____.

2. Conte os objetos de sua sala de aula e complete a frase.

Em minha sala de aula, há _____ carteiras, _____ quadro de giz, _____ armário, _____ cesto de lixo e _____ mesa do professor.

3. Faça planta de sua sala de aula. Para isso, observe bem a disposição, a quantidade e o formato dos móveis e dos objetos. Não se esqueça de criar a legenda.

4. Esta é a planta da escola onde Lucas estuda. Na escola, há diversas dependências. Observe e responda.

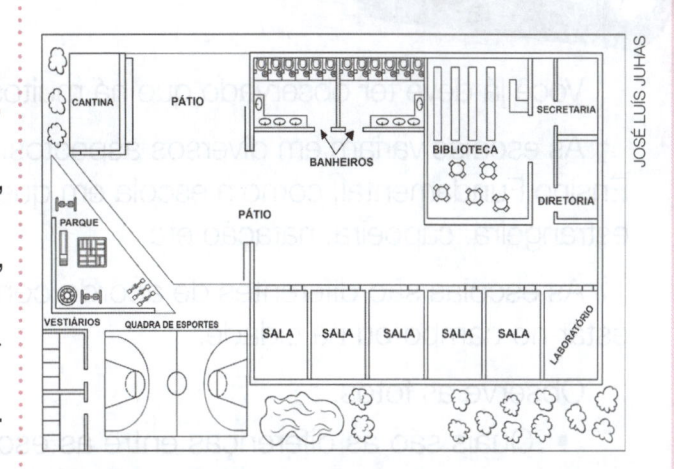

5. Quais são as dependências representadas na planta?

_____

_____

6. Observe as representações de uma sala de aula e identifique o tipo de vista de cada uma delas.

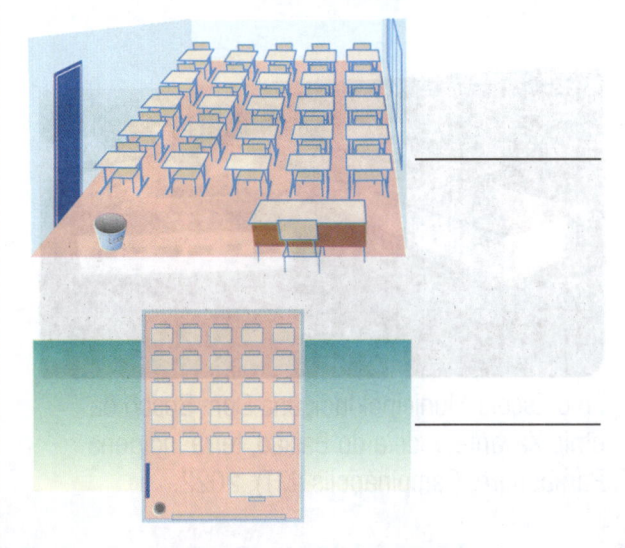

303

LIÇÃO 3 — DIFERENTES TIPOS DE ESCOLA

Você já deve ter observado que há muitos tipos de escola, não é?

As escolas variam em diversos aspectos. Elas podem ser voltadas para o Ensino Fundamental, como a escola em que você está, ou ser escolas de língua estrangeira, capoeira, natação etc.

As escolas são diferentes de acordo com o lugar onde se encontram e podem estar no campo ou na cidade.

Observe as fotos.

- Quais são as diferenças entre as escolas retratadas?
- E quais são as semelhanças entre elas?

Foto de escola na região da Chapada Diamantina, Mucugê (BA), 2021.

Foto de Escola Estadual em Itú (SP), 2022.

Foto Escola Municipal Indígena Dom Bosco da etnia Xavante, Aldeia do Baixão, terra indígena Parabubure, Campinápolis (MT), 2022.

Foto de escola do Quilombo Torrão do Matupi, Macapá (AP), 2022.

Escola na cidade

Grande parte das escolas brasileiras atende a população que mora nas cidades.

Existem escolas **públicas**, que são implantadas pelos governos municipal, estadual ou federal, e escolas **particulares**, fundadas por pessoas que trabalham com educação.

Nas escolas públicas, as crianças e os jovens estudam gratuitamente. O governo também fornece alimentação, uniformes, livros didáticos etc.

Nas escolas particulares, os alunos precisam pagar uma mensalidade e comprar todo o material escolar e os uniformes.

Escola no campo

No campo, existem muitas escolas, chamadas escolas **rurais**, para atender crianças e jovens que vivem em sítios, fazendas e bairros rurais.

A maioria das escolas rurais brasileiras é pública, isto é, mantida pelo governo.

Nas escolas públicas do campo, os alunos aprendem as mesmas disciplinas que os alunos de escolas da cidade e, em algumas delas, estudam assuntos mais ligados à vida agrícola ou à vida da região.

Para chegar à escola, os alunos do campo podem utilizar meios de transporte que não são comuns nas cidades, como cavalos, charretes e carros de boi. Contudo, muitos alunos vão a pé ou de ônibus.

Escola Estadual em Boa Vista (RO), 2022.

Escola Estadual em Manoel Viana (RS), 2021.

Escola Municipal, Povoado de Pacas, Morros (MA), 2019.

Escolas indígenas e quilombolas

No Brasil, há muitos povos indígenas vivendo em aldeias, comunidades nas quais eles tentam conservar suas tradições, crenças e língua.

Nessas aldeias, é obrigatório, pela lei brasileira, existir escola para as crianças. Os professores são indígenas. As crianças aprendem as disciplinas comuns do Ensino Fundamental, como Língua Portuguesa, Matemática, História e Geografia, e a língua do seu povo, seus hábitos e tradições.

Além de estudar na escola, as crianças indígenas aprendem com os mais velhos, que lhes ensinam a história do povo, as técnicas de artesanato, os modos de caçar, pescar, plantar e fabricar alimentos, como farinha de mandioca. Elas aprendem até a confeccionar os próprios brinquedos.

Alunos e professor indígenas da etnia Xerente em aula na Escola Indígena Sakruiwê, Aldeina Funil, Tocantina (TO), 2022.

Crianças da etnia Tupiniquim na biblioteca da Escola Municipal Pluridocente Indígena Pau-Brasil, Aracruz (ES), 2019.

Você sabe o que foram os **quilombos** na história de nosso país? Eram locais em que os africanos e seus descendentes iam morar quando fugiam das fazendas ou das cidades nas quais eram escravizados.

Esses locais ficavam escondidos no meio do mato ou em áreas de difícil acesso. Ali, os quilombolas, ou seja, os habitantes do local, plantavam, colhiam, caçavam, pescavam e fabricavam produtos artesanais para vender em feiras próximas.

Não apenas africanos e afrodescendentes moravam no local. Também havia brancos pobres e indígenas.

Muitos desses quilombos duraram por centenas de anos e existem até hoje. A população atual dessas comunidades luta muito pelo direito de se tornar oficialmente dona da terra. Vários quilombos já foram reconhecidos pelo governo brasileiro e, desse modo, os quilombolas têm o direito de ocupar o território em que vivem.

De acordo com a lei, nos quilombos deve haver escolas para as crianças aprenderem tanto as disciplinas do Ensino Fundamental como a história dos antepassados africanos. Em geral, os professores são da própria comunidade e pesquisam como o grupo surgiu, como o quilombo foi fundado etc. As crianças aprendem as tradições e os costumes dos antepassados.

Estudantes em horta durante aula de práticas agrícolas na Escola Estadual Quilombola Professora Tereza Conceição de Arruda, Quilombo Mata Cavalo, Nossa Senhora do Livramento (MT), 2020.

ATIVIDADES

1. Marque as frases corretas com **C** e as frases erradas com **E**.

- ☐ Todas as escolas são iguais.
- ☐ Há vários tipos de escola.
- ☐ As crianças só podem frequentar um tipo de escola de cada vez.
- ☐ É possível uma criança frequentar vários tipos de escola.

2. Quantas escolas você frequenta? O que estuda em cada uma delas?

_____

_____

_____

_____

3. Escreva as características de sua escola.

_____

_____

_____

4. Que escola é? Adivinhe!

a) João vai de charrete ou a pé, no caminho ele atravessa um pasto.

_____

b) Cíntia vai de metrô, mas a mãe a acompanha.

_____

c) Terumim aprendeu a escrever "criança" em tupi: é "curumim".

_____

LIÇÃO 4
FORMAS DE ORIENTAÇÃO ESPACIAL

Observe a ilustração e leia o que os meninos falam.

EU MORO PERTO DO MUSEU. ONDE FICA SUA CASA, JOÃO?

MINHA CASA É A PRIMEIRA À DIREITA DA PADARIA, DIEGO.

JOSÉ LUIS JUHAS

Quando queremos chegar a algum lugar, precisamos conhecer o caminho até lá. Normalmente, procuramos saber:

- o nome das ruas, das avenidas ou das praças por onde deveremos passar;
- a localização de um edifício, de uma casa comercial ou de um monumento bem conhecido, próximos ao lugar desejado;
- os pontos de ônibus, as estações de metrô ou de trem;
- se passamos por túneis, viadutos, rios, bosques etc.

"Orientar-se" quer dizer "ir à procura do oriente", que é o lugar em que o Sol "nasce". Ou seja, orientar-se é localizar-se ou achar a direção certa pela qual seguir. Para nos orientarmos, é preciso identificar o que fica à direita, à esquerda, em frente e atrás dos pontos de referência que escolhemos.

Observe a imagem.

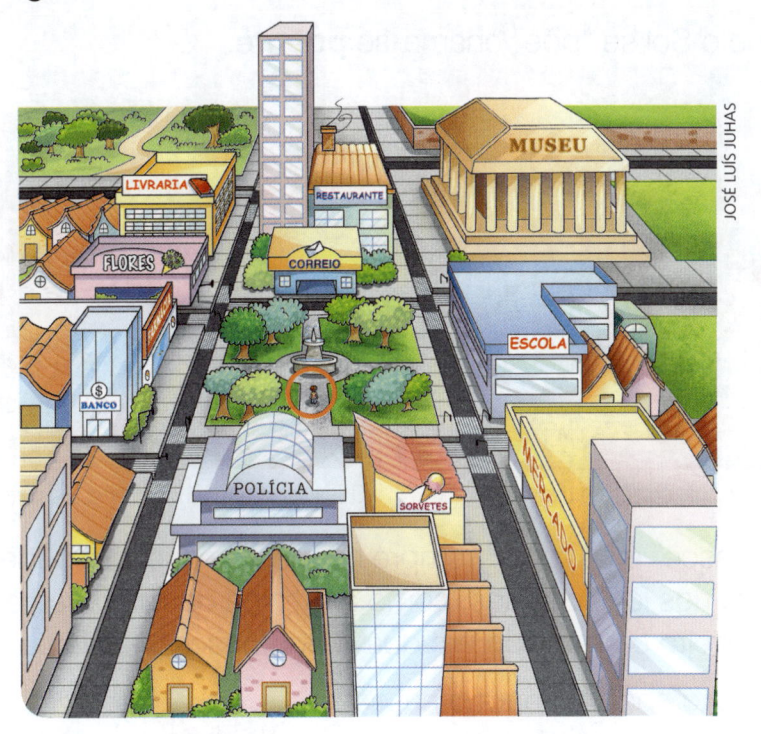

Fábio está em frente da fonte da praça. Mais à frente, está a agência de correio. À direita de Fábio, está a escola em que ele estuda. À esquerda, estão o banco, a farmácia e a floricultura. Atrás dele, está o quarteirão onde ficam a delegacia e a sorveteria.

ATIVIDADES

1. Identifique o que Fábio encontraria se agora ele estivesse na calçada da praça, em frente para a escola:

- À esquerda de Fábio estaria?
- À direita de Fábio estaria?
- À frente de Fábio à direita?

- Museu.
- Sorveteria.
- Mercado.
- Polícia.
- Correio.

Formas de se orientar pelo Sol

Também podemos usar o Sol para nossa **orientação**.

Todos os dias, pela manhã, o Sol "nasce" sempre no mesmo lado.

O lado em que o Sol "nasce" pela manhã chama-se **nascente**.

À tardinha, o Sol começa a se "pôr". Ele se "põe" sempre no mesmo lado. O lado em que o Sol se "põe" chama-se **poente**.

O Sol está "nascendo". É manhã, começa o dia.

O Sol está se "pondo". Começa a noite.

Como o Sol "nasce" e se "põe" sempre na mesma direção, podemos utilizar esses pontos para nos localizarmos, como a menina da ilustração a seguir. Ao apontar o braço direito para o lado em que o Sol "nasce", ela ficou sabendo que:

- o braço direito apontou para o nascente que é voltado para o lado leste;
- o braço esquerdo apontou para o poente que é voltado para o lado oeste.

Ela também descobriu que:

- atrás dela fica o **sul**;
- à frente dela fica o **norte**.

Norte, Sul, Leste e Oeste são os **pontos cardeais**, que servem para nos orientar no espaço.

Rosa dos ventos, bússola e GPS

Em mapas, navios e aviões, os pontos cardeais são indicados pela **rosa dos ventos**. Além dos pontos cardeais, a rosa dos ventos pode indicar os **pontos colaterais**. Pontos colaterais são as direções que ficam entre os pontos cardeais.

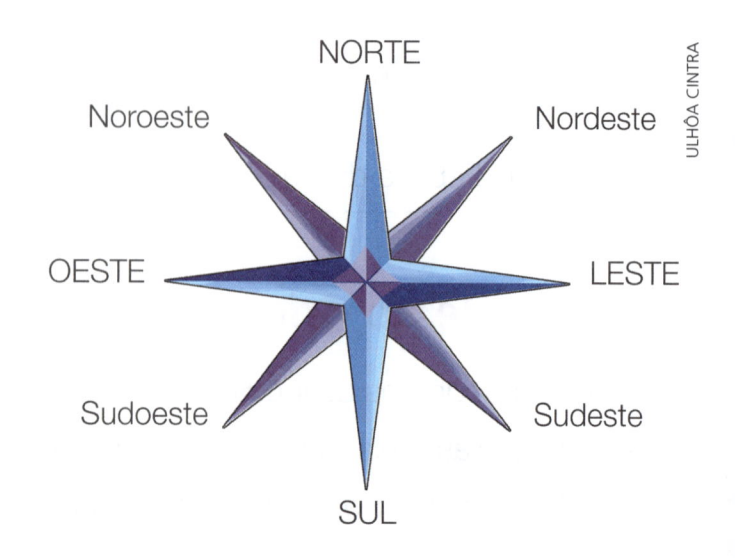

310

Mas, quando estamos em determinado lugar, sem ter como observar o Sol, como podemos saber onde ficam o norte, o sul e as demais direções? Para isso, utilizamos uma **bússola**.

No mostrador das bússolas, há uma agulha ou ponteiro que sempre aponta para o norte. Assim, sabendo onde fica o norte, podemos localizar os outros pontos cardeais.

Atualmente, existe o GPS (abreviação em inglês de *Global Positioning System* ou em português "Sistema de Posicionamento Global"). O GPS é um meio de orientação por satélite. Com esse instrumento, é possível localizar com precisão um objeto em qualquer lugar da superfície da Terra.

Bússola.

Aparelho de GPS.

ATIVIDADES

1. Um amigo vai à sua casa. Indique alguns lugares bem conhecidos que ficam perto dela (avenidas, casas comerciais, pontos de ônibus etc.) e podem servir como pontos de referência. Dessa forma, seu amigo encontrará sua casa mais facilmente.

_____

_____

2. Marque com **X** o que for correto.

a) O Sol "surge":

☐ à tarde.   ☐ à noite.

☐ pela manhã.

b) O Sol se "põe":

☐ à tarde.   ☐ à noite.

☐ pela manhã.

3. Com base nas informações dos textos, responda.

a) Como se chama o lado em que o Sol "surge" pela manhã?

_____

b) E o lado em que o Sol se "põe" à tarde?

_____

4. Considerando o Sol como referência, escreva o nome das dependências da escola que se localizam:

a) ao norte:

_____

_____

_____

_____

b) ao sul:

_____

_____

_____

_____

5. Sobre os modos de orientação no espaço, associe.

A GPS.   **B** Bússola.

C Sol.

☐ Instrumento de orientação semelhante a um relógio, que tem uma agulha imantada sempre apontada para o norte.

☐ Meio moderno de orientação que permite localizar com precisão um objeto em qualquer lugar da superfície da Terra.

☐ Os pontos cardeais foram determinados com base na observação de sua posição.

6. Quais são as formas de orientação espacial? Marque com um **X**.

☐ Pontos de referência.

☐ Mapas e guias turísticos.

☐ Sol e outras estrelas.

☐ GPS.

☐ Lua e outros planetas.

☐ Rosa dos ventos e bússola.

7. Imagine que em um dia ensolarado você foi passear a pé com a família, em um local no campo, o sol está se pondo e todos acabaram perdidos. Vocês não levaram bússola nem têm GPS. A única coisa que sabem é que a cidade de onde vieram fica a leste de onde estão. Como farão para descobrir onde é o leste?

_____

_____

_____

_____

_____

8. Imagine agora que você é o comandante de um navio. Ao consultar um mapa de navegação, você consegue identificar perfeitamente os pontos cardeais nesse mapa. Por quê? O que esse mapa apresenta para isso ser possível?

_____

_____

_____

_____

_____

312

LIÇÃO 5 — AS RUAS

A **rua** é um local público, quer dizer, que pertence a todos.

As ruas são diferentes. Existem ruas de todos os tipos: largas, estreitas, curtas, compridas e sem saída. Elas podem ser muito ou pouco movimentadas, com ou sem árvores, conservadas ou malcuidadas. Em algumas, existem muitos estabelecimentos comerciais e muito movimento de pessoas e veículos. Em outras, só há residências e nelas circulam poucas pessoas e poucos veículos.

Praça circular com ruas tranquilas ao redor. Parque Municipal Américo Renné Giannetti. Belo Horizonte, MG, 2014.

Rua de comércio em Porto Alegre, RS. Há várias lojas e grande movimento de pessoas. Foto de 2011.

Rua de Olinda, em Pernambuco. As moradias são construídas próximas umas das outras. As ruas conservam as características da época em que foram construídas, como as calçadas estreitas.

As ruas têm nome

Qual é o nome da rua de sua escola? E a rua onde você mora, como se chama?

Todas as ruas têm um nome ou um número.

Isso é necessário para podermos localizar na cidade e no bairro uma residência, um estabelecimento ou outra construção qualquer.

O nome das ruas é dado pela Câmara dos Vereadores de um município. Um vereador apresenta um projeto de nome, todos discutem, votam e, se for aprovado, o projeto torna-se oficial.

O nome de uma rua pode ser sugerido por cidadãos que desejam, por exemplo, homenagear alguém que já morreu, e então escolhem o nome dessa pessoa para ser o nome da rua.

Outros nomes usados para ruas, avenidas e praças são de países, de santos da Igreja Católica, de emoções e sentimentos, de flores, de pássaros... a lista é enorme! Exemplos: Rua Pedro Álvares Cabral, Rua Miosótis, Rua da Onça-Pintada, Rua Portugal, Rua do Morro, Rua São Sebastião, Rua da Saudade etc.

É possível mudar o nome de uma rua? Sim! Os cidadãos podem enviar um pedido de mudança de nome de rua para a Câmara Municipal. O processo é o mesmo: os vereadores discutem, votam a proposta e, se for aprovada, ela é implantada.

As placas ajudam a nos localizarmos nos espaços. Elas indicam corretamente o nome das ruas para que possamos nos deslocar de modo correto.

ATIVIDADES

1. Observe este mapa da cidade de Manaus e faça uma lista de cinco nomes de ruas encontrados.

_____
_____
_____
_____
_____

Fonte: *Guia Quatro Rodas Brasil*. São Paulo: Abril, 2011.

2. Para que servem os nomes das ruas?

_____
_____

As ruas têm função

E para que servem as ruas?

As ruas são feitas para a circulação de pessoas e de veículos. Por isso, elas são espaços públicos, isto é, pertencem a todos e não a pessoas em particular. Há muitos e muitos anos, quando os seres humanos começaram a construir vilarejos, perceberam que precisavam deixar entre as casas um caminho para as pessoas passarem livremente. Então, inicialmente, as ruas eram apenas um prolongamento dos caminhos que já haviam sido feitos nos campos e nas florestas.

Com o passar do tempo, esses caminhos dentro dos povoados foram sendo melhorados, por exemplo, com a colocação de pedras e pedregulhos, para evitar lamaçais em época de chuva ou muita poeira em época de seca. Um hábito comum era socar bastante o terreno para deixar o solo bem compacto e quase impermeável às chuvas. Eram as ruas de "terra batida", que até hoje existem em algumas localidades pequenas, no mundo inteiro.

Até hoje existem ruas de terra, como essa localizada em Planaltina (GO), 2017.

No início da nossa história, nas cidades brasileiras, as ruas eram muito estreitas e quase não davam passagem para carros de boi ou cavaleiros.

A partir do fim do século XIX, quando ocorreu a invenção do automóvel, tudo mudou. As ruas precisaram ser alargadas, tornando-se grandes avenidas, porque os veículos automotivos passaram a dominar.

O hábito de asfaltar ruas, e não mais utilizar pedras (paralelepípedos), surgiu da necessidade de criar caminhos confortáveis para automóveis, ônibus e caminhões.

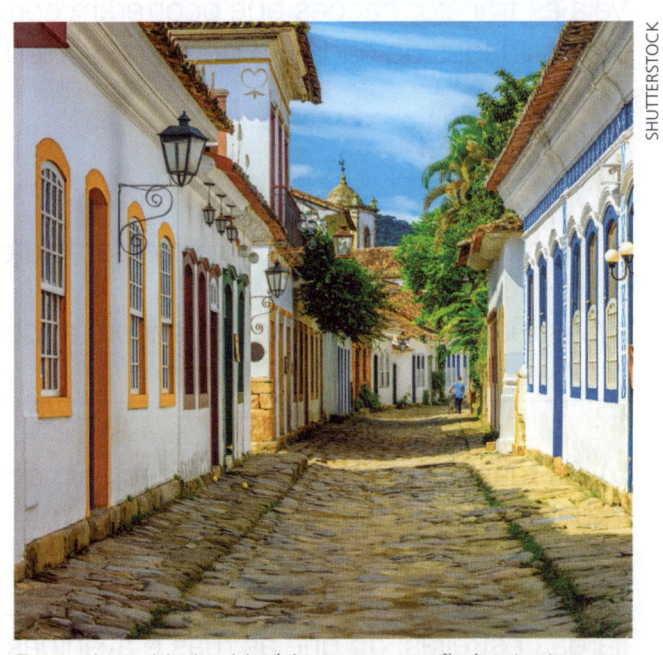

Em muitas cidades históricas as ruas são bastante estreitas e não receberam asfalto, sendo cobertas por pedras ou paralelepípedos.

A Avenida Paulista no dia da sua inauguração, pintura de Jules Martin de 1891.

Avenida Paulista, em São Paulo, retratada em cartão-postal de 1911.

Avenida Paulista, em São Paulo, nos dias atuais.

Compare as fotos de dois momentos da Avenida Paulista em São Paulo. Veja as transformações que ocorreram com o passar dos anos para atender às necessidades de cada momento da sociedade.

ATIVIDADES

1. Sublinhe a alternativa correta e complete as frases.

a) As ruas de uma cidade pertencem a todos os cidadãos. Por isso, são espaços _____ (públicos/privados).

b) As ruas devem ser conservadas pelo governo _____ (municipal/estadual/federal).

c) As ruas e avenidas atuais são mais _____ (largas/estreitas) do que as ruas e avenidas do passado.

d) No passado, as ruas costumavam ser mais _____ (largas/estreitas) porque ainda não havia _____ (automóveis/carros de boi).

316

2. Escreva nomes de ruas e avenidas que existem em sua cidade e remetem aos elementos a seguir.

a) Personagem histórico:
_____

b) Nome indígena:
_____

c) Nome de pássaro:
_____

d) Nome de planta:
_____

e) Nome de país:
_____

GEOGRAFIA

Organização do trânsito

O guarda de trânsito

O **guarda de trânsito** é um dos responsáveis pela segurança no trânsito. É ele quem organiza o movimento de veículos (caminhões, carros, ônibus, motocicletas etc.) e de pedestres.

As faixas de segurança

As **faixas de segurança** são listras brancas pintadas no chão das ruas e das estradas. Os veículos devem parar antes das faixas de segurança para que os pedestres possam atravessar as ruas ou avenidas, quando os sinais ou o guarda de trânsito indicar.

Os sinais de trânsito

O **semáforo**, **sinaleiro** ou **farol** controla a passagem de pessoas e veículos no trânsito.

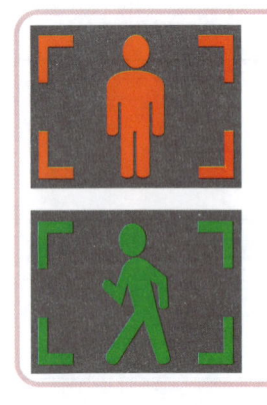

Vermelho
Atenção! Devo aguardar.

Verde
Os carros pararam e eu posso atravessar a rua.

O **vermelho** significa: Perigo! Pare!

O **amarelo** significa: Atenção! Espere!

O **verde** significa: Sinal aberto.

Só podemos atravessar a rua quando o semáforo para pedestres estiver indicando a cor verde. Mesmo assim, devemos olhar para os dois lados para ter certeza de que não está passando nenhum veículo.

Os carros só podem seguir quando o semáforo para veículos estiver indicando a cor verde.

As **placas de sinalização** também orientam os pedestres e os motoristas dos veículos.

Observe algumas delas.

Permitido estacionar.

Proibido retornar.

Proibido acionar buzina ou sinal sonoro.

Proibido trânsito de bicicletas.

Área escolar.

Velocidade máxima permitida.

Cinto de segurança

O **cinto de segurança** é um item dos veículos motorizados que motoristas e passageiros são obrigados, por lei, a utilizar em todas as vias do território nacional. O cinto de segurança nos protege em caso de freadas bruscas e de choques entre veículos.

318

ATIVIDADES

1. Leia as palavras e forme frases sobre os cuidados que devemos ter no trânsito.

a) pedestres – faixa – passarela

_____

_____

_____

b) criança – cinto de segurança – banco de trás.

_____

_____

_____

2. Leia as frases a seguir e assinale com **X** as alternativas que indicam atitudes corretas no trânsito.

☐ Andar sobre o meio-fio ou muito próximo a ele e aos automóveis.

☐ Só atravessar a rua após ter certeza de que todos os veículos estão parados.

☐ Não atravessar em curvas ou lugares com árvores, prédios ou veículos que possam impedir a visão dos motoristas.

☐ Circular pelas ruas usando patins ou *skates* em alta velocidade.

☐ Antes de atravessar a rua, olhar para a esquerda, depois para a direita e atravessar em linha reta.

☐ Fazer movimentos ou manobras imprevistas que possam assustar os motoristas.

☐ Atravessar a rua fora dos limites da faixa de pedestres.

☐ Não andar com animais soltos que possam incomodar os outros pedestres, ser atropelados ou causar um acidente.

☐ Atravessar a rua sem olhar para os dois lados.

Acessibilidade nas ruas

Todos têm necessidades que precisam ser atendidas, como comer, tomar banho e dormir. Precisamos também de cuidados especiais quando, por exemplo, ficamos doentes.

Mas há pessoas que precisam de cuidados ainda mais especiais. É o caso de pessoas com deficiências visual, auditiva e física (como pessoas que se locomovem em cadeiras de rodas ou muletas), entre outras.

GEOGRAFIA

Para que as pessoas com necessidades especiais possam transitar nos lugares, as edificações, as formas de comunicação e os meios de transporte que circulam pelas ruas precisam ser adaptados a essas especificidades.

Nas ruas, por exemplo, é necessário:

- fazer rampas e calçadas rebaixadas para os cadeirantes; colocar pisos *tateis* e de alerta para as pessoas com deficiência visual;
- instalar barras de metal nas entradas dos edifícios;
- instalar aviso sonoro nos semáforos para que as pessoas com deficiência visual saibam quando podem atravessar a rua.

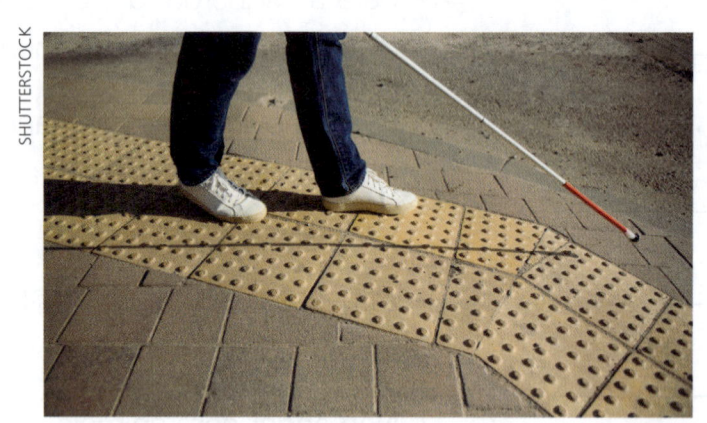

Pisos táteis e sinais sonoros são importantes para que as pessoas com deficiência visual possam se locomover de maneira independente.

Nos meios de transporte são necessárias outras adaptações, como instalar elevador nos ônibus para cadeirantes e pessoas que utilizam muletas.

Para facilitar a comunicação, algumas das adaptações seriam:

- disponibilizar informações em *braille* para pessoas com deficiência visual;
- contratar pessoas que saibam a Língua Brasileira de Sinais (Libras).

Foto de professora dando aula para crianças com deficiência auditiva.

VOCABULÁRIO

tátil: aquilo que pode ser percebido pelo tato.
braille: sistema de escrita com pontos em relevo que as pessoas com deficiência visual utilizam para ler pelo tato.

ATIVIDADES

1. Leia as adaptações a seguir e escreva a quem elas se dirigem.

a) Rampa: _____

_____

b) Barra de metal em portas ou paredes:

_____

c) Piso tátil e de alerta: _____

_____

_____

d) Sinal sonoro no semáforo: _____

_____

2. Leia o texto com o professor.

Se essa rua fosse minha
Se essa rua fosse minha,
eu não moraria sozinho.
Eu chamaria muita gente,
pra morar aqui pertinho.
Chamaria um monte de amigos,
alguns parentes,
e até o meu irmão.
São todas pessoas queridas,
que eu gosto muito,
e amo do fundo do meu coração.
O André moraria na casa ao lado.
A Mariana, na casa da frente.
O Renato iria morar na esquina.
O Marcelo, no meio do quarteirão.
Tudo seria diferente.
Tudo seria tão bom,
Se essa rua fosse minha.

Eduardo Amós. *Se essa rua fosse minha*. São Paulo: Moderna, 2002. p. 8-10.

- Agora, você é o autor! Se essa rua do poema fosse sua, o que você faria? Como ela seria? Quem você gostaria de trazer para morar pertinho? Continue a escrever o poema no caderno e ilustre-o.

LIÇÃO 6

O BAIRRO

O **bairro** é uma parte da cidade. Ele é formado por ruas, avenidas, praças, casas e diferentes edifícios distribuídos em quarteirões.

O **quarteirão** ou **quadra** é um espaço cercado em geral por quatro ruas.

No bairro, podemos encontrar residências, casas comerciais, escolas, hospitais, prontos-socorros, delegacias de polícia, bancos, locais de prestação de serviços etc.

Casas comerciais, como padaria, açougue, banca de jornal, loja de roupas, entre outras, são lugares em que se compram e vendem produtos.

Assim como nas ruas e nas escolas, o bairro é um espaço de convivência entre seus moradores e entre quem nele trabalha, como os trabalhadores dos estabelecimentos comerciais e de outros tipos de serviços que o bairro pode oferecer, por exemplo, feira livre, hospital, posto de saúde, escolas etc.

Quarteirão em Boa Viagem, Pernambuco.

ATIVIDADES

1. Acompanhe o caminho da Alice de casa para a escola. Agora, responda.

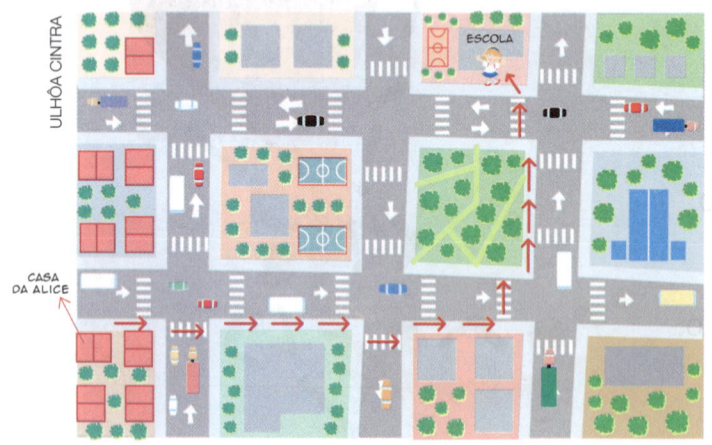

a) A casa da Alice fica no mesmo quarteirão da escola?

_____

b) Quantos quarteirões Alice percorreu de sua casa até a escola?

_____

c) Quantas ruas ela atravessou?

_____

d) Alice escolheu outro caminho para ir à escola. Nesse novo caminho, ela virou à esquerda na primeira rua e depois à direita na outra rua. Alice percorreu mais quarteirões e atravessou mais ruas?

_____

Em uma cidade existem bairros antigos ou mais novos. Alguns estão localizados próximos ao centro e outros ficam mais distantes, na periferia. Também podemos encontrar bairros em que as construções são feitas sem muitos recursos, e não há ruas asfaltadas, iluminação pública, além de faltar escolas, postos de saúde e hospitais. Há, ainda, os que são fechados ou cercados por muros, chamados condomínios.

Dependendo da concentração de residências, comércios ou indústrias, os bairros podem receber classificações: **residenciais**, **comerciais** e **industriais**.

Bairros residenciais

Nos bairros residenciais, a maior parte das construções é usada para moradia. Neles, em geral, há pequenos comércios (padaria, açougue e farmácia, por exemplo) que atendem aos moradores locais.

Vista aérea de bairro residencial em Campo Grande (MS), 2019.

Bairros comerciais

Os bairros comerciais concentram estabelecimentos que se dedicam a atividades de comércio, ou seja, à venda de produtos variados.

Em geral, esses bairros são bastante movimentados durante o dia por causa da circulação de pessoas em busca dos produtos que são comercializados nesses estabelecimentos.

Rua de comércio do centro de São Paulo (SP), 2019.

Bairros industriais

Os bairros industriais são aqueles que concentram muitas indústrias e fábricas.

Esses bairros precisam contar com uma eficiente rede de rodovias, ferrovias e outras vias que permitam a chegada de **matérias-primas** às indústrias e o transporte dos produtos finalizados. Pelas ruas desses bairros observa-se um grande movimento de operários nos horários de entrada e saída do trabalho.

Geralmente, nos bairros industriais, há bastante poluição por causa da fumaça das chaminés das fábricas, do movimento de caminhões etc.

Vista aérea de distrito industrial, em Sorocaba (SP), 2019.

VOCABULÁRIO

matéria-prima: material ou substância que se utiliza para a fabricação de um produto.

ATIVIDADES

1. Use as informações obtidas nesta lição para resolver as atividades a seguir.

a) Qual é o nome do bairro onde você vive?

_____

b) O bairro onde você mora é de que tipo?

_____

c) O que podemos encontrar em um bairro residencial?

_____

d) Cite alguns elementos que podem ser encontrados em um bairro comercial.

_____

e) O que encontramos em um bairro industrial?

_____

As transformações dos bairros

Todo bairro tem uma história que está relacionada com os seus moradores antigos e novos e as transformações que sofre no decorrer dos anos.

Conforme um bairro se desenvolve, ele vai recebendo novas casas e moradores e isso impulsiona a criação ou transformações do comércio e outros serviços para atender às necessidades das pessoas que lá vivem.

Nas imagens você observa dois momentos de uma avenida em Belo Horizonte, Minas Gerais. Ela foi inaugurada em 1897 para cruzar a cidade de norte a sul.

Avenida Afonso Pena, em Belo Horizonte (MG), na década de 1930.

Avenida Afonso Pena, em Belo Horizonte (MG), em 2021.

Com o passar dos anos, a avenida sofreu várias transformações: ampliação da sua largura e extensão e mudança do tipo de árvores plantadas dos dois lados. Essas transformações são necessárias para atender àqueles que vivem ali ou precisam circular pelo local.

Muitas vezes as transformações de um bairro são provocadas pela chegada de novos moradores. Eles podem vir de outro estado do Brasil ou ainda serem estrangeiros, vindos de outros países.

Veja o caso de Guaianases, um bairro bem afastado do centro da cidade de São Paulo.

Moradores de Guaianases, São Paulo (SP), em 1965.

O lugar onde está Guaianases, bem no passado, era área do povo indígena Guaianás. Depois que eles deixaram a região, portugueses e seus descendentes começaram a viver ali. Na metade do século XIX, a criação de uma estação de trem da nova estrada de ferro que ligava o Rio de Janeiro a

São Paulo trouxe para a região novos moradores, entre eles imigrantes italianos e espanhóis e seus descendentes.

Na região começaram a funcionar olarias, marcenarias e uma pedreira, trazendo novas atividades para o bairro. Anos depois, já na metade do século XX, Guaianases passou a receber pessoas que vinham do Nordeste em busca de melhores condições de vida em São Paulo. Mais recentemente, o bairro passou a atrair bolivianos, haitianos e nigerianos.

Cada novo morador, ao chegar a um lugar, traz consigo seu modo de vida, suas tradições, como hábitos alimentares, idioma, regionalismos de sua língua, profissão. Esses aspectos se misturam aos que já existem no lugar e transformam as características do bairro também nos aspectos culturais.

Fachada de uma *lan house* em Guaianases (SP). A identificação da loja traz o texto em inglês para atender os imigrantes que ainda não falam português. Foto de 2015.

ATIVIDADES

1. O que você mais gosta no seu bairro?

_____

2. Você já notou alguma transformação no seu bairro?

_____

3. Com a ajuda do professor, vamos fazer um levantamento das origens das famílias dos alunos da turma. Siga o roteiro.

a) Sua família vem de onde?

_____

b) Do que ela gosta no bairro onde mora?

_____

c) O que ela usa/que lugar frequenta no bairro onde mora?

_____

d) O que ela estranha no bairro onde mora?

_____

e) Do que ela sente falta no bairro onde mora?

_____

Os trabalhadores no bairro

Como você viu, para atender os moradores que vivem em um lugar é necessário grande quantidade de serviços. Por isso, no nosso dia a dia, estamos em contato com várias pessoas que trabalham no lugar onde moramos.

Mecânico.

Padeiro.

Carteiro.

Guarda de trânsito.

Lojista.

Sapateiro.

GEOGRAFIA

ATIVIDADES

1. Você conhece algum profissional que trabalha no seu bairro? Quais?

- [ ] Feirante
- [ ] Lixeiro
- [ ] Sapateiro
- [ ] Costureira
- [ ] Barbeiro
- [ ] Cabeleireira
- [ ] Jornaleiro
- [ ] Carteiro
- [ ] Médico
- [ ] Enfermeiro
- [ ] Dentista
- [ ] Porteiro

2. Desvende qual é o profissional pela descrição de características do seu trabalho.

a) Vai de casa em casa e a gente nem sempre precisa atender. Se vai em prédio, o porteiro se encarrega de receber.

_____

b) Faz a alegria da garotada quando soa sua buzina ou apito. Com seu carrinho, percorre as ruas do bairro oferecendo delícias para refrescar.

_____

c) Se um veículo tenho, sem esse profissional não posso ficar.

_____

d) Antes do remédio receitar, é sempre ele que vai me examinar.

_____

Os serviços públicos no lugar onde moro

Nos locais onde moramos o governo deve oferecer alguns serviços que garantam a saúde e atendam às pessoas que ali vivem.

Todos os habitantes de um lugar pagam **impostos** e taxas ao governo. É com esse dinheiro que são realizados diversos serviços públicos.

VOCABULÁRIO

impostos: dinheiro cobrado pelos governos municipais, estaduais e federal de todas as pessoas e das empresas para financiar as obras e os serviços públicos de educação, saúde, assistência social, entre outros, de modo a beneficiar toda a sociedade.

Conheça alguns dos serviços públicos necessários em um bairro:

- construção de rede de água e esgoto;
- tratamento da água para beber e tratamento do esgoto;
- coleta de lixo;
- calçamento, limpeza e arborização de ruas e praças, iluminação etc.;
- serviços de transporte coletivo;
- construção e conservação de estradas, pontes, ruas etc.;
- construção e funcionamento de escolas, creches, parques infantis, bibliotecas públicas etc.;
- construção de postos de saúde, prontos-socorros, hospitais públicos etc.;
- criação e conservação de áreas de lazer etc.

Os serviços públicos são realizados por diversos trabalhadores, chamados funcionários públicos.

A coleta de lixo é um serviço público.

O tratamento de água e esgoto é um serviço público.

ATIVIDADES

1. Explique o que são impostos.

_____

_____

_____

_____

2. Como você estudou, as pessoas que vivem em um lugar, seja na área urbana ou na área rural, precisam receber alguns serviços básicos. No lugar em que você mora, há:

	Sim	Não
a) posto de saúde?	☐	☐
b) limpeza pública?	☐	☐
c) água encanada de qualidade?	☐	☐
d) destino certo para o lixo?	☐	☐
e) boa distribuição de alimentos?	☐	☐
f) transporte coletivo?	☐	☐
g) áreas de lazer?	☐	☐

3. Converse com seus familiares e conhecidos para saber mais sobre a qualidade dos serviços públicos prestados no lugar em que você mora. Depois, troque ideias com os colegas e responda: O que mais pode ser feito para melhorar a qualidade de vida no lugar onde você mora?

_____

_____

A rotina dos bairros

Durante o dia, a rotina dos bairros é diferente do que é à noite. O comércio e muitos serviços fecham quando anoitece, como o barbeiro, o cabeleireiro, o serviço do carteiro, o do sorveteiro. Por isso, a movimentação de pessoas nas ruas dos bairros diminui. Embora ainda existam atividades à noite, as pessoas estão em seu momento de descanso nesse período.

Existem serviços, entretanto, que não deixam de funcionar nem à noite. Por exemplos, postos de gasolina, hospitais, prontos-socorros, bombeiros, farmácias, serviço de transporte coletivo, coleta de lixo funcionam, muitas vezes, 24 horas especialmente nas grandes cidades.

Rua à noite do Centro Histórico da cidade de Ouro Preto (MG). Foto 2017.

Coleta de lixo noturna na cidade de Londrina (PR). Foto de 2016.

ATIVIDADES

1. Qual é o horário em que você e sua família realizam a maior parte das atividades diárias.

☐ Durante o dia.

☐ Durante à noite.

331

2. Marque **D** para dia, **N** para noite e **D/N** para dia e noite nos tipos de comércio e serviços a seguir.

☐ Feira livre.   ☐ Barbeiro.   ☐ Hospital.

☐ Lixeiro.   ☐ Banco.   ☐ Restaurante.

☐ Sapateiro.   ☐ Escola.   ☐ Supermercado.

☐ Costureira.   ☐ Carteiro.   ☐ Padaria.

O lazer

Além dos serviços públicos básicos, nos bairros deve haver também opções de lazer, como praças e parques, áreas para a prática de esportes, bibliotecas etc.

Todos nós precisamos descansar, nos distrair e nos divertir. Por isso, o lazer de boa qualidade é um direito de todos os cidadãos.

Além dos locais próprios de lazer, as pessoas podem encontrar outras formas para se distrair, se divertir e descansar. Ler, ouvir música, assistir à televisão, conversar e fazer trabalhos manuais, por exemplo, podem proporcionar bons momentos de lazer a todos.

Lazer em família, Praia de Copacabana, Rio de Janeiro (RJ).

Passear no parque é uma maneira de se distrair e de estar em contato com a natureza.

ATIVIDADES

1. Observe o quadro pintado por Constância Nery, artista brasileira que utiliza a arte *naïf*.

Futebol na Várzea, futuros campeões, de Constância Nery (2006). Óleo sobre tela.

a) Qual é o título da pintura?

_____

b) Qual é o tipo de bairro representado na obra?

_____

c) Na pintura, as pessoas estão em um momento de:

☐ lazer. ☐ trabalho.

2. Quais são as áreas de lazer do lugar onde você mora? Escreva-as a seguir.

_____

_____

3. O que você gosta de fazer em suas horas de lazer e diversão?

_____

_____

As associações de moradores

As pessoas sempre precisam ou querem melhorias nos lugares em que moram. Um modo de conseguir isso é fundar uma associação de moradores, isto é, reunir um grupo de pessoas que moram no bairro e querem mudanças.

A associação de moradores discute o que deseja, faz um plano ou uma carta de propostas e encaminha para o governo do município, isto é, à subprefeitura, à prefeitura ou à Câmara dos Vereadores. A associação pode pedir, por exemplo, iluminação em alguma rua, asfalto e fechamento de buracos, criação de praças e de parques de lazer, segurança do bairro, postos de saúde, água encanada, rede de esgoto e muitas outras coisas.

Associação de moradores do bairro Buritis em manifestação pela solução de problemas no bairro.

333

ATIVIDADES

1. O que é uma associação de moradores?

_____

_____

_____

_____

2. A quem a associação de moradores de um bairro deve enviar suas propostas? Marque a resposta correta com um **X**.

☐ Ao presidente da República.

☐ Ao subprefeito, ao prefeito e aos vereadores.

☐ Aos deputados estaduais.

☐ Aos senadores da República.

3. Procure saber se em seu bairro existe uma associação de moradores. Registre o que descobrir a seguir, para depois comentar em sala de aula com os colegas e o professor.

_____

_____

4. Maria Cristina mora em uma rua sossegada, mas agora foi aberto um clube na sua rua e todas as noites o barulho é muito alto, ninguém consegue dormir. O que pode ser feito para solucionar o problema? Converse com os colegas e o professor e apresente sugestões de como as pessoas devem agir.

_____

_____

LIÇÃO 7 - AS PESSOAS SE LOCOMOVEM E SE COMUNICAM

Meios de transporte

Pessoas e mercadorias são levadas de um lugar para outro por diversos **meios de transporte**. Nas ruas das cidades e nas estradas, vemos carros, ônibus, caminhões, motocicletas e bicicletas.

Existem outros meios de transporte, como o avião, o navio, o metrô, o drone, o barco e o trem.

Meios de transporte terrestres

Os meios de transporte que circulam pela terra são chamados **terrestres**.

Metrô.

Ônibus.

Motocicleta.

Carros e bicicletas.

Caminhão.

Trem de carga.

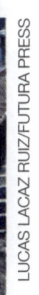

335

Meios de transporte aéreos

Os meios de transporte que circulam pelo ar são chamados **aéreos**.

Avião.

Drone.

Meios de transporte aquáticos

Os meios de transporte que circulam pela água são chamados **aquáticos**.

Navio.

Canoa.

Alguns meios de transporte são particulares, e outros, coletivos.

Os **meios de transporte particulares** geralmente transportam poucas ou uma única pessoa, como os automóveis e as motocicletas.

Os **meios de transporte coletivos** podem ser usados por muitas pessoas. São exemplos: os ônibus, os trens, os metrôs, os aviões e as balsas.

ATIVIDADES

1. Ligue cada meio de transporte ao lugar onde ele circula.

2. Desenhe no espaço abaixo o meio de transporte que você utiliza para ir à escola.

As pessoas se comunicam

As pessoas sempre tiveram necessidade de se comunicar. Elas fazem contato umas com as outras pelos **meios de comunicação**.

Os meios de comunicação servem para transmitir informações e proporcionar diversão.

Observe alguns meios de comunicação.

Carta.

Rádio.

Telefone celular.

Computador.

Televisão.

Cinema.

Qual ou quais meios de comunicação mostrados nas fotos você conhece?

Tipos de meios de comunicação

Alguns meios de comunicação podem informar muitas pessoas ao mesmo tempo. Nesse caso, são chamados meios de comunicação de massa. Veja alguns exemplos:

Jornais, revistas, livros.   Televisão.   Rádio.   Internet.

Outros alcançam um número pequeno de pessoas ao mesmo tempo, como o telefone, a carta, o correio eletrônico (*e-mail*), entre outros.

O domínio do telefone celular

Hoje em dia, todo mundo parece ter um telefone celular. Até mesmo as crianças usam essas maquininhas de comunicação.

Ter um telefone portátil é muito útil, mas também pode trazer problemas para o convívio social. As pessoas ficam tão entretidas em usar o aparelho que até se esquecem do mundo ao redor!

Muitas pessoas deixam de conversar umas com as outras para dar atenção aos aparelhos eletrônicos, como celulares e *tablets*.

ATIVIDADES

1. Separe as palavras do quadro pelo tipo de meio de comunicação.

Telegrama   Jornal   Carta   Bilhete
Revista   Livro   Vídeo   Filme   *E-mail*

Meios de comunicação de massa	Meios de comunicação pessoais
_____	_____
_____	_____
_____	_____

2. Desenhe o meio de comunicação que você usa com mais frequência.

LIÇÃO 8 — O MEIO AMBIENTE

Observe a imagem de parte da Amazônia.

Rio em trecho da Floresta Amazônica.

Na imagem você pode observar, além do céu e das nuvens, água e vegetação. Ela representa um exemplo de ambiente natural, lugar que ainda não foi transformado pelo ser humano.

Os elementos que formam o ambiente natural são a água, o solo, a vegetação e os animais. O elemento que existe em maior quantidade na Terra é a água, presente em rios, lagos, mares e oceanos e até no ar atmosférico.

Recife de coral em oceano, onde vivem muitos tipos de seres vivos.

A água é fundamental para todos os seres vivos. Sem água não há vida. Por isso ela é tão importante.

A água

O primeiro ser humano a ir ao espaço em uma nave – a Vostok 1 – foi o russo Yuri Gagarin. Isso aconteceu em 12 de abril de 1961.

Ao avistar a Terra do espaço, Yuri ficou muito emocionado e disse a seguinte frase: "A Terra é azul!".

Você sabe por que a Terra é azul? Pela quantidade de água que cobre sua superfície! É tanta água que a luz do Sol é refletida, produzindo a cor azul!

Considerando a quantidade de água que existe no nosso planeta, dois terços dele é formado por água. As terras que formam os continentes representam apenas um terço da superfície do planeta.

A maior parte da água existente no planeta é salgada. A água doce está nos rios, nos lagos, nos lençóis subterrâneos, nas geleiras – como as que existem no Polo Norte, ou Ártico, e no Polo Sul, ou Antártida – e nas nuvens.

Usos da água doce

A maior parte da água doce ou potável de nosso planeta, cerca de 70% do total, é usada em irrigação, na agricultura. Essa água não pode ser reaproveitada, porque acaba sendo contaminada por produtos químicos, como pesticidas e fertilizantes.

Irrigação de plantação de milho, interior do estado de São Paulo.

A água para consumo dos seres humanos representa apenas 10% do total de água existente na Terra. Essa água é usada no preparo dos alimentos, na higiene pessoal, no consumo, na limpeza das residências etc.

Os outros 20% restantes de água potável são usados na indústria, em várias etapas da produção. Por exemplo, a indústria de couros precisa de muita água para fabricar artigos como sapatos, bolsas, roupas etc. Um quilo de couro exige quase 17 litros de água para ser curtido e ficar adequado ao uso.

A água também é utilizada para lavar os alimentos antes de consumi-los.

Necessidade de cuidar da água

A água potável existente no planeta não aumenta na mesma proporção que o número de seres humanos. Isso significa que é um recurso finito, isto é, se não cuidarmos, pode acabar.

Os seres humanos têm sido descuidados até agora, poluindo rios e lagos, produzindo condições atmosféricas que levam ao aquecimento global – isso faz com que as geleiras derretam – e praticando outras atitudes que prejudicam os mananciais aquíferos.

Lixo acumulando na margem do Rio Tapajós, Pará.

O desmatamento não planejado e a construção de moradias em margens de rios e lagos são fatores que prejudicam as reservas de água. O desmatamento provoca secas, períodos longos sem chuva, e a fixação de moradias e outras construções muito perto das margens pode aumentar a erosão, o que leva os fluxos de água diminuírem.

Por outro lado, existem muitos movimentos e organizações que lutam para que a água do planeta Terra seja preservada.

Desmatamento nas margens do Rio Capivari para ocupação de moradias, em Campos do Jordão (SP). Foto de 2012.

Moradias na margem de córrego poluído no centro de Ruy Barbosa (BA). Foto de 2014.

Todas as pessoas precisam tomar consciência de que podem fazer alguma coisa para isso, desde evitar o desperdício em casa, nas atividades do dia a dia, até exigir dos governos que fiscalizem as indústrias e as empresas que poluem rios e lagos.

Como economizar água

- Tome banhos rápidos.

- Não lave a calçada; use vassoura para limpá-la.

- Não lave o carro com mangueira; utilize o balde.

- Procure e conserte vazamentos de água.

- Mantenha a torneira fechada enquanto escovar os dentes.

ATIVIDADES

1. Quais as atitudes dos seres humanos que poluem rios e lagos?

_____

_____

_____

_____

2. Toda a água existente no planeta é boa para os seres vivos consumirem? Explique.

_____

_____

_____

_____

3. Circule de onde vem a água doce ou potável que consumimos.

> mares   oceanos   nuvens
> vulcões   rios e lagos
> lençóis subterrâneos   geleiras

4. Complete as frases corretamente.

a) De toda a água potável do planeta, apenas _____ é para uso doméstico e consumo humano.

b) A indústria usa cerca de _____ da água potável em várias etapas da produção.

c) Um exemplo de indústria que usa muita água potável é a indústria de _____.

d) A maior parte da água potável, cerca de 70%, vai para o uso na _____.

5. Faça uma pesquisa e escreva três atitudes que os cidadãos podem adotar para o consumo consciente de água.

_____

_____

_____

6. O que você faz para evitar desperdícios de água na sua casa? E na escola?

_____

_____

_____

_____

7. Com um colega, faça um cartaz sobre o consumo consciente de água. Coloquem imagens, que podem ser fotos ou desenhos, e escrevam frases sobre o tema. O cartaz poderá ser exposto no mural da classe.

GEOGRAFIA

345

O solo

Outro elemento importante do meio ambiente natural é o solo. É nele que cresce a maioria das plantas, onde vivemos e desenvolvemos diversas atividades.

É no solo que se desenvolve a agricultura, a criação de animais e se extraem minérios usados como matéria-prima na indústria.

Plantação de soja no Brasil.

Uma das maiores áreas de extração de minério de ferro, em Carajás (PA). Foto de 2010.

Criação de gado em Mato Grosso (MT).

A agricultura

O cultivo de plantas como verduras, frutas, legumes, grãos e cereais é chamado agricultura. Quem trabalha na **agricultura** chama-se agricultor.

A agricultura pode ocorre em áreas pequenas, chácaras e sítios e também em plantações em fazendas. Muitas vezes, o que se produz na agricultura é usado como matéria-prima para a indústria de alimentos, vestuário, produção de álcool etc.

Plantação de alface, São José dos Pinhais (PR).

O cultivo de hortaliças é, em geral, feito por pequenos agricultores. Plantação de verduras em Marília (SP), 2019.

Visão aérea e oblíqua da colheita mecanizada de cana-de-açúcar. Sertãozinho (SP).

A criação de animais

Bois, vacas, galinhas, porcos e outros animais são criados pelos seres humanos para a obtenção de vários produtos. Cada tipo de criação de animal recebe um nome.

Pecuária é a criação de bois e vacas para a obtenção de carne, leite e couro.

Vaqueiros conduzem o gado em Pau-Brasil (BA).

Criação de gado em área desmatada da Floresta Amazônica (PA).

Avicultura é a criação de aves das quais se obtém a carne e os ovos.

Criação de aves em pequena propriedade, Montes Claros (MG).

Criação de frangos em granja. Concórdia (SC).

Suinocultura é a criação de porcos para o abate e obtenção de carne e couro.

Criação de porcos em regime de confinamento. Tunápolis (SC).

Extrativismo

Quando retiramos da natureza matéria-prima para a fabricação de produtos denominamos extrativismo.

Pode existir o extrativismo vegetal, quando o que é retirado da natureza é de origem vegetal. Também existe o extrativismo mineral quando se retiram da natureza minérios, pedras preciosas e sal.

Morador da floresta com cachos da fruta do açaizeiro para comercialização. Santarém (PA).

Vista aérea de garimpo de ouro, Paconé (MT).

Trabalhador revolvendo monte de sal em salina na cidade de Chaval (CE).

Poluição do ar

As queimadas de florestas, as fábricas e os veículos são responsáveis pela emissão de gases que poluem o ar e causam doenças respiratórias, principalmente em crianças e idosos.

Os gases produzidos pelas atividades humanas também aumentam a temperatura da Terra, o que é muito ruim, pois gera desequilíbrio no planeta.

Queimada em área de pasto no Cerrado, São Simão (GO).

Poluição da água

Além de poluírem o ar, as atividades humanas também poluem a água.

O vazamento de petróleo nos mares e oceanos ocorre com frequência. Quando isso acontece, o petróleo espalha-se na água e mata peixes, aves, mamíferos, entre outros seres vivos.

Muitas cidades não possuem um sistema de tratamento de esgoto.

Óleo que vazou de um transatlântico na Baía de Guanabara (RJ). Foto de 2002.

Nessas cidades, os maiores poluentes da água são o lixo e o esgoto de residências e indústrias. A água carrega a poluição dos lixos e leva dos solos o pesticida usado no combate às pragas das plantações.

Nas regiões agrícolas, além desses poluentes da água, há também os adubos e inseticidas, chamados **agrotóxicos**. Eles poluem o ar e a água.

Poluição da água.

VOCABULÁRIO

agrotóxico: produto usado na agricultura para fertilizar o solo, combater as pragas das plantas e eliminar ervas daninhas das plantações.

Poluição do solo

A poluição do solo ocorre principalmente pelo despejo de lixo em locais não apropriados e pelos resíduos dos agrotóxicos e fertilizantes usados na agricultura, que afetam de modo drástico as características naturais do solo e podem provocar doenças.

Lixo doméstico descartado na margem da BR-116. Jeremoa (BA).

Plantação com placa de alerta para o risco de contaminação pelo uso de agrotóxico. Ivorá (RJ).

A preservação dos ambientes

As queimadas, a poluição do ar, da água e do solo, a caça e a pesca predatórias agridem os ambientes.

Para preservar os ambientes é necessário o planejamento para o uso racional dos recursos naturais e leis para regular esse uso e o descarte de poluentes.

ATIVIDADES

1. Identifique a atividade que está sendo desenvolvida no solo nas imagens a seguir.

2. Indique o tipo de atividade necessária para a obtenção dos produtos a seguir.

3. Cite produtos que você consome fabricados a partir:

a) da agricultura: _____

_____

b) da criação de animais: _____

_____

c) do extrativismo mineral: _____

_____

4. Identifique com *emojis* as atitudes prejudiciais e as benéficas para o meio ambiente. Use os adesivos do final do livro.

353

Coleção

Eu gosto m@is

CIÊNCIAS

2º ANO

ENSINO FUNDAMENTAL

SUMÁRIO

Lição 1 – A Terra **356**
- A Terra e a Lua 356
- A Terra e o Sol 357
- As mudanças de posição da luz do Sol 360

Lição 2 – O ambiente **362**
- Os seres vivos 362
- Os elementos não vivos 363

Lição 3 – Os seres vivos e o ambiente **370**
- Ambientes naturais e transformados 374

Lição 4 – As plantas **377**
- As plantas com flores 377
- As partes das plantas com flores 378
- A germinação da semente 382
- Experiência da germinação do feijão 384
- Como as plantas podem se desenvolver de caules e raízes? 385

Lição 5 – As plantas e os seres humanos **386**
- Jardim, horta e pomar 387
- Plantas que causam danos ao ser humano 388
- Plantas em extinção 389

Lição 6 – Nutrição das plantas **391**
- A fotossíntese 391

Lição 7 – Os objetos do cotidiano **394**

Lição 8 – Higiene e saúde **401**
- Higiene pessoal 401
- Hábitos saudáveis 402
- Prevenção de doenças e acidentes 405

LIÇÃO 1 — A TERRA

Observe a imagem a seguir, ela mostra o nosso planeta observado do espaço.

O planeta Terra visto do espaço.

A Terra é o planeta onde vivemos e ele pode ser fotografado do espaço por meio dos satélites artificiais construídos pelos seres humanos.

O nosso planeta não está sozinho no espaço, há diversos corpos celestes presentes como outros planetas, as estrelas, a Lua e o Sol.

A Terra e a Lua

À noite, quando olhamos o céu, além das estrelas, vemos a Lua. Ela é um satélite natural e gira em torno da Terra. Nós só conseguimos ver a Lua por causa da luz que é emitida pelo Sol.

A Terra e a Lua vistas do espaço.

A Terra e o Sol

O Sol é uma grande estrela que ilumina e aquece a Terra. A luz do Sol é indispensável para a vida dos seres vivos. Animais e plantas recebem luz e calor do Sol.

Assim como a Lua, a Terra também gira, mas em torno do Sol. O tempo de duração de uma volta completa da Terra ao redor do Sol é de 365 dias, ou seja, um ano.

A Terra também gira em torno de si mesma, como um pião. Para completar uma volta ela leva 24 horas, ou seja, um dia.

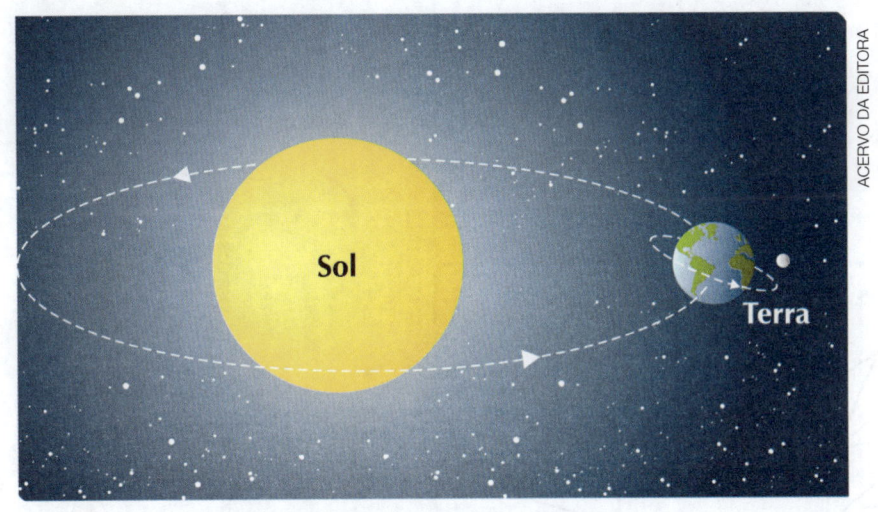

A Terra gira em torno do Sol.

A Terra gira em torno de si mesma.

Conforme a Terra gira em torno de si mesma, no lado dela que fica voltado para o Sol é dia e no lado dela oposto ao Sol é noite.

ATIVIDADES

1. Pinte o desenho que representa o lugar onde vivemos.

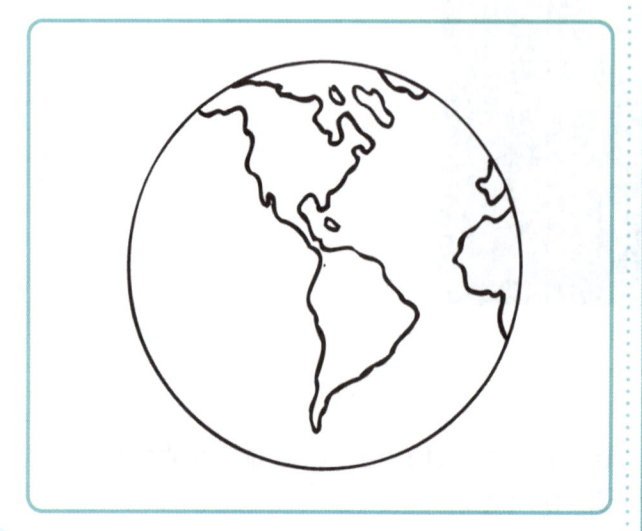

2. Encontre o nome do que está representado nos quadrinhos no diagrama a seguir.

M	T	V	L	U	A	T	C
J	E	G	S	B	H	Z	Z
L	R	I	M	S	P	P	R
A	R	M	U	O	P	Z	R
C	A	M	U	L	S	X	O
E	S	T	R	E	L	A	C

358

3. Marque com um **X** a resposta correta.

a) A Terra gira em torno:

☐ da Lua.

☐ do Sol.

☐ das estrelas.

b) O satélite da Terra é:

☐ a Lua.   ☐ uma estrela.

☐ o Sol.

c) Para dar uma volta completa ao redor do Sol, a Terra leva:

☐ 365 dias.   ☐ 1 dia.

4. Complete as frases a seguir. Depois, complete e pinte os desenhos de acordo com as frases.

a) Quando a Terra é iluminada pelo Sol, é

_____.

b) Quando a Terra não recebe luz solar, é

_____.

As mudanças de posição da luz do Sol

Você já reparou na posição do Sol durante o dia? Parece que ele muda de lugar. Na verdade, quem se movimenta é a Terra, e por causa disso parece que o Sol vai caminhando de um lado para outro conforme as horas do dia passam. Podemos observar essa mudança pela sombra que a luz do Sol faz nos objetos.

| Manhã | Meio-dia | Tarde | Noite |

Na ilustração, a sombra muda de tamanho conforme a luz solar incide sobre o objeto.

Isso é muito perceptível quando estamos ao ar livre. Durante as primeiras horas da manhã, nossa sombra é grande. Ao meio-dia, ela diminui porque o Sol está na posição mais elevada em relação a nós. Depois, conforme vai anoitecendo, o Sol começa a baixar e a sombra volta a ser grande, só que do lado oposto à formada pela manhã.

Você já percebeu isso quando está ao ar livre? Na praia ou em um parque, isso é muito visível.

Essa mudança de posição de luz do Sol sempre foi observada pelos seres humanos. Ela até deu origem ao relógio de sol.

A história do relógio de sol é bem antiga. Ele é usado há mais de 3 mil anos e funciona com base na projeção da sombra de uma haste de metal presa em uma base onde estão escritas as horas do dia. Conforme o tempo passa, a sombra muda de posição, permitindo que se identifiquem as horas.

Relógio de sol com a haste de metal que projeta a sombra indicando as horas do dia. Veja que os números vão de 5 a 20, acompanhando o longo período de luz solar que podemos ter em um dia.

ATIVIDADES

1. Numere cada cena conforme o período do dia.

- [1] Nascer do Sol.
- [2] Meio-dia.
- [3] Pôr do Sol.
- [4] Noite.

2. Você já olhou para o céu à noite? Viu a Lua? Acompanhe as mudanças de fase da Lua durante quatro semanas. Desenhe de que maneira ela está a cada dia e depois responda.

Dias / semana	1ª	2ª	3ª	4ª
Domingo				
Segunda-feira				
Terça-feira				
Quarta-feira				
Quinta-feira				
Sexta-feira				
Sábado				

a) Qual foi o período de observação da Lua?

De: _____/_____/_____
     Dia   Mês   Ano

Até: _____/_____/_____
     Dia   Mês   Ano

b) Quantas vezes a Lua mudou de fase durante o período de observação?

_____

LIÇÃO 2 — O AMBIENTE

As imagens apresentam três ambientes diferentes. Em cada um deles, há seres vivos, como as plantas e os animais, e elementos não vivos, como a água, o solo, a luz do Sol, o ar.

Cerrado.

Floresta Amazônica.

Litoral.

Todos esses seres se relacionam entre si: os seres vivos estabelecem relações entre eles mesmos e também com o meio onde estão.

As condições proporcionadas pelos elementos não vivos do ambiente vão selecionar os seres vivos que vivem naquele lugar. Assim, seria impossível uma arara da Floresta Amazônica sobreviver no ambiente gelado da Antártida, onde vivem os pinguins, que também não conseguiriam sobreviver na Amazônia.

Cada **ambiente** apresenta características próprias, determinadas pela combinação entre os elementos que o formam, ou seja, os seres vivos e os elementos não vivos.

Os seres vivos

Os **seres vivos** nascem, crescem, podem reproduzir-se e morrem. Todos os seres vivos precisam da luz do Sol, da água, do ar e dos outros seres vivos.

Os seres humanos, os outros animais e as plantas são seres vivos.

Os seres vivos estão espalhados em vários ambientes do planeta. À esquerda, imagem do Pantanal Mato-Grossense. À direita, vista aérea de um trecho da Floresta Amazônica.

362

Os elementos não vivos

Os **elementos não vivos** não nascem, não crescem, não se reproduzem e não morrem.

A luz do Sol, o solo, a água e o ar são elementos não vivos.

A luz do Sol

O Sol, cujas formas de energia são a luz e o calor, envia raios à Terra. A luz e o calor do Sol não chegam do mesmo modo e com a mesma intensidade em todas as partes do planeta.

O Sol ilumina e aquece a Terra.

O solo

É o solo que permite o crescimento e o desenvolvimento das plantas. Nele e sobre ele vivem muitos animais. No solo estão principalmente os minerais. Aproveitamos e utilizamos o solo para realizar muitas atividades: caminhar, plantar, construir etc.

Aspecto do solo em uma área de plantação.

As rochas

As rochas interagem com outros elementos do meio ambiente (água, chuva, ventos etc.) e com os seres vivos. Elas são desgastadas por esses elementos e formam os diversos tipos de solo.

As rochas, portanto, quebram-se em pequenos pedaços. Entre esses pequenos pedaços, algumas plantas conseguem viver e, com o tempo, eles se desmancham em partículas ainda menores. Entre essas partículas de rocha vivem vários seres de pequeníssimo tamanho. Quando esses pequenos seres vivos morrem, seus organismos se juntam às minúsculas partículas. Isso tudo acontece "dentro" do solo.

Enquanto isso, em cima do solo, outros seres vivos maiores (animais e plantas) morrem e partes de seus corpos também se juntam ao solo.

Dessa forma, o solo é composto de minúsculas partículas de rocha, de matéria orgânica (originada de pequenos e grandes seres vivos), de água e de ar, que ficam entre as partículas.

ATIVIDADES

1. Numere corretamente as ilustrações que representam:

1 Seres vivos. **2** Elementos não vivos.

2. Complete as frases com as expressões apresentadas no quadro:

> morrem – não
> crescem – luz – crescem – calor
> não morrem – podem se
> reproduzir – não se reproduzem

a) Os seres vivos nascem, _____, _____ _____ e _____.

b) Os elementos não vivos não nascem, _____, _____ e _____.

c) O Sol fornece _____ e _____ para a Terra.

3. De que é composto o solo?

_____

_____

4. Para que o ser humano aproveita o solo?

_____

_____

A água

A água cobre a maior parte da superfície do planeta.

Na Terra, há maior quantidade de água salgada do que de água doce. A água salgada existe nos oceanos e nos mares. A água doce é encontrada nos rios e lagos, nas geleiras e calotas polares, no ar, no solo e no subsolo.

Há água também em nossos organismos, nos organismos animais e vegetais. Nós, seres humanos, precisamos ingerir cerca de 2 litros de água por dia para manter o corpo hidratado.

Além de ser fundamental para a hidratação e o funcionamento de todos os organismos vivos, ela é útil para várias atividades humanas, como a irrigação de plantações, a produção e preparação de alimentos, a higiene pessoal, a limpeza de roupas e locais em que vivemos etc. A água é muito utilizada na indústria, inclusive na fabricação de remédios e objetos.

As usinas hidrelétricas utilizam água para gerar a energia elétrica que chega às nossas casas.

A água do mar é salgada.

A água das geleiras é doce.

Usina hidrelétrica de Itaipu.

Poluição da água

O grande número de dejetos da população descarregado em córregos, rios e mares provoca a poluição e a contaminação das águas.

Esgoto sendo despejado em rio.

Para evitar doenças transmitidas pelas águas poluídas, devemos tomar os seguintes cuidados:
- Lavar alimentos que são consumidos crus, como verduras, frutas e hortaliças, com água tratada.
- Filtrar e ferver a água antes de consumi-la.

ATIVIDADES

1. A água é util para várias atividades humanas. Faça uma lista com algumas dessas atividades

_____

_____

_____

2. Assinale o certo.

- Na Terra, há maior quantidade de água:

☐ salgada.   ☐ doce.

3. Classifique o tipo de água encontrada nos seguintes ambientes escrevendo **D** para água doce ou **S** para água salgada.

☐ Oceanos.   ☐ Rios.

☐ Mares.   ☐ Geleiras.

☐ Lagoas.   ☐ Lagos.

4. Onde a água é utilizada para gerar energia elétrica?

_____

5. Você já sabe o que é água poluída. Escreva alguns cuidados que devemos ter para evitar doenças transmitidas por esse tipo de água.

_____

_____

_____

_____

O ar

O ar existe em todos os lugares. Ele até se mistura com a água e penetra no solo.

Os animais e as plantas inspiram e expiram o ar, que é uma mistura de gases, vapor de água, microrganismos e impurezas. Um dos gases que encontramos no ar é o oxigênio, aproveitado na respiração da maioria dos seres vivos.

Não conseguimos ver o ar, mas podemos perceber que ele existe, por exemplo, pela ação do vento, que é o ar em movimento ou quando enchemos uma bexiga, pois ela se enche com o ar que sopramos nela.

O ar pode apresentar poluição proveniente da atividade das indústrias, dos gases de escapamento dos veículos e pelas queimadas.

Quando respiramos o ar poluído, estamos causando um grande mal à nossa saúde, pois, além de estarmos inalando gases tóxicos, podemos inalar partículas desconhecidas do nosso corpo, como bactérias, que podem causar doenças como tuberculose e meningite, e os vírus, que podem causar a gripe, entre outros males.

Os veículos motorizados são os grandes responsáveis pela poluição do ar.

Como diminuir a poluição do ar:
- incentivar o uso de tecnologias menos poluentes;
- preservar as florestas naturais;
- promover o reflorestamento de áreas degradadas;
- controlar as queimadas;
- evitar o uso de agrotóxicos;
- incentivar o uso de transporte coletivo;
- criar áreas verdes nas áreas urbanas.

Nós somos parte do meio ambiente. A destruição dos ambientes prejudica a qualidade de vida de todos os seres vivos.

Quando usamos de maneira adequada os recursos naturais que o ambiente nos oferece, vivemos melhor e garantimos que, no futuro, outras pessoas tenham qualidade de vida.

Dia 5 de junho é o Dia Mundial do Meio Ambiente e da Ecologia. Comemore com atitudes positivas!

ATIVIDADES

1. Observe as fotos. Em qual ambiente o ar parece ser mais puro? Por quê?

2. Assinale as afirmações corretas.

☐ O ar é uma mistura de gases.

☐ O oxigênio é um dos gases presentes no ar.

☐ O ar poluído não prejudica a saúde dos seres vivos.

☐ O Sol é um recurso natural que nos fornece luz.

☐ O solo é composto apenas de areia.

☐ No planeta Terra, há água salgada e água doce.

☐ As pedras são pedaços de rochas.

3. Ligue as afirmações à palavra correspondente.

Mistura de gases que respiramos.		água
Fornece luz para a Terra.		vento
Ar em movimento.		Sol
Recurso natural que forma lagos, rios e mares.		ar

4. Responda às questões a seguir no caderno e discuta-as com os colegas.

a) Na região onde você mora, existem muitas plantas e animais?

b) Há fontes de água?

c) O ar é limpo?

d) O ambiente está preservado?

5. Pesquise com ajuda de um adulto uma doença causada pela poluição do ar, depois complete o quadro.

Nome da doença: _____

_____

Quais são seus sintomas?

_____
_____
_____
_____
_____
_____
_____
_____
_____

CIÊNCIAS

369

LIÇÃO 3
OS SERES VIVOS E O AMBIENTE

Observe as fotos e veja alguns tipos de seres vivos e ambientes.

Mar.

Floresta.

Geleira.

Deserto.

Savana.

Floresta tropical.

Os ambientes podem ser classificados em **aquáticos** e **terrestres**. Também podem variar conforme o clima, o tipo de solo e outras características. Assim, temos ambientes variados em nosso planeta. Neles vivem muitos seres vivos em constante relação entre si e com o espaço, pois é do ambiente que retiram seu alimento e é nele que crescem, desenvolvem-se e reproduzem-se.

A aranha constrói a sua teia e captura insetos do ambiente para se alimentar. O panda alimenta-se de um tipo de bambu que só nasce no ambiente onde ele vive. Esse tipo de orquídea é uma planta pequena e, se crescesse no chão da floresta, não receberia a quantidade de luz de que precisa, por causa da sombra das árvores. Assim, ela cresce sobre os galhos das árvores, onde recebe mais luz.

Os seres vivos podem ser de tamanhos variados. Há os bem pequenos, como as joaninhas, que podem ter de 1 a 10 milímetros, e outros muito grandes, como as girafas, que podem ter mais de 5 metros de altura.

Há aqueles que sem o auxílio de equipamentos especiais não conseguimos ver, os chamados **microrganismos**, como as bactérias e os vírus. Com o auxílio de equipamentos que ampliam imagens, os microrganismos podem ser observados e estudados.

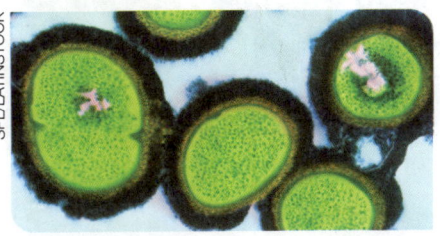

A bactéria é um microrganismo, só conseguimos vê-la com auxílio de equipamentos que aumentam o seu tamanho, como o microscópio.

A joaninha é um inseto e tem o corpo bem pequeno.

A girafa pode ter mais de 5 metros de altura.

Os seres vivos podem ser agrupados pelas semelhanças nas partes do corpo, pela maneira como obtêm o alimento do ambiente ou pelo modo como se reproduzem, entre outras características. Aqueles que têm características idênticas fazem parte de uma mesma **espécie**.

As duas imagens mostram borboletas, mas sabemos que elas são de espécies distintas pela diferença que apresentam em seus corpos.

Como nem todos os ambientes são iguais, os seres vivos estão adaptados às condições que encontram no ambiente em que vivem. Por exemplo, o urso-polar e o pinguim estão adaptados à vida em ambientes gelados, a vitória-régia, aos locais de clima quente e com água, o dromedário, ao clima seco do deserto.

Você sabia que na Amazônia, só na parte que fica no Brasil, vivem milhões de espécies? São mais de 350 espécies de mamíferos, cerca de três mil de peixes, aproximadamente mil de aves, 300 de répteis, 60 mil de plantas e, provavelmente, 10 milhões de insetos.

Adaptado de: Mara Figueira. Destino: Amazônia. *Ciência Hoje das Crianças*, n. 179, SBPC, maio 2007.

372

ATIVIDADES

1. Por que os seres vivos dependem do ambiente?

_____

_____

_____

2. Relacione os seres vivos com o ambiente em que vivem.

1 Terrestre. 2 Aquático.

3 Gelado. 4 Deserto.

3. Pesquise em revistas fotos de seres vivos de tamanhos diferentes, recorte-as e cole-as a seguir. Escreva o nome do animal ou vegetal abaixo da imagem.

SERES VIVOS PEQUENOS

SERES VIVOS DE GRANDE PORTE

Ambientes naturais e transformados

Ambientes naturais são aqueles que não passaram por nenhuma modificação feita pelos seres humanos.

Outros ambientes são modificados pelos seres humanos por meio da construção de moradias, indústrias, estradas, plantações, pastos etc. São os **ambientes transformados**.

Pantanal Mato-Grossense (MT).

Pelourinho, Salvador (BA).

Que diferenças você observa entre os ambientes mostrados nas fotos?

Atualmente, há maior atenção na realização de modificações nos ambientes para que se possam evitar efeitos negativos. Essas modificações devem ser feitas com planejamento cuidadoso para diminuir os impactos ambientais, que podem ser ocasionados por devastação de florestas, morte de animais silvestres, produção de resíduos que provocam a poluição do ar e das águas e a produção de lixo.

ATIVIDADES

1. Faça desenhos para representar um ambiente transformado pelo ser humano. Escreva uma frase a respeito dessas imagens.

2. Observe a fotografia e responda às questões a seguir.

a) O ambiente mostrado na imagem é natural ou modificado?

b) Identifique e escreva o nome dos elementos encontrados na fotografia.

375

3. Encontre no diagrama a seguir o nome de oito elementos que existem no ambiente natural e no ambiente modificado. Pinte-os de acordo com a legenda.

■ Elementos de ambiente natural.   ■ Elementos de ambiente modificado.

M	Á	R	V	O	R	E	R	H
Z	G	C	I	P	O	N	T	E
W	U	O	A	R	N	Q	C	K
U	A	D	D	P	L	T	A	S
G	X	T	U	R	O	P	S	H
M	O	N	T	A	N	H	A	T
A	B	V	O	Ç	Y	N	J	S
R	N	T	D	A	L	I	M	U

4. Marque com um **X** as alternativas corretas.

☐ Todos os ambientes têm as mesmas características.

☐ O campo é um ambiente modificado pelo ser humano.

☐ Nos ambientes naturais existem animais e plantas.

☐ A cidade é um ambiente natural.

5. O ser humano modifica os ambientes naturais para construir moradias, retirar madeira, fazer plantações e construir estradas. Pesquise e descreva alguns cuidados que devem ser tomados para evitar efeitos negativos no ambiente.

_____

_____

_____

6. Escreva uma característica para cada um dos ambientes.

Natural _____

Modificado _____

376

4 AS PLANTAS

As plantas estão presentes em muitos lugares. Elas fazem parte do grupo dos **vegetais**. São seres vivos, pois nascem, crescem, reproduzem-se e morrem. Para se desenvolver, as plantas precisam de água, luz do Sol, ar e sais minerais.

Os vegetais podem ser classificados em diferentes grupos. Alguns possuem flores e outros não, como as samambaias.

Os vegetais são capazes de produzir o próprio alimento. Por isso, são chamados **produtores**.

As plantas com flores

Os vegetais com flores são mais numerosos.

Veja as partes que essas plantas possuem.

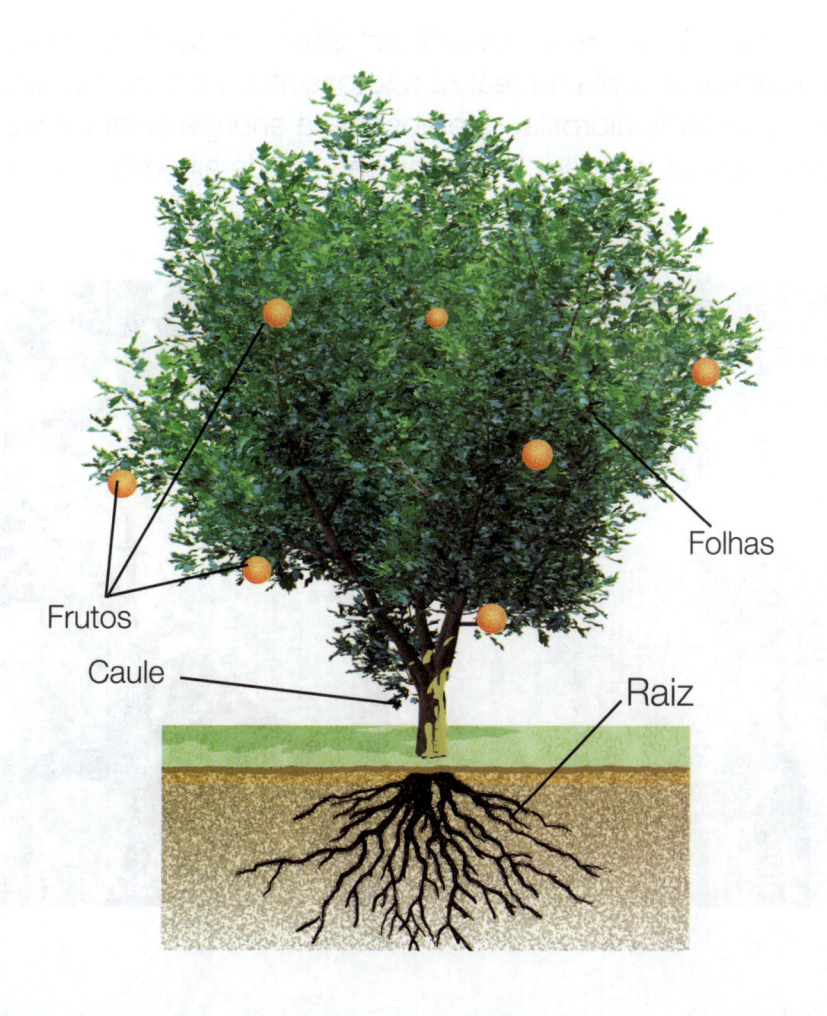

Frutos
Caule
Folhas
Raiz

As partes das plantas com flores

Raiz: fixa a planta ao solo e dele retira água e sais minerais. Algumas raízes servem de alimento para o ser humano, como a cenoura, a mandioca e a beterraba.

Caule: transporta água e sais minerais até as folhas e leva o alimento produzido nelas para as outras partes da planta. O caule sustenta os galhos, as folhas, as flores e os frutos.

Há caules finos e grossos. Alguns deles fornecem madeira, usada na construção de casas, móveis, cercas etc. Outros podem ser utilizados na alimentação, como é o caso da cana-de-açúcar, do palmito, da salsa, do coentro e da cebolinha, entre outros.

Raiz.

Folha: órgão das plantas responsável por fazer a troca de gases com o ambiente; por meio dela, a planta realiza a fotossíntese e a transpiração. Contém uma substância chamada clorofila, que absorve a energia solar necessária para a planta produzir o açúcar (glicose). Algumas servem de alimento, como as folhas da alface.

Caule.

Folhas.

Flores: são os órgãos reprodutores de muitas plantas. Nelas se formam as sementes. Enquanto as sementes se formam, muitas flores se transformam em frutos.

Flor.

Árvore em floração.

Frutos: guardam as sementes e servem de alimento. Há frutos carnosos, como a laranja e a manga, e há frutos secos, como o amendoim.

Fruto da laranjeira e suas sementes.

Fruto do amendoinzeiro com a semente, o amendoim.

Sementes: formam uma nova planta. Dentro delas, há alimento suficiente para a germinação. Algumas sementes são utilizadas como alimento, como o feijão, o arroz, o grão-de-bico, a ervilha, a soja, a lentilha, entre muitas outras.

Sementes de soja.

379

Plantas carnívoras (insetívoras)

As plantas carnívoras, apesar de terem hábitos estranhos de captura, não apresentam nenhum perigo aos seres humanos. Têm esse nome porque se alimentam de insetos e outros pequenos animais. Elas buscam essa fonte de nutrientes porque vivem em solos pobres e deficientes.

A dioneia tem folhas que se fecham para capturar os insetos que nelas pousam.

As folhas das orvalhinhas possuem pelos que produzem uma substância pegajosa. Ao pousarem nelas, os insetos ficam presos e são digeridos.

A maior parte dessas plantas captura insetos, mas algumas espécies podem capturar pequenos animais, como moluscos, lesmas e até pequenos sapos.

Para que uma planta seja considerada carnívora, é preciso que ela tenha a capacidade de:

- atrair presas;
- prendê-las;
- digerir formas de vida animal.

A maioria das flores tem a capacidade de atrair insetos para fins de polinização, como o papo-de-peru e algumas orquídeas. Mas não os digerem, portanto, não são plantas carnívoras verdadeiras.

ATIVIDADES

1. Responda:

a) Por que as plantas são seres vivos?

_____

_____

_____

b) Do que uma planta precisa para se desenvolver?

_____

_____

_____

2. Escreva o nome de cada parte de uma planta que floresce.

3. Ligue cada parte da planta à sua função.

- Por ela, a planta transpira. Algumas servem de alimento.
- Formam a nova planta.
- Fixa a planta no solo e dele retira água e sais minerais.
- São responsáveis pela reprodução da planta.
- Guardam as sementes e servem de alimento.
- Transporta água e sais minerais até a folha.

381

A germinação da semente

Germinação é o início de uma nova planta a partir da semente. Na germinação, o caule se forma para cima e a raiz cresce para dentro da terra.

Durante o desenvolvimento, o caule forma folhas que começam a produzir alimento para a planta. Observe a germinação e o desenvolvimento de uma planta.

Para germinar, a semente sadia e perfeita só precisa de água. Depois, para o desenvolvimento da nova planta, é preciso que haja ar, água, sais minerais e luz. São esses materiais e a energia luminosa que as folhas usam para produzir alimentos.

As sementes podem ser espalhadas de várias maneiras:

- pela ação do vento;
- pela ação do ser humano;
- pela ação de outros animais.

Muitos jardineiros e agricultores obtêm novas plantas com as **mudas**. Quando plantadas, as mudas dão origem a uma nova planta.

Podemos obter mudas com uma parte do caule ou de uma folha. As folhas de violeta, por exemplo, criam raízes, transformando-se em mudas.

Violetas.

ATIVIDADES

1. Responda:

a) Quais são os processos de reprodução das plantas?

_____
_____
_____

b) O que é germinação?

_____
_____
_____

c) Para haver germinação, o que é preciso?

_____
_____
_____

d) Em qual parte da planta a semente fica abrigada?

_____
_____

2. Dê exemplos de frutos com:

a) uma semente:

_____
_____

b) poucas sementes:

_____
_____

c) muitas sementes:

_____
_____

3. De que formas as sementes podem ser espalhadas?

_____
_____

4. Pesquise sobre plantas obtidas de mudas. Faça desenhos dessas plantas no caderno e escreva o nome de cada uma.

EXPERIÊNCIA

Experiência da germinação do feijão

Materiais necessários

- um copo transparente;
- algodão;
- papel absorvente;
- água;
- alguns feijões crus.

Procedimentos

- Forre o fundo do copo com algodão umedecido com água e coloque três feijões sobre o algodão.
- Mantenha o algodão sempre úmido.
- Observe o processo de germinação e o crescimento da nova planta.
- No espaço ao lado, faça desenhos e anotações da sua experiência.
- Quantos dias levou para a semente germinar?
- Que partes da planta apareceram primeiro?

_____

_____

_____

EXPERIÊNCIA

Como as plantas podem se desenvolver de caules e raízes?

Novos pés de batata podem se desenvolver a partir de caules.

A batata-doce, a cenoura e a beterraba podem originar novas plantas a partir da raiz.

Faça este experimento.

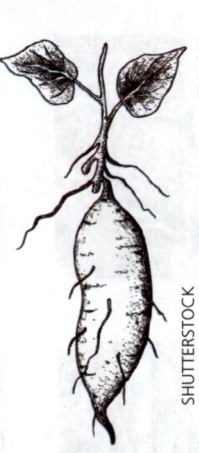

SHUTTERSTOCK

Materiais necessários

- um recipiente com água;
- batata-doce (você também pode usar cenoura, beterraba ou gengibre).

Procedimentos

- Coloque a batata-doce no recipiente com água, de forma que uma parte fique na água, e a outra, fora da água.
- Mantenha o recipiente perto da janela para a batata-doce receber bastante claridade.
- Espere até que a batata-doce crie raízes e folhas.

- Observe, depois de alguns dias, o que aconteceu. Desenhe e escreva.

_____

_____

_____

_____

CIÊNCIAS

385

LIÇÃO 5
AS PLANTAS E OS SERES HUMANOS

As plantas são autossuficientes, ou seja, elas mesmas produzem os nutrientes de que precisam para viver. Muitas servem de alimento para os seres humanos e outros animais. Em nossa alimentação, aproveitamos folhas, sementes, flores, raízes, caules e frutos.

Folhas.

Sementes.

Flores.

Raízes.

Caules.

Frutos.

Algumas plantas também podem ser utilizadas na confecção de tecidos, como o algodão, o linho e o sisal.

Algodão.

Linho.

Sisal.

Muitas plantas também estão presentes em diversos produtos (perfumes, xampus, cremes, sabonetes, móveis, instrumentos musicais, papel, lápis etc.), na construção de casas e no combate a doenças (chás e remédios). Veja alguns objetos e produtos feitos com partes de plantas.

Instrumento musical.

Chá.

Casa de madeira da região amazônica.

386

Jardim, horta e pomar

As plantas podem ser cultivadas em diversos locais: em casa, na escola, em sítios. Em geral, são cultivadas em ambientes específicos: jardins, hortas ou pomares.

No **jardim**, são cultivadas as flores e as folhagens. Nele encontramos rosas, dálias, cravos, margaridas, begônias, heras e samambaias.

Na **horta**, são cultivadas plantas que utilizamos na alimentação, como alface, couve, repolho, cenoura, beterraba, tomate e outros vegetais usados como temperos.

No **pomar**, são cultivadas plantas que fornecem frutas comestíveis, chamadas frutíferas. Nele encontramos mangueiras, goiabeiras, macieiras, mamoeiros, laranjeiras, bananeiras etc.

Jardim.

Horta.

Pomar.

Plantas que causam danos ao ser humano

A mandioca-brava é muito venenosa, mas mesmo assim é uma das principais matérias-primas para a produção de farinha em certas regiões do Brasil. Para isso, é preciso cuidado: ela é tratada para a retirada do veneno. Depois desse processo, a farinha é produzida sem perigo algum para o consumo.

Existem plantas que causam forte ardor (sensação de queimação) na pele quando são tocadas. É o que acontece com a urtiga, muito comum no Brasil.

As substâncias irritantes da urtiga ficam armazenadas dentro de minúsculos pelos que se espalham pelo caule e pelas folhas da planta.

Outra planta venenosa conhecida é a comigo-ninguém-pode. Como indica seu nome, se ingerida, é uma planta muito perigosa.

Nunca coloque na boca plantas que você não conhece, pois colocará sua saúde em risco.

Madioca-brava.

Urtiga da Mata Atlântica.

As folhas grandes e com manchas brancas da comigo-ninguém-pode são muito apreciadas em ornamentação de jardins e casas, embora sejam venenosas.

Plantas em extinção

Muitas espécies de plantas brasileiras correm o risco de extinção.

A maioria delas é muito procurada por causa da madeira para a fabricação de móveis. Mogno, peroba, ipê-rosa, cedro, jequitibá são árvores com risco de extinção.

Uma das árvores que sofreu e ainda sofre riscos é o pau-brasil. Desde a chegada dos portugueses ao Brasil, essa árvore foi explorada. É que o pau-brasil possui, entre outras características, um pigmento (substância que dá cor) de cor vermelha intensa no interior do caule. O Brasil recebeu esse nome em homenagem a essa árvore.

Castanheira.

Muitas plantas brasileiras usadas na alimentação, como o palmito e a castanheira, estão desaparecendo. Plantas ornamentais, como a samambaia e algumas bromélias, encontram-se na mesma situação, porque são extraídas das matas originais em que vivem.

Árvore de pau-brasil.

ATIVIDADES

1. Escreva os nomes das plantas nas colunas correspondentes.

> linho – hortelã – agrião – pinheiro
> sisal – peroba – cerejeira – algodão
> erva-doce – cedro – boldo

Remédios	Tecidos	Móveis

2. Relacione os ambientes aos vegetais correspondentes:

jardim

horta

pomar

3. Assinale **P** para pomar, **J** para jardim e **H** para horta:

4. O chá é uma bebida natural que também serve como remédio. Ele pode ser feito com ervas, sementes ou folhas de plantas.

Pesquise sobre alguns tipos de chá, do que são feitos e para que servem. Escreva suas anotações a seguir.

_____
_____
_____
_____

5. Identifique que partes do vegetal estão sendo usadas na salada de palmito, alface e tomate mostrada na foto a seguir.

_____
_____
_____

390

SEÇÃO 6 — NUTRIÇÃO DAS PLANTAS

Na experiência de germinação do feijão e do crescimento das raízes você precisou oferecer algumas condições para as plantas:

- Na germinação do feijão você precisou manter o algodão sempre molhado, úmido.
- No crescimento das raízes você precisou colocá-la em um recipiente com água e mantê-la na claridade.

Analisando esses dois casos, percebemos que, para uma planta, a água e a luz são fundamentais para que ela possa viver. Vamos ver qual é a importância desses elementos para as plantas.

A fotossíntese

Todo ser vivo precisa de nutrientes. Alguns deles têm função energética, isto é, fornecem energia. Outros formam ou repõem as partes do organismo que morrem ou são gastas no crescimento e na reprodução.

No caso das plantas, elas produzem os próprios nutrientes a partir da água, da luz e do gás carbônico presente na atmosfera. Esse processo é chamado **fotossíntese**.

A fotossíntese ocorre principalmente nas folhas ou em outras partes nas quais há clorofila, o pigmento que dá a cor verde aos vegetais. Nas folhas, na presença da luz e da clorofila, ocorre uma reação química entre a água e o gás carbônico, formando a glicose, o açúcar essencial à nutrição das plantas.

Além de formar a glicose, a fotossíntese libera gás oxigênio para a atmosfera. A água para o processo da fotossíntese é absorvida do solo, com outros minerais, formando o que denominamos **seiva bruta**.

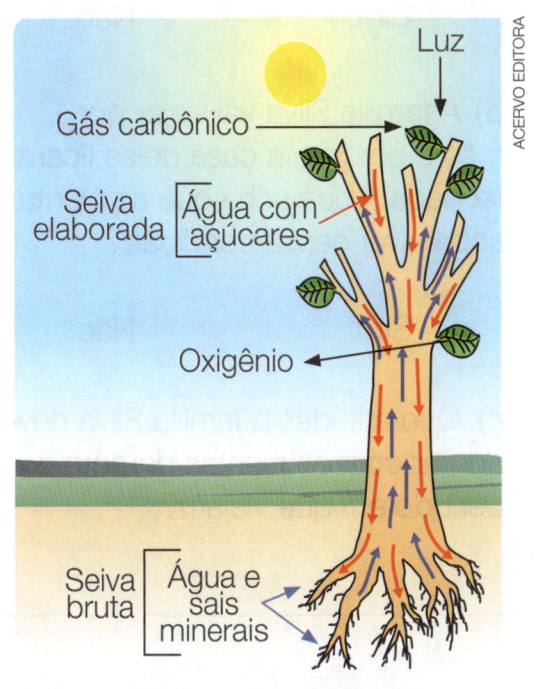

ILUSTRAÇÃO FORA DE ESCALA. CORES ILUSTRATIVAS.

A seiva bruta é transportada da raiz até as folhas por vasos condutores. Nas folhas, a glicose produzida se mistura à água, formando a **seiva elaborada**, que é transportada por todo o vegetal para a produção de outros nutrientes.

ATIVIDADES

1. A família Silva gosta de ter plantas dentro de casa. Eles regam as plantas quando necessário e sempre mantém as cortinas abertas durante o dia.

a) A família Silva oferece condições para que as plantas sobrevivam?

☐ Sim.   ☐ Não.

b) A família Silva vai viajar por 1 mês e por isso a casa deles ficará fechada. Você acha que as plantas vão sobreviver nessa condição?

☐ Sim.   ☐ Não.

c) Que atitudes a família Silva deve adotar com as plantas durante o período em que viajam?

_____
_____

2. O que os nutrientes fornecem aos seres vivos?

_____
_____

3. Como as plantas conseguem seus nutrientes?

_____
_____
_____

4. Assinale os elementos necessários às plantas para que realizem a fotossíntese.

☐ Solo.   ☐ Luz solar.
☐ Água.   ☐ Clorofila.
☐ Gás oxigênio.   ☐ Sais minerais.
☐ Gás carbônico.

5. Em que parte da planta é realizada a fotossíntese?

_____

392

6. Complete as afirmações.

a) Na fotossíntese, as plantas absorvem _____ e _____ gás oxigênio.

b) A mistura de água e nutrientes minerais que circula nos vegetais chama-se _____.

c) A _____ é distribuída das folhas para toda a planta.

d) Nas folhas ocorre uma reação química entre a _____ e o _____, formando a _____.

e) A seiva bruta é transportada da _____ até as folhas por _____.

7. Copie as frases no caderno, retirando a palavra **não**, quando necessário, para que todas as afirmações fiquem corretas.

a) Os animais **não** produzem seus nutrientes; então, precisam comer plantas e outros seres vivos.

b) Os alimentos ingeridos pelos animais **não** precisam passar por transformações para serem aproveitados.

c) Os nutrientes **não** são a parte dos alimentos que pode ser utilizada pelo organismo.

d) As partes **não** digeridas dos alimentos são eliminadas.

8. Você e sua família cultivam plantas?

☐ Sim   ☐ Não

a) Como vocês cuidam das plantas que cultivam?

_____

_____

_____

b) Quem cuida das plantas?

_____

c) Quais são as plantas que vocês cultivam?

_____

_____

_____

393

LIÇÃO 7

OS OBJETOS DO COTIDIANO

Observe estão imagens a seguir.

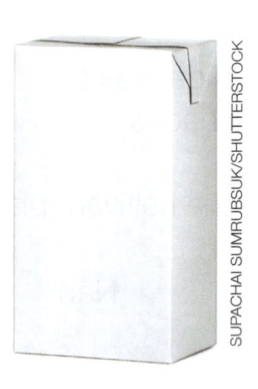

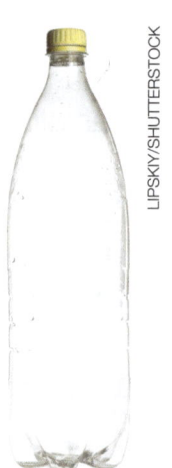

SUPACHAI SUMRUBSUK/SHUTTERSTOCK

MARGO HARRISON/SHUTTERSTOCK

RUSLAN IVANTSOV/SHUTTERSTOCK

ALAMY/FOTOARENA

VLADIMIR SAZONOV/SHUTTERSTOCK

WK1003MIKE/SHUTTERSTOCK

LIPSKIY/SHUTTERSTOCK

394

Nas imagens da página anterior estão vários objetos comuns do dia a dia. Na produção atual desses objetos são usados vários materiais.

Se você olhar a caneta esferográfica, por exemplo, verá que é feita de tinta, plástico e metal. As embalagens longa vida de leite e suco, embora pareçam ser feitas de papel quando as observamos por fora, são compostas por material plástico chamado polietileno, papel e alumínio dispostos em camadas. Veja o esquema a seguir.

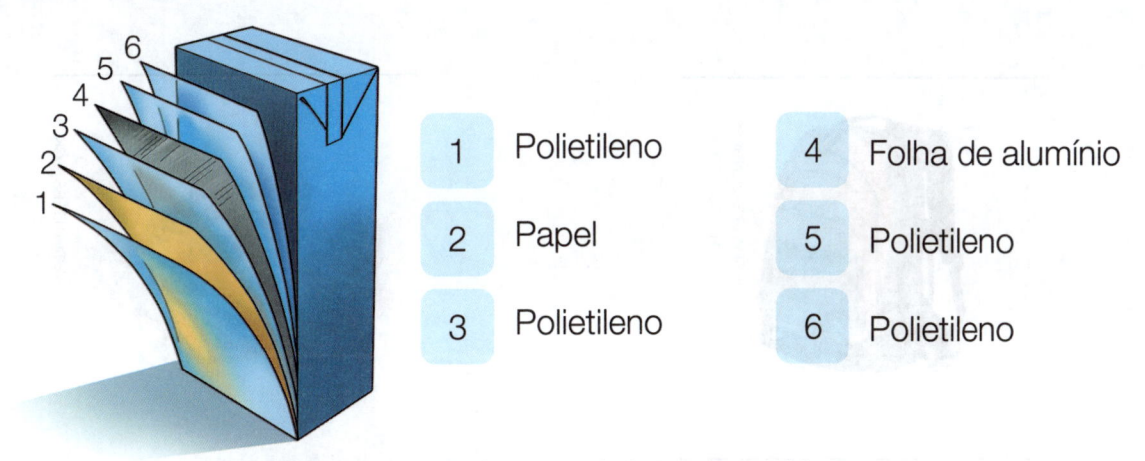

1	Polietileno	4	Folha de alumínio
2	Papel	5	Polietileno
3	Polietileno	6	Polietileno

Esquema da estrutura de uma embalagem longa vida.

Essas embalagens permitem que o produto não precise ser refrigerado, pois o conservam em temperatura ambiente.

ATIVIDADES

1. Do que são feitos os outros objetos das imagens da página 68:

a) Triciclo de brinquedo: _____

b) Carteira escolar: _____

c) Mochila escolar: _____

d) Tênis: _____

e) Garrafa: _____

2. Você sabe de que eram feitos alguns desses objetos no passado?

Agora, veja algumas imagens de como eram esses objetos no passado e de que materiais eram feitos.

Carrinho de brinquedo com pedal, década de 1960. Era feito em metal.

Garrafa de leite de vidro. Até os anos 1980, ainda era possível comprar leite em garrafas de vidro, que foram substituídas por embalagens longa vida e garrafas de plástico.

A carteira escolar era totalmente de madeira; algumas podiam ter as pernas de metal, bem diferente das carteiras escolares da atualidade.

Até surgirem as mochilas escolares na década de 1970, os alunos levavam seus livros em pastas de couro.

Tênis de couro era o calçado esportivo usado até o fim do século XIX. Depois surgiram os de lona e atualmente são feitos de tecido sintético.

Por quase cem anos, a caneta tinteiro prevaleceu como utensílio para a escrita até surgirem as canetas esferográficas nos anos de 1940-1950.

Conforme se estudam as características dos materiais e se desenvolvem novos, muitos objetos que tradicionalmente eram feitos com um material passam a ser feitos com outros. E por que isso ocorre?

Veja o caso da embalagem de leite de vidro. Será que a substituição dela por sacos plásticos, primeiro, e depois por embalagens longa vida trouxe algum benefício?

O vidro quebra com facilidade; já a embalagem de plástico não, assim como a de longa vida.

No caso das malas escolares de couro, a capacidade de acondicionar os livros era limitada, porque o couro não estica tanto quanto os tecidos de que são feitas as mochilas na atualidade. O couro, nesse caso, é menos flexível que o tecido.

E a caneta tinteiro? Só se percebia que a tinta havia acabado quando ela começava a falhar e, então, era preciso enchê-la de novo. Já a maior parte das canetas esferográficas permite visualizar quando a tinta vai terminar e, assim, sabemos que logo precisaremos de outra, porque a carga de tinta está dentro de um cartucho de plástico transparente.

ATIVIDADES

1. Cleuza precisa comprar ovos, mas quer ter certeza de que não haverá nenhum ovo quebrado dentro da caixa que comprar. Qual embalagem ela deve escolher ao comprar os ovos?

2. Paulo vai brincar de transportar pedrinhas. Qual dos caminhões você acha que conseguirá durar mais transportando as pedrinhas?

3. Maria fez uma caixinha de madeira para guardar bijuterias, mas quer ver sempre o que tem dentro da caixa. De que material ela deve fazer a tampa?

- Madeira.
- Vidro.
- Papel.
- Metal.
- Tecido.

4. A família de Rodrigo foi viajar nas férias sabendo que todos iam trazer muitas lembranças da viagem. De que tipo de material deve ser a mala que eles vão levar?

- Mala dura de policarbonato.

- Mala flexível de microfibra.

- Mala de couro.

5. Você conhece a brincadeira Joquempô ou pedra, papel ou tesoura?

É uma brincadeira muito conhecida que exige dois jogadores. Vejas algumas regras dessa brincadeira.

a) Com uma das mãos para trás, cada participante se prepara fazendo a posição pedra, papel ou tesoura.

Pedra

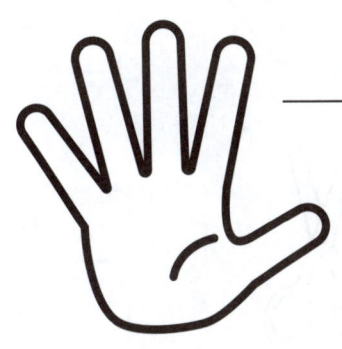

Papel

Tesoura

b) Um dos participantes conta até três e diz **já**! Os dois participantes devem mostrar a mão na posição que escolheram ao mesmo tempo.

Conhecendo características de dureza e flexibilidade dos materiais, você consegue dizer quem ganha de quem?

1 Ganha   **2** Perde

☐ Tesoura
☐ Papel

☐ Pedra
☐ Tesoura

☐ Pedra
☐ Papel

Compartilhe sua resposta com a dos colegas e conversem sobre o porquê das opções escolhidas por vocês.

6. Henrique foi à feira comprar bananas para sua mãe e o feirante embrulhou-as em folhas de jornal. Uma das bananas amassou durante o caminho. Quando chegou em casa, a mãe de Henrique viu o jornal e disse que ia guardá-lo para usar em outras coisas. Isso vai ser possível?

☐ Sim.   ☐ Não.

7. Beatriz está ajudando seus pais na festa da família. Eles estão oferecendo uma feijoada aos parentes.

a) Na hora de servir, Beatriz quis usar um pratinho de papelão. Isso vai dar certo?

☐ Sim.   ☐ Não.

b) Por quê?

_____
_____
_____

8. A bola é um brinquedo universal; em todos os lugares há brincadeiras com bolas. Elas podem ser feitas em madeira, couro, tecido, plástico, vidro, metal e muitos outros materiais.

Bola de madeira   Bola de vidro   Bola de couro

Bola de plástico   Bola de metal

• Considerando as bolas da imagens, qual delas será mais difícil chutar?

_____

400

LIÇÃO 8 — HIGIENE E SAÚDE

Higiene é o conjunto de procedimentos diários que você realiza para deixar seu corpo e sua mente em bom estado. Essa medida ajuda a prevenir doenças.

As regras mais importantes para manter o corpo saudável são: higiene pessoal, boa alimentação, descanso, prática de exercícios, manter uma vida tranquila e evitar o consumo de substâncias que prejudicam o corpo.

Higiene pessoal

Bons hábitos de higiene pessoal são:
- tomar banho todos os dias e manter o corpo limpo;
- manter as unhas limpas e aparadas;
- lavar as mãos antes de comer e depois de se ir ao banheiro, lembrando-se de lavar bem embaixo das unhas;
- lavar os cabelos com frequência;
- pentear os cabelos todos os dias;
- escovar os dentes de manhã, depois das refeições e antes de dormir;
- usar o fio dental antes da escovação;
- visitar regularmente o dentista;
- manter o ambiente de convívio limpo;
- tampar o vaso sanitário e dar descarga depois de utilizá-lo;
- manter organizado o que existe nos ambientes.

Para mantermos o corpo saudável, é preciso ter bons hábitos de higiene.

401

Hábitos saudáveis

Boa alimentação

Uma dieta equilibrada, ou seja, ter um cardápio com todos os tipos de alimentos, é importante, porque ajuda o corpo a se defender de doenças e infecções.

Bons hábitos de alimentação são:
- comer alimentos variados e saudáveis;
- mastigar bem antes de engolir os alimentos;
- lavar bem as verduras e as frutas;
- beber água sempre filtrada ou fervida;
- conservar os alimentos em lugares frescos, protegidos de moscas e outros insetos;
- só comer carne bem assada ou bem cozida;
- evitar comer muitos doces, pois podem estragar os dentes;
- usar pouco sal nos alimentos;
- comer nos horários certos;
- evitar frituras e alimentos gordurosos.

Descanso

O descanso é necessário para repor a energia gasta nas atividades que realizamos quando estamos acordados.

Bons hábitos de descanso são:
- dormir em ambiente tranquilo, que proporcione um sono adequado;
- dormir pelo menos oito horas por dia.

> Crescemos pela ação do hormônio do crescimento, uma substância que o corpo fabrica e faz com que os ossos e outras partes do corpo cresçam. Essa substância é liberada enquanto dormimos, por isso dormir cedo e descansar no mínimo oito horas por noite durante a infância é imprescindível para o desenvolvimento.

Prática de exercícios

A prática regular de exercícios ajuda a manter o corpo saudável e libera substâncias tóxicas que estão no corpo.

Bons hábitos ao praticar exercícios são:

- fazer exercícios pelo menos 3 vezes por semana durante 40 minutos;
- procurar movimentar-se durante o dia, evitando o sedentarismo.

Manter uma vida tranquila

Viver tranquilamente é fundamental para manter o corpo saudável.

Bons hábitos para uma vida tranquila são:

- relacionar-se bem com as pessoas e ser gentil com elas;
- procurar ver o lado positivo dos acontecimentos;
- tornar o dia a dia mais agradável.

Evitar substâncias que prejudicam o corpo

Ingerir alimentos saudáveis e evitar as substâncias que podem causar danos ao corpo é fundamental para a saúde.

Bons hábitos para evitar substâncias que prejudicam o corpo são:

- não consumir bebidas alcoólicas;
- não fumar;
- não usar drogas;
- não usar remédios sem prescrição médica.

ATIVIDADES

1. Pinte os círculos das frases sobre bons hábitos de higiene:

○ Cortar e manter limpas as unhas.

○ Tomar banho só uma vez por semana.

○ Beber somente água filtrada ou fervida.

○ Comer frutas bem lavadas.

403

2. Pinte os objetos que usamos para manter a higiene do corpo:

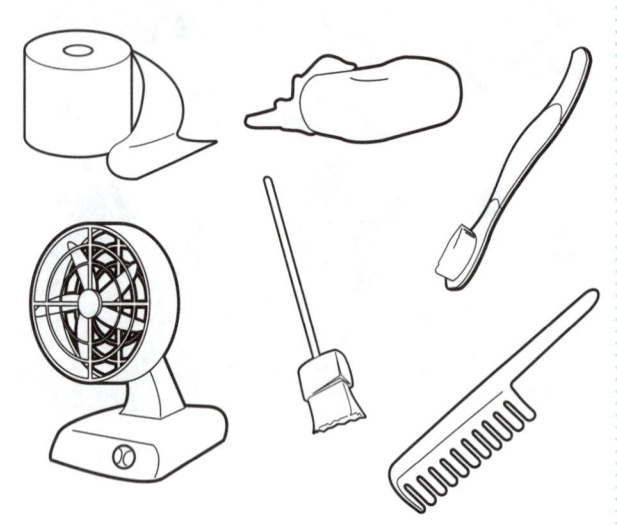

3. Escreva o hábito de higiene representado em cada figura:

_____

_____

_____

_____

4. Marque com um **X** apenas as frases verdadeiras:

☐ Os alimentos devem ser protegidos dos insetos.

☐ Não é necessário varrer a casa.

☐ O lixo deve ser jogado na rua.

☐ Devemos lavar muito bem frutas, legumes e verduras antes de consumi-los.

☐ Devemos tomar banho todos os dias.

5. Assinale o que você deve fazer para ter boa saúde:

☐ Lavar sempre as mãos antes das refeições.

☐ Dormir no mínimo 8 horas por dia.

☐ Fazer exercícios físicos.

☐ Ir ao médico e ao dentista regularmente.

☐ Alimentar-se bem.

☐ Andar sempre descalço.

☐ Não lavar as mãos depois de usar o banheiro.

☐ Cortar e limpar sempre as unhas.

Prevenção de doenças e acidentes

As pessoas podem ficar doentes ao longo da vida. Algumas doenças podem ser tratadas e curadas. Outras são graves e, mesmo sendo tratadas, não têm cura.

Algumas doenças podem ser desenvolvidas no período de gestação, no ventre da mãe. Muitas pessoas nascem com doenças hereditárias, ou seja, que passam dos pais para os filhos.

É importante saber se prevenir das doenças e sempre procurar um médico se algum problema estiver acontecendo. Nunca tome remédios sem orientação médica.

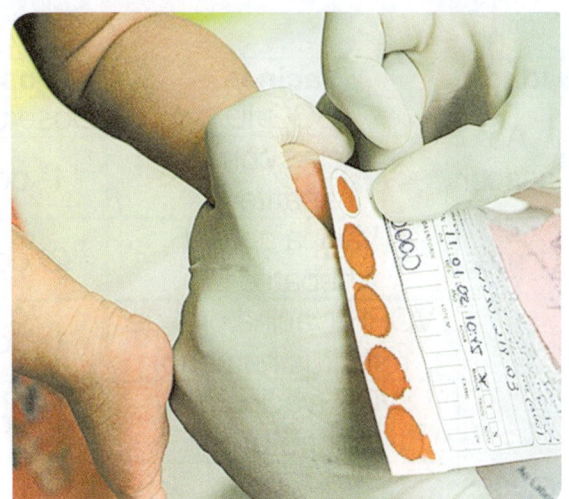

O teste do pezinho é um exame simples e gratuito que indica a presença ou não de algumas doenças já no recém-nascido.

Prevenindo doenças

As vacinas nos protegem de doenças causadas por seres muito pequenos chamados **vírus** e **bactérias**. É por isso que as vacinas obrigatórias são controladas no cartão de vacinação de cada criança. Elas evitam doenças como: tuberculose, coqueluche, paralisia infantil (poliomielite), difteria, tétano, sarampo, rubéola e hepatite.

É dever dos governantes promover campanhas de vacinação e dever dos pais ou responsáveis levar as crianças para serem vacinadas. Além das vacinas, a higiene e a alimentação adequadas e testes feitos no nascimento nos protegem das doenças.

Para defender nosso corpo dos ataques dos agentes externos, nossa primeira barreira é a pele.

Por isso, é muito importante manter a pele saudável. Assim, procure protegê-la quando ficar exposto ao Sol. Se, mesmo assim, você sofrer algum corte ou lesão na pele, procure mantê-la limpa, fazendo a assepsia no local e colocando remédio para evitar infecção. Os agentes externos podem entrar em seu corpo pelo corte ou lesão e causar doenças.

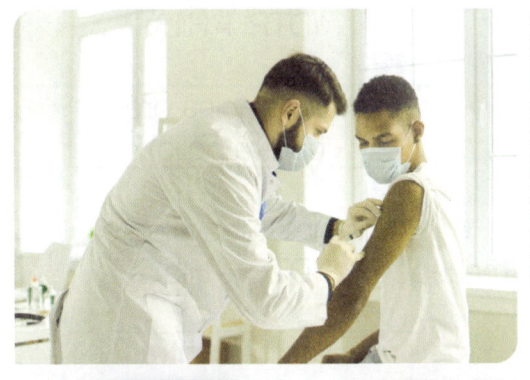

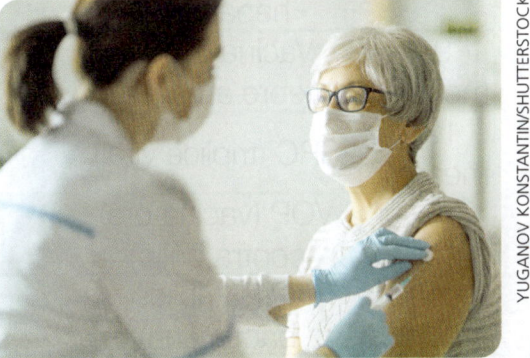

Durante seu crescimento, você e todas as crianças devem receber vacinas. Você deve ter uma carteira de vacinação. Consulte esse documento e veja se recebeu todas as doses de vacinas necessárias.

Idade	Vacinas	Doses	Doenças Evitadas
Ao nascer	BCG-ID	Dose única	Formas graves de tuberculose
Ao nascer	Vacina contra hepatite B	1ª dose	Hepatite B
1 mês	Vacina contra hepatite B	2ª dose	Hepatite B
2 meses	VORH (vacina oral de rotavírus humano)	1ª dose	Diarreia por rotavírus
2 meses	VOP (vacina oral contra pólio)	1ª dose	Poliomielite (paralisia infantil)
2 meses	Vacina tetravalente (DTP + Hib)	1ª dose	Difteria, tétano, coqueluche, meningite e outras infecções causadas pelo *Haemophilus influenza* tipo b
4 meses	VORH (vacina oral de rotavírus humano)	2ª dose	Diarreia por rotavírus
4 meses	VOP (vacina oral contra pólio)	2ª dose	Poliomielite (paralisia infantil)
4 meses	Vacina tetravalente (DTP + Hib)	2ª dose	Difteria, tétano, coqueluche, meningite e outras infecções causadas pelo *Haemophilus influenza* tipo b
6 meses	VOP (vacina oral contra pólio)	3ª dose	Poliomielite (paralisia infantil)
6 meses	Vacina tetravalente (DTP + Hib)	3ª dose	Difteria, tétano, coqueluche, meningite e outras infecções causadas pelo *Haemophilus influenza* tipo b
6 meses	Vacina contra hepatite B	3ª dose	Hepatite B
9 meses	Vacina contra febre amarela	Dose inicial	Febre amarela
12 meses	SRC (tríplice viral)	1ª dose	Sarampo, rubéola e caxumba
15 meses	VOP (vacina oral contra pólio)	Reforço	Poliomielite (paralisia infantil)
15 meses	DTP (tríplice bacteriana)	1º reforço	Difteria, tétano e coqueluche

Idade	Vacinas	Doses	Doenças Evitadas
4 - 6 anos	DTP (tríplice bacteriana)	2º reforço	Difteria, tétano e coqueluche
	SRC (tríplice viral)	Reforço	Sarampo, rubéola e caxumba
10 anos	Vacina contra febre amarela	Reforço	Febre amarela

Prevenindo acidentes

Para evitar acidentes, devemos tomar cuidado em vários tipos de situações que oferecem certo perigo. Essas situações podem ocorrer nos mais diversos lugares: em casa, na rua, na escola, ao andar de carro, em praças ou parques.

Veja alguns cuidados que você pode tomar:

- Não mexa em panela no fogo nem fique perto do fogão.
- Atravesse a rua somente no sinal verde para o pedestre.
- Não brinque com fósforos, bombinhas ou com líquidos inflamáveis, como gasolina ou álcool líquido.
- Não tome remédios sem prescrição médica.
- Não mexa em tomadas ou fios elétricos, principalmente danificados.
- Não solte pipas perto de fios elétricos e jamais aplique cerol na linha para empinar a pipa.
- Não mexa em facas ou outros objetos cortantes.
- Jamais corra com vidros ou objetos pontiagudos e cortantes na mão.
- Não ponha na boca plantas que você não sabe se podem fazer mal.
- Não acaricie cães e gatos bravos ou que você não conhece.
- Ao andar de bicicleta, *skate* ou patins, use capacete para proteção da cabeça em caso de queda.
- Ao andar de carro, a criança de até 10 anos deve sentar-se no banco de trás e usar o cinto de segurança de três pontos – bebês e crianças de até 4 anos de idade devem usar assento especial no banco de trás.

407

ATIVIDADES

1. Que doenças são prevenidas pela vacina tetravalente?

_____

_____

_____

2. O que significa SCR? Escreva a seguir:

S: _____

C: _____

R: _____

3. Ordene as sílabas a seguir e forme nomes de algumas doenças que podem ser evitadas com vacinas:

a) xum-ba-ca _____

b) ta-no-té _____

c) sa-po-ram _____

d) lu-co-che-que _____

e) pa-te-he-ti _____

4. Que seres muito pequenos podem causar doenças?

_____

5. O que protege a nossa saúde?

_____

_____

_____

6. Escreva os nomes de duas doenças que você já teve e de duas vacinas que já tomou. Peça ajuda a um adulto de sua família.

Doenças: _____

_____

Vacinas: _____

_____

7. Escreva alguns cuidados que devemos ter para evitar acidentes.

_____

_____

_____

_____

_____

_____

_____

408

Coleção Eu gosto m@is

ARTE

2º ANO
ENSINO FUNDAMENTAL

SUMÁRIO

Lição 1 – Bumba meu boi...**411**

Lição 2 – Cores primárias..**413**

Lição 3 – Páscoa – Coelhão..**414**

Lição 4 – Cores secundárias...**417**

Lição 5 – Dia das Mães – Um presente da pré-história...................**419**

Lição 6 – Festa Junina – Balão junino...**423**

Lição 7 – Reconhecendo elementos de uma obra de arte..............**426**

Lição 8 – Dia dos Pais – Porta-escova de dentes............................**427**

Lição 9 – Animais em extinção – Onça-pintada...............................**430**

Lição 10 – Se eu fosse um animal...**433**

Lição 11 – Recorte e colagem – É primavera!.................................**434**

Lição 12 – Dia das crianças – Porta-lápis..**435**

Lição 13 – Animais em extinção – Tamanduá-bandeira..................**438**

Lição 14 – Natureza-morta...**441**

Lição 15 – Conhecendo instrumentos..**443**

BUMBA MEU BOI

Em várias partes do Brasil, ocorre uma festa chamada bumba meu boi ou boi-bumba. A festa conta uma história muito antiga. Diz-se que uma escravizada, mãe Catirina, estava grávida e queria comer língua de boi. Seu marido, pai Francisco, mata um boi na fazenda onde trabalhava para satisfazer esse desejo. O dono da fazenda, ao descobrir o sumiço do boi, ordena a um de seus vaqueiros que investigue o assunto. Ele acaba descobrindo o que ocorreu e sai em busca de pai Francisco que, com medo de ser castigado, procura um pajé para ressuscitar o boi.

No fim, o pajé ressuscita o boi e todos comemoram com uma grande festa. Nela há a representação dos personagens da história que dançam e cantam a celebração do boi todo enfeitado.

Veja na imagem a seguir a representação do boi nessa festa.

Festa do Bumba meu boi em São Luís (MA), em 2022. Observe que nessa representação, uma pessoa veste a roupa do boi. Atrás do "boi" há a ala dos indígenas.

ATIVIDADE

Agora que você conheceu a história do bumba meu boi, pinte o desenho a seguir para deixá-lo preparado para a festa.

SHUTTERSTOCK

LIÇÃO 2

CORES PRIMÁRIAS

As **cores primárias** são as cores puras, sem nenhuma mistura.

São elas: o **azul**, o **amarelo** e o **vermelho**.

Faça um desenho usando somente as cores primárias. Use lápis de cor.

LIÇÃO 3

PÁSCOA – COELHÃO

A palavra **páscoa** significa "passagem". Um dos símbolos da Páscoa é o coelho, animal que se reproduz com facilidade e representa a renovação da vida.

Na Páscoa, as pessoas se confraternizam e trocam ovos de Páscoa. Quem mais gosta da data são as crianças, que ganham muitos ovos.

Nas escolas, costuma-se comemorar a Páscoa com atividades ligadas a essa data. As crianças ganham ovos e pintam o rosto, imitando os coelhos.

Vamos construir um coelho utilizando materiais reutilizáveis.

MATERIAIS

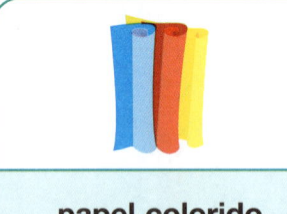

- caixa de leite
- papel colorido
- retalhos de EVA
- tesoura
- caneta permanente
- cola 
- cola quente

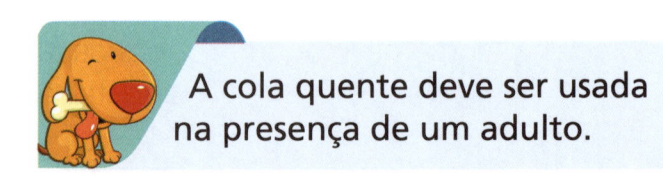

A cola quente deve ser usada na presença de um adulto.

414

PASSO A PASSO

1. Higienize a caixa de leite e abra uma das laterais usando a tesoura, como na figura.

2. Passe cola na caixa e encape com o papel colorido.

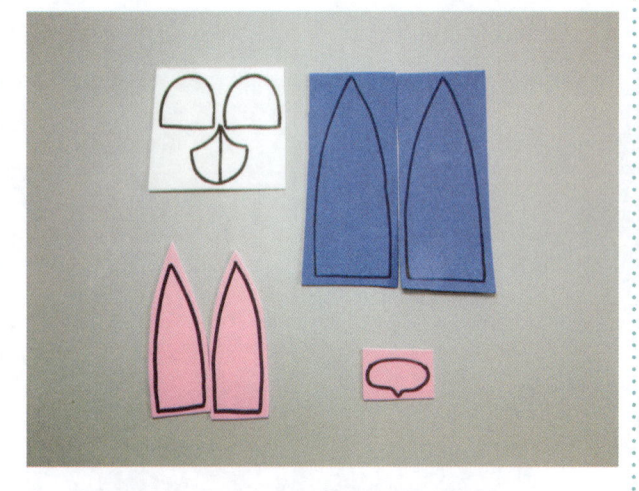

3. Desenhe nos retalhos de EVA as orelhas, os olhos, o focinho e os dentes do coelho, como na imagem.

4. Recorte os desenhos e cole-os com a cola quente na caixa de leite encapada. Em seguida, acrescente os detalhes com a caneta permanente.

415

5. Seu coelho está pronto.

Você pode guardar vários objetos no seu coelho.

ATIVIDADE

Pesquise, recorte e cole no espaço abaixo símbolos da Páscoa.

4 CORES SECUNDÁRIAS

As **cores secundárias** são aquelas que obtemos pela combinação das cores primárias, duas a duas, em proporções iguais.

São elas: o **verde**, o **laranja** e o **roxo**.

Observe como a artista Tarsila do Amaral usou as cores secundárias nesta pintura.

A cuca (1924), de Tarsila do Amaral. Óleo sobre tela, 73 cm × 100 cm.

A obra *A cuca* foi pintada por Tarsila do Amaral em 1924. O material usado foi tinta a óleo sobre a tela de pintura. Tarsila do Amaral nasceu em 1º de setembro de 1886, em Capivari, no interior do estado de São Paulo, e faleceu na cidade de São Paulo, em 17 de janeiro de 1973. Ela é considerada uma das grandes pintoras brasileiras.

ATIVIDADE

Para encontrar as cores secundárias, pinte os círculos abaixo misturando duas cores primárias. Use lápis de cor ou tinta guache.

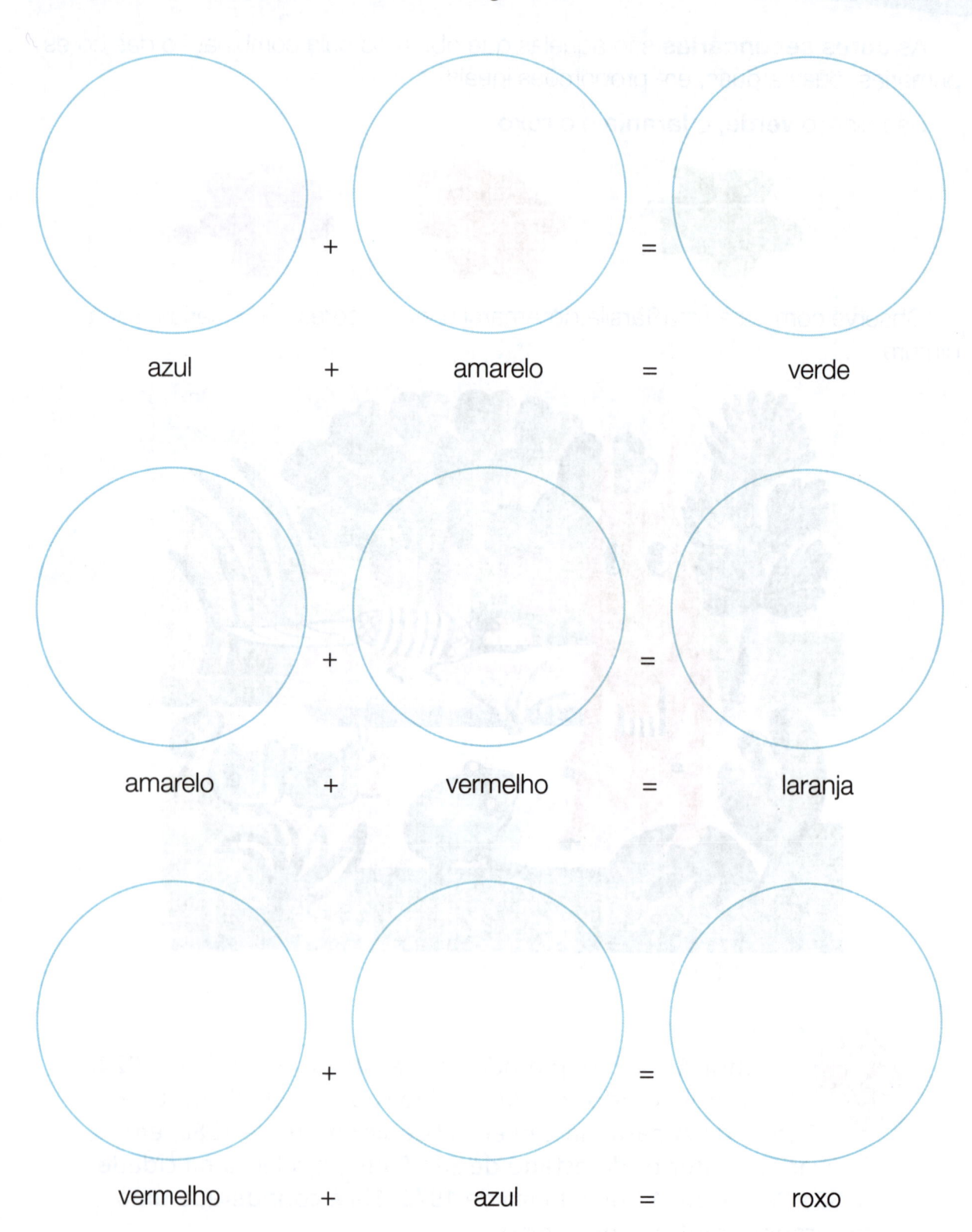

azul + amarelo = verde

amarelo + vermelho = laranja

vermelho + azul = roxo

418

5 DIA DAS MÃES – UM PRESENTE DA PRÉ-HISTÓRIA

Mãe é sinônimo de amor, carinho, proteção e dedicação.

O Dia das Mães foi criado para celebrar e homenagear todas as mães.

A origem dessa comemoração vem da Grécia antiga. A forma de comemorar varia de lugar para lugar. Em Roma, por exemplo, as comemorações duravam três dias.

Cada país comemora a data de acordo com as tradições locais. Em geral, há um dia especial dedicado àquela que nos deu a vida.

No Brasil, a data é comemorada no segundo domingo de maio.

Vamos construir uma placa no estilo da Pré-História para a mamãe.

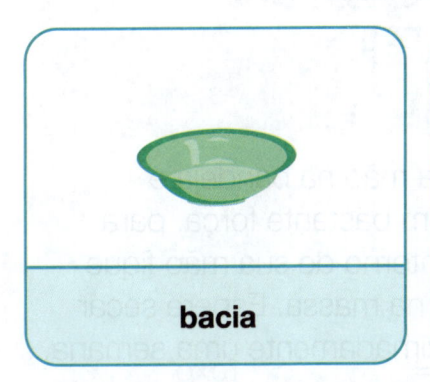

MATERIAIS

- bandeja de isopor
- massa de papel machê semipronta
- bacia
- copo
- água

PASSO A PASSO

1. Coloque a massa de papel machê em uma bacia e acrescente água, conforme as instruções da embalagem.

2. Amasse o papel machê até obter uma massa homogênea.

3. Coloque a massa de papel machê na bandeja de isopor. Faça movimentos circulares na massa até ficar bem lisinha.

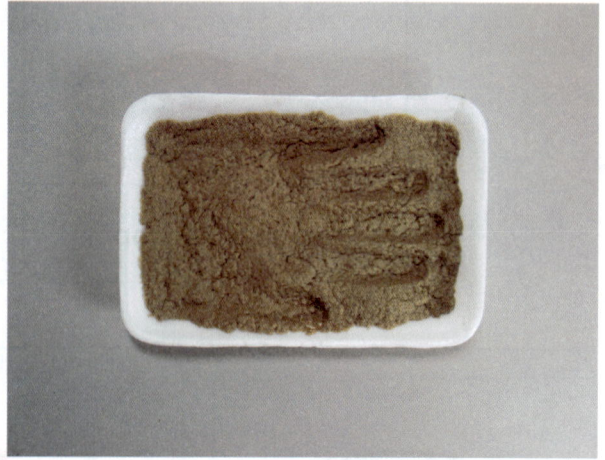

4. Coloque a mão na bandeja e aperte com bastante força, para que o contorno de sua mão fique impresso na massa. Espere secar por aproximadamente uma semana. Quando a massa secar, ela vai estar mais clara.

Tenha cuidado! O presente é frágil!

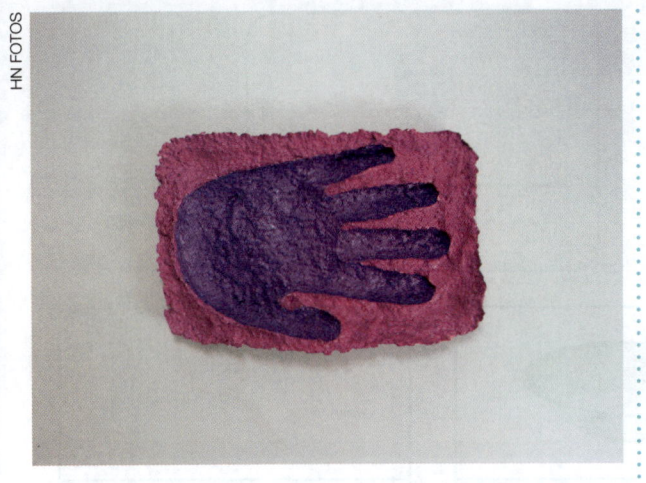

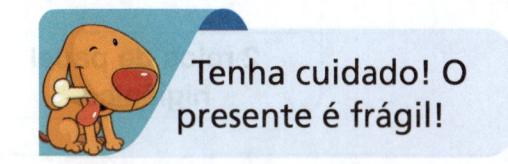

5. Pinte com as cores preferidas da sua mãe. A placa com a sua marca está pronta para presentear a mamãe!

ATIVIDADE

Faça um desenho para a sua mãe ou outra pessoa especial.

Receita caseira de papel machê

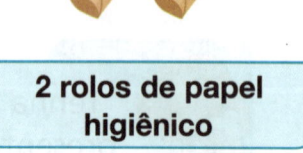

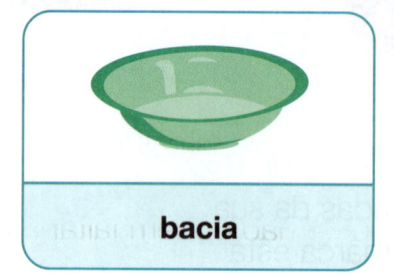

MATERIAIS

2 rolos de papel higiênico	água
½ kg de cola branca	bacia	peneira

Modo de preparo:

Rasgue os rolos de papel higiênico em pedaços dentro da bacia e acrescente a água. Deixe de molho até ficar bem mole.

Pegue pequenas porções da massa e aperte entre os dedos para tirar a água. Use a peneira para ajudar nessa etapa.

Esfarele todo o papel com as mãos e acrescente a cola aos poucos, até formar uma massa consistente e úmida.

Sugestões:

422

6 FESTA JUNINA – BALÃO JUNINO

As **Festas Juninas** são comemoradas no mês de junho. Vem daí a palavra **junina**. Esses festejos foram trazidos de Portugal ainda no período colonial. Nessa época, era grande a influência das culturas portuguesa, chinesa, espanhola e francesa no Brasil.

De Portugal e da Espanha veio a dança de fitas. Da China, os fogos de artifício. E da França, as danças marcadas, que geraram a quadrilha. Todos esses elementos foram se misturando aos elementos culturais já existentes no Brasil.

As culturas dos indígenas e dos africanos deram às Festas Juninas características diferentes em cada região do Brasil.

As Festas Juninas são feitas com comidas típicas, como a pamonha, o curau, o milho cozido, a pipoca, a canjica, o pinhão, o arroz-doce, o pé de moleque, entre outras guloseimas. Também não podem faltar a fogueira, a quadrilha e as brincadeiras.

Em algumas regiões, são comemoradas as **Festas Julinas**, realizadas no mês de julho.

Vamos construir um balão junino utilizando materiais reutilizáveis.

MATERIAIS

- garrafa PET
- tesoura
- tinta plástica
- fitas de cetim
- lã
- furador

423

PASSO A PASSO

1. Corte a garrafa PET, conforme a imagem.

2. Arredonde o gargalo da garrafa PET a cada dois gomos, conforme a imagem.

3. Faça um furo com o furador em cada gomo da garrafa.

4. Use a imaginação: crie enfeites com a tinta plástica, faça balões, bandeirinhas, fogueira. Depois, deixe secar.

Como é comemorada a festa junina em sua cidade?

5. Corte as fitas de cetim em tamanhos variados e amarre nos furos. Amarre o barbante na parte de cima da garrafa. O balão junino está pronto para ser pendurado. Agora, é só festejar!

ATIVIDADE

Desenhe com giz de cera comidas típicas de festa junina.

425

LIÇÃO 7

RECONHECENDO ELEMENTOS DE UMA OBRA DE ARTE

Vamos reconhecer os elementos que aparecem em uma obra de arte. Procure na pintura *Quarto em Arles*, de Vincent van Gogh, os seguintes objetos: um copo, uma jarra, um vidro de perfume, uma toalha de banho, um espelho e um chapéu.

Circule com caneta hidrocor cada objeto que você encontrar.

Quarto em Arles, de Vincent van Gogh, 1889. Óleo sobre tela, 72 cm × 90 cm.

Vincent van Gogh nasceu em 30 de março de 1853, na Holanda. Foi um artista que dedicou toda a sua vida à pintura. Viveu muitos anos na França. A obra *Quarto em Arles* retrata o quarto em que o pintor morou durante vários anos. Van Gogh morreu em Arles, na França, em 27 de julho de 1890, com apenas 37 anos de idade.

LIÇÃO 8 — DIA DOS PAIS – PORTA-ESCOVA DE DENTES

O Dia dos Pais é comemorado em diferentes datas em cada país. No Brasil, comemoramos esse dia no segundo domingo do mês de agosto.

Essa data começou a ser comemorada no ano de 1953, com o intuito de incentivar a celebração em família.

Em algumas culturas, a figura paterna tem papel de destaque na família.

Vamos construir um porta-escova de dentes utilizando materiais reutilizáveis.

MATERIAIS

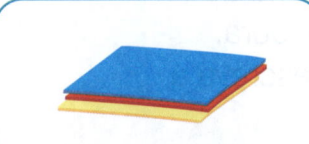

- pote de xampu
- retalhos de EVA
- caneta permanente
- tinta plástica
- tesoura
- estilete
- cola quente

A cola quente deve ser usada na presença de um adulto.

427

PASSO A PASSO

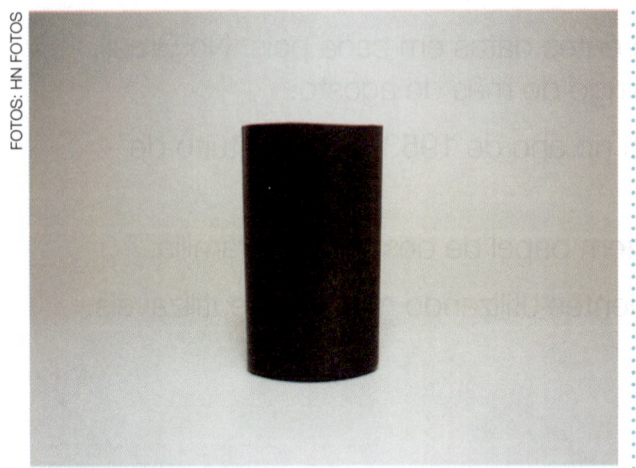

FOTOS: HN FOTOS

1. Higienize o pote de xampu e, com muito cuidado e com a ajuda do professor, corte a parte de cima do pote usando o estilete e a tesoura. Com a caneta permanente, escreva a palavra PAI nele.

2. Corte o EVA em pequenos pedaços (quadrados, retângulos e triângulos).

3. Com a cola quente, cole os pedaços de EVA nas linhas das letras, formando um mosaico.

4. Com a tinta plástica, contorne as letras e faça enfeites no pote. Depois, deixe secar.

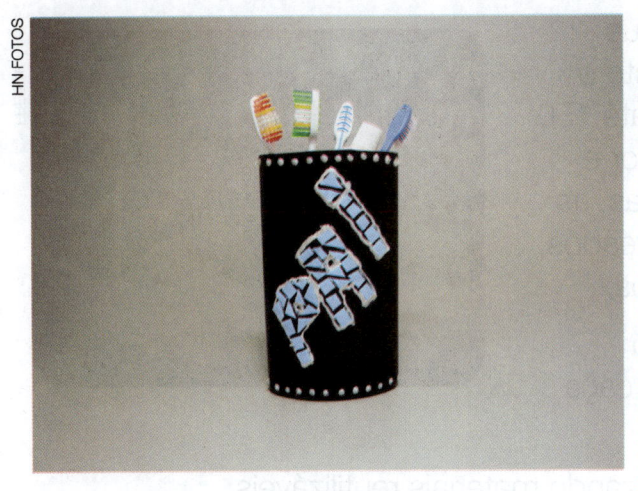

5. O porta-escova de dentes está pronto para ser presenteado ao papai!

Esse porta-escova de dentes pode ser usado como porta-lápis.

ATIVIDADE

Escreva uma mensagem para seu pai ou outra pessoa especial.

_____
_____
_____
_____
_____
_____
_____

429

LIÇÃO 9 — ANIMAIS EM EXTINÇÃO – ONÇA-PINTADA

A onça-pintada é um felino carnívoro que chega a medir 2,10 metros de comprimento e 90 centímetros de altura. Ela pode pesar até 150 quilos. Esse animal é um excelente nadador e caçador. Seus alvos preferidos são as antas, as capivaras, os tamanduás, os búfalos, os veados, os macacos, os peixes, entre outros bichos.

O risco de sua extinção é por causa do desmatamento, da poluição dos rios e da caça indiscriminada em diversas regiões.

Vamos construir uma onça-pintada utilizando materiais reutilizáveis.

MATERIAIS

- rolo de papel higiênico
- retalhos de papelão
- retalhos de EVA
- tinta preta
- pincel
- cola líquida
- guardanapo
- fita-crepe
- caneta permanente
- cola quente

A cola quente deve ser usada na presença de um adulto.

430

PASSO A PASSO

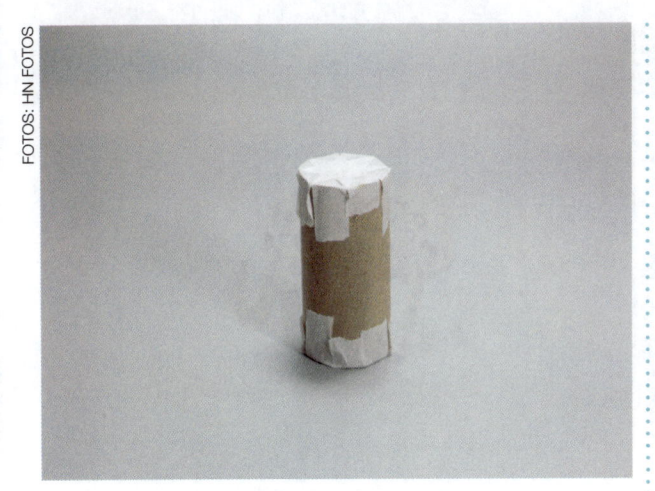

1. Feche o rolinho de papel higiênico com a fita-crepe.

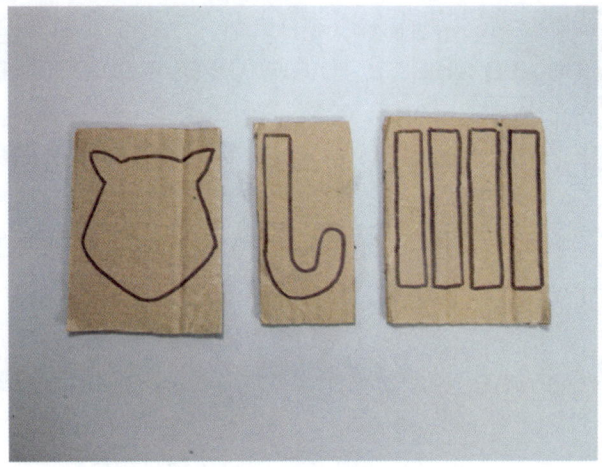

2. Desenhe nos retalhos de papelão as patas traseiras e dianteiras, a cauda e o formato da cara da onça, como na imagem.

3. Recorte e cole com a cola quente cada parte em seu lugar.

4. Rasgue o guardanapo em pequenos pedaços e cole com a cola líquida em toda a onça. Espere secar. Depois, pinte a onça de amarelo.

5. Com a caneta permanente, desenhe os detalhes da carinha do animal.

6. Com a tinta preta, desenhe as manchas no corpo da onça.

7. A onça-pintada está pronta para voltar para a floresta!

Faça uma exposição na escola com as onças feitas nesta atividade!

432

LIÇÃO 10

SE EU FOSSE UM ANIMAL

Você deve conhecer muitos animais, não é? E que tal imitar algum animal para movimentar o corpo e, também, soltar a voz.

Escolha um animal que você gostaria de ser e pesquise sobre como é o corpo dele, como ele anda, voa ou nada, que sons ele produz.

Agora é hora de produzir uma máscara do animal. Desenhe o rosto dele com lápis em um pedaço de cartolina e recorte o contorno do desenho.

Use lápis de cor ou giz de cera para colorir.

Faça os buracos dos olhos e um furo na borda de cada lado, na altura dos olhos, para amarrar um elástico ou barbante e prender a máscara no seu rosto. Mas cuidado, não pode apertar muito.

Você pode também incrementar sua máscara com materiais diferentes, colando barbantes, fitas, papéis coloridos, botões, copos plásticos, caixa de ovos e o que mais sua imaginação criar.

Agora é só esperar a hora de mostrar seu animal para os colegas. Imite os movimentos dele e o som que ele faz.

Veja alguns animais para se inspirar.

Gato.

Cachorro.

Urso.

Passarinho.

Coelho.

Ovelha.

Leão.

Rato.

Onça-pintada.

LIÇÃO 11

RECORTE E COLAGEM – É PRIMAVERA!

Procure em revistas imagens de flores de diversos tipos e cores.

Recorte-as e cole no espaço abaixo, deixando o quadro bem alegre e colorido.

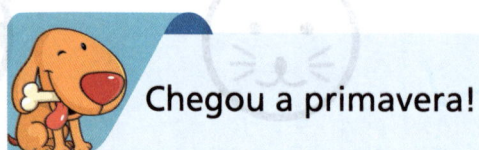

Chegou a primavera!

12 DIA DAS CRIANÇAS – PORTA-LÁPIS

O Dia das Crianças é muito especial. Foi criado inicialmente para comemorar a aprovação da Declaração dos Direitos das Crianças e acabou se tornando popular em vários países.

No Brasil, o Dia das Crianças é celebrado no dia 12 de outubro.

Vamos construir um porta-lápis utilizando materiais reutilizáveis.

MATERIAIS

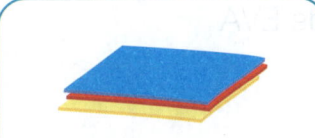

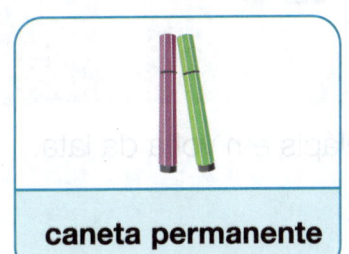

- lata de molho de tomate
- retalhos de EVA 
- palitos de churrasco
- tinta 
- pincel
- tesoura
- caneta permanente
- cola quente

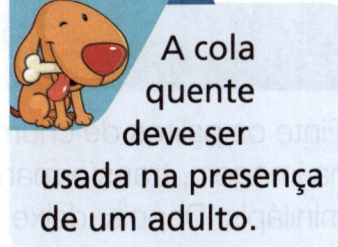

A cola quente deve ser usada na presença de um adulto.

PASSO A PASSO

1. Antes de tudo, higienize a lata de molho de tomate. Em seguida, com a cola quente, cole uma tira de EVA na parte externa dela.

2. Corte os palitos em tamanhos diferentes.

3. Pinte os palitos de churrasco como na imagem, transformando-os em minilápis. Depois, deixe secar.

4. Cole os minilápis em volta da lata.

436

Feliz Dia das Crianças!

5. Com a caneta permanente, acrescente detalhes. O porta-lápis está pronto para ser usado!

ATIVIDADE

Desenhe livremente no quadro abaixo. Use a criatividade!

LIÇÃO 13 — ANIMAIS EM EXTINÇÃO – TAMANDUÁ-BANDEIRA

O tamanduá-bandeira é um mamífero com pelagem espessa que não possui dentes e tem focinho em formato cilíndrico. Sua visão é fraca, mas seu olfato é muito aguçado. Chega a pesar 40 quilos e a medir 2 metros de comprimento, incluindo a cauda, que é muito longa e peluda. Sua altura pode chegar a 60 centímetros. Sua coloração é acinzentada, com faixas pretas e brancas na diagonal.

Esse animal se alimenta de formigas e cupins. Para isso, usa suas garras para cavar e sua língua para capturar esses insetos. É um animal manso e solitário, que caça tanto de dia como de noite. Está ameaçado de extinção por causa da destruição de seu hábitat, que são as florestas. Muitos tamanduás-bandeira vivem nos cerrados e nos campos. Muitas vezes acabam morrendo atropelados quando atravessam as estradas.

Vamos construir um tamanduá-bandeira utilizando materiais reutilizáveis.

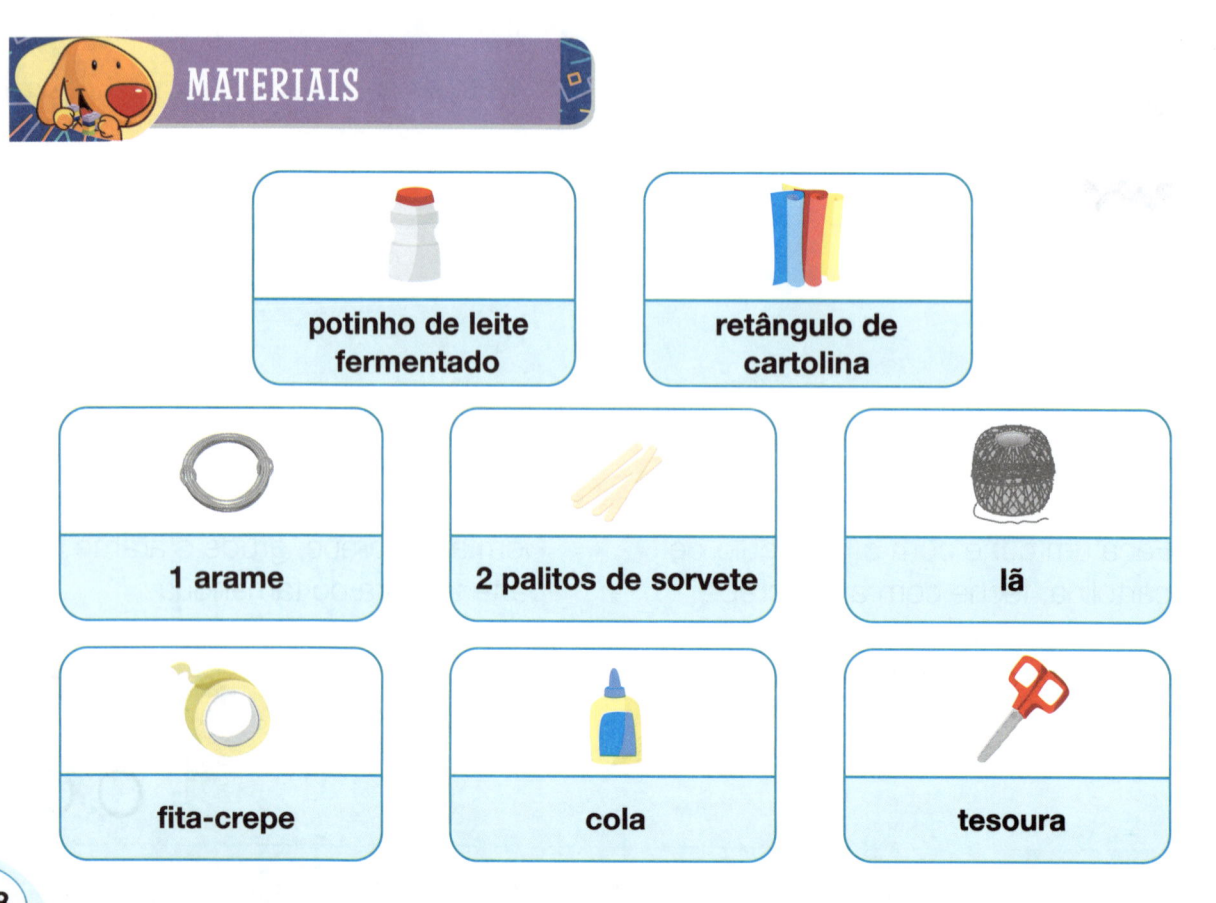

MATERIAIS

- potinho de leite fermentado
- retângulo de cartolina
- 1 arame
- 2 palitos de sorvete
- lã
- fita-crepe
- cola
- tesoura

PASSO A PASSO

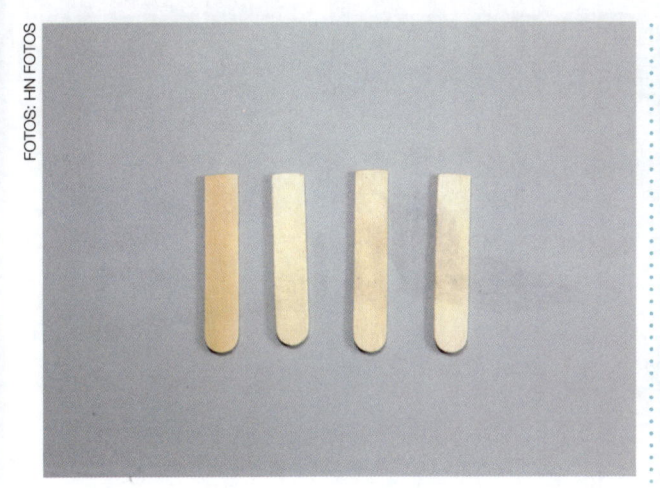

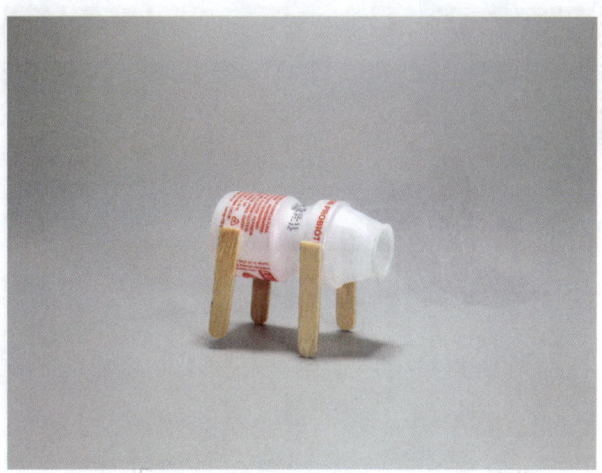

1. Corte os palitos de sorvete ao meio.

2. Cole os palitos no potinho. Eles serão as patas do tamanduá.

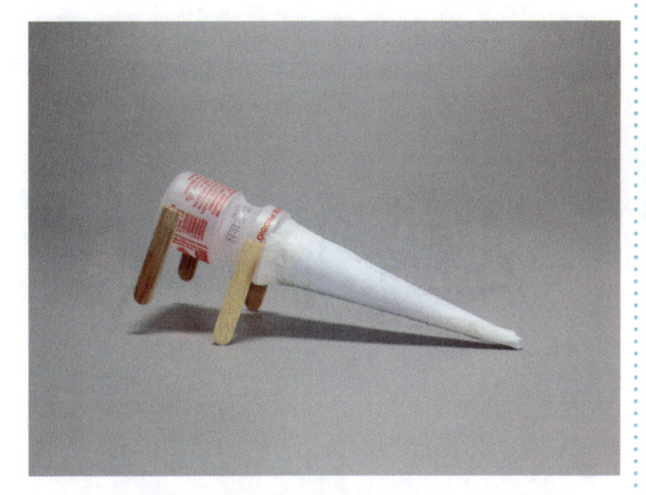

3. Faça um cone com o retângulo de cartolina, feche com a fita-crepe e encaixe na abertura do potinho. Passe fita-crepe para segurar.

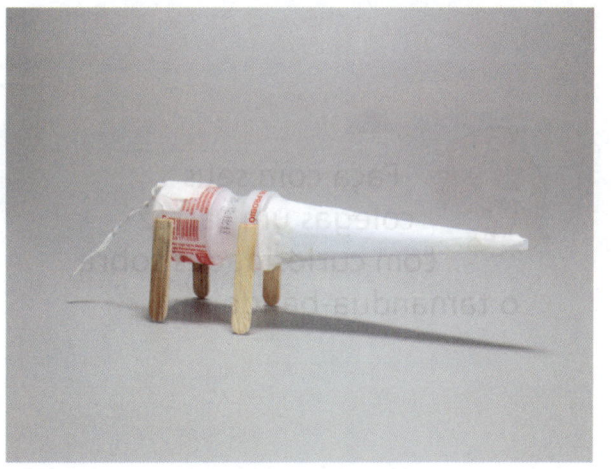

4. Com a fita-crepe, grude o arame na parte traseira do tamanduá.

439

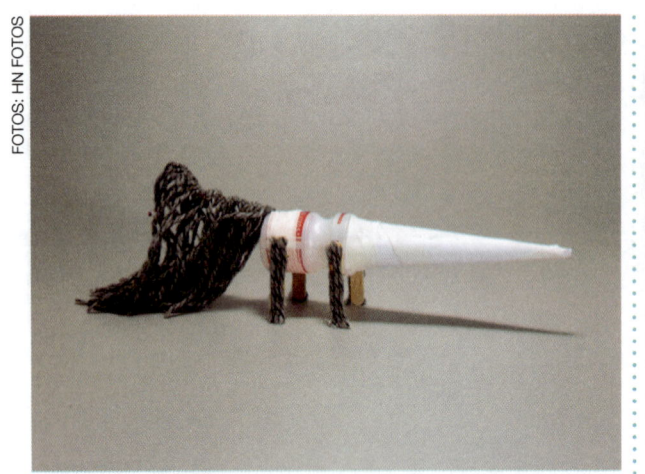

5. Corte pedaços de lã e amarre no arame, para formar a cauda do tamanduá. Lembre-se de que a cauda desse animal é muito peluda.

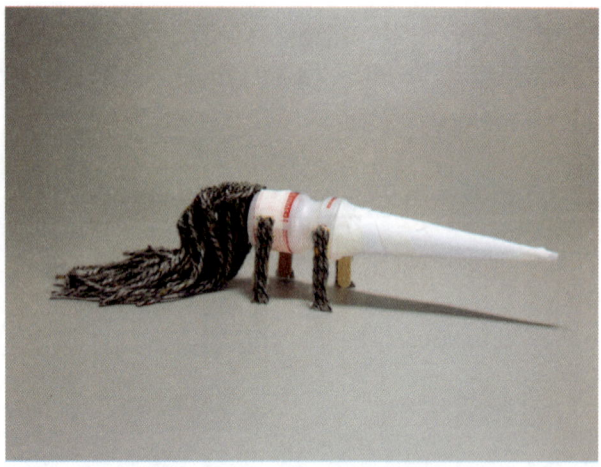

6. Vá colando os pedaços da lã nas patas dianteiras e traseiras e por todo o corpo. Para os olhos, dê alguns nós na lã e cole.

Faça com seus colegas um cartaz com curiosidades sobre o tamanduá-bandeira.

7. Para deixar ainda mais gracioso, coloque um pedacinho de fita vermelha como a língua do animal. Nosso tamanduá-bandeira está pronto!

NATUREZA-MORTA

Natureza-morta é o nome dado a um estilo de pintura na qual se representam seres inanimados, como frutas, flores em vasos, livros e objetos usados dentro de casa, como copos, jarros e taças.

Esta obra se chama *Natureza-morta com maçãs e laranjas* e foi pintada pelo artista Paul Cézanne entre 1895 e 1900.

Natureza-morta com maçãs e laranjas, de Paul Cézanne, 1895-1900. Óleo sobre tela, 73 cm × 92 cm.

Paul Cézanne nasceu em Aix-em-Provence, na França, em 19 de janeiro de 1839, e morreu em 22 de outubro de 1906, na mesma cidade. Sua pintura sofreu influência das obras impressionistas de temas relacionados à natureza. Cézanne é considerado um dos fundadores da arte moderna.

ATIVIDADE

Desenhe e recorte imagens de frutas e cole-as na fruteira abaixo, formando uma natureza-morta.

Se você tiver papel colorido, desenhe as frutas nele. Caso contrário, use lápis de cor ou giz de cera para colorir.

LIÇÃO 15

CONHECENDO INSTRUMENTOS

O **pandeiro** é um instrumento musical de percussão, geralmente de formato circular. Como o tambor, consiste de um aro revestido por uma pele, porém, ao seu redor, são colocadas platinelas de metal.

O pandeiro pode ser tocado com a palma da mão ou somente com a ponta dos dedos.

No Brasil, é um instrumento muito usado no samba e no pagode, mas também em outros ritmos musicais.

Vamos construir um pandeiro utilizando materiais reutilizáveis.

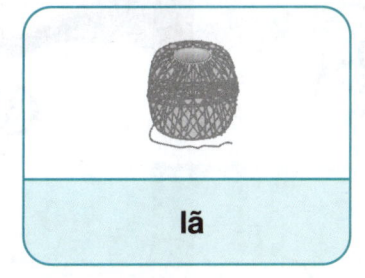

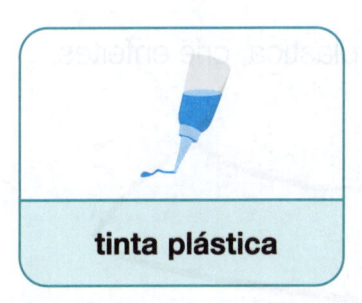

MATERIAIS

- fundo de uma garrafa PET
- 10 tampinhas de metal
- lã
- arame
- tinta plástica
- furador
- martelo e prego

443

PASSO A PASSO

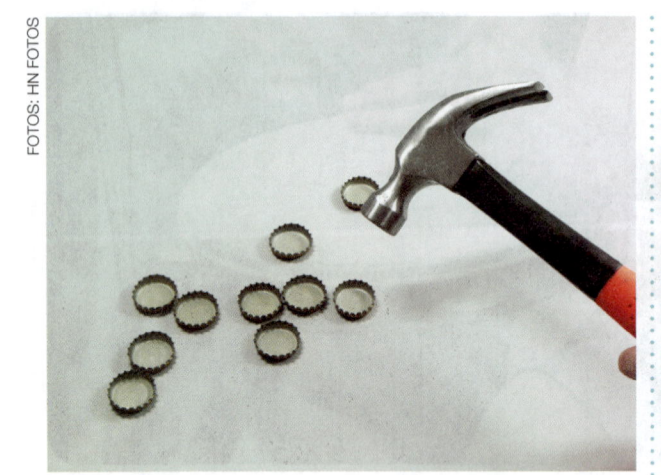

1. Peça a ajuda de um adulto para fazer um furo em cada tampinha. Use prego e martelo.

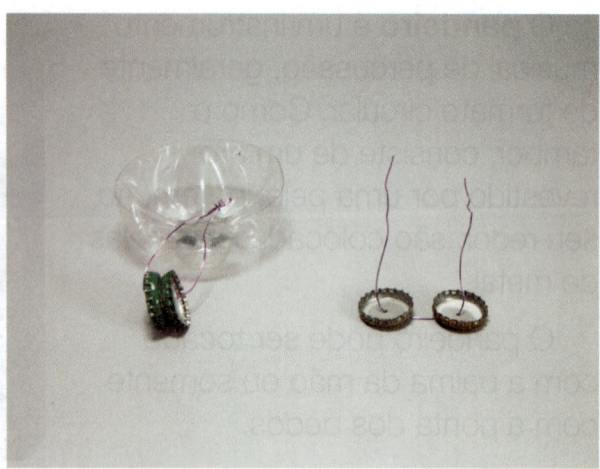

2. Com o furador, faça um furo em cada gomo da garrafa. Passe o arame a cada duas tampinhas, como na imagem, e amarre no furo da garrafa.

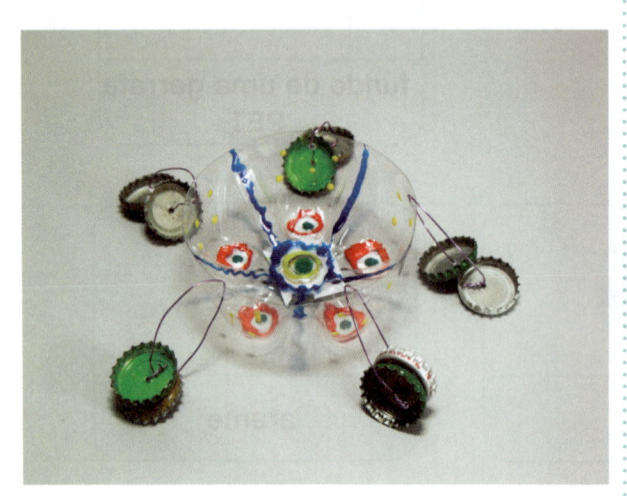

3. Faça isso em todos os furos.

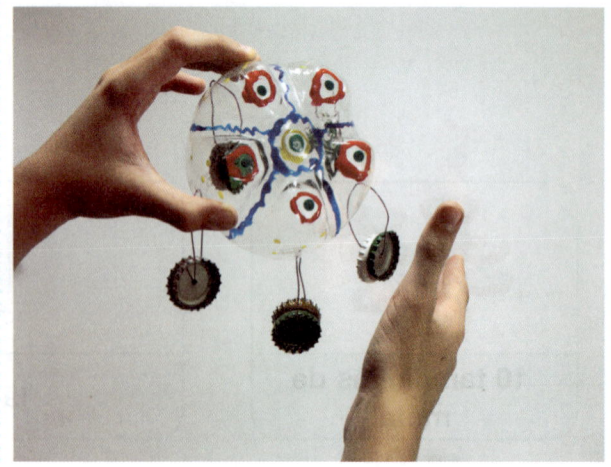

4. Com a tinta plástica, crie enfeites.

5. Agora, é só começar a festa, pois o pandeiro já está pronto!

ATIVIDADES

1. Pinte o pandeiro e enfeite-o como quiser.

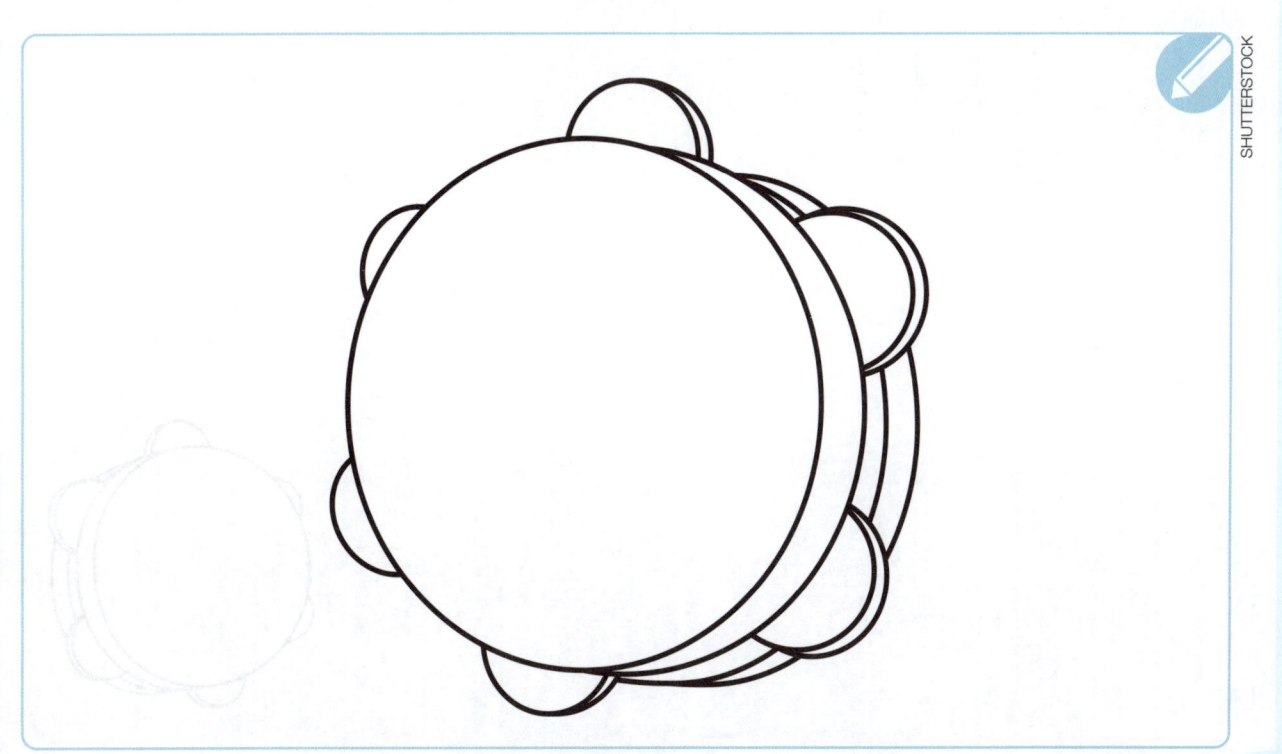

445

2. Pesquise nomes de instrumentos de percussão e escreva-os no espaço abaixo. Depois, desenhe-os.

Coleção Eu gosto m@is

LÍNGUA INGLESA

2º ANO
ENSINO FUNDAMENTAL

CONTENTS

Lesson 1 – What is your name? **449**
(Qual é o seu nome?)

Lesson 2 – I am 7 years old **451**
(Eu tenho 7 anos)

Lesson 3 – I am a student **455**
(Eu sou estudante)

Lesson 4 – I like to have fun **460**
(Eu gosto de me divertir)

Lesson 5 – I have a new pencil case **463**
(Eu tenho um estojo novo)

Lesson 6 – The parts of your body **465**
(As partes do seu corpo)

Lesson 7 – My family **468**
(Minha família)

Review **471**
(Revisão)

Glossary **475**
(Glossário)

LESSON 1

WHAT IS YOUR NAME?
(Qual é o seu nome?)

- HELLO, MY NAME IS BEN.
- HI, I AM MARY.
- WHAT IS YOUR NAME?
- MY NAME IS RYAN.

ACTIVITIES

1. Let´s write.
(Vamos escrever.)

- WHAT IS YOUR NAME?
- I AM _____
- HI! WHAT IS YOUR NAME?
- HELLO! MY NAME IS _____

LÍNGUA INGLESA

Greetings

(Saudações / Cumprimentos)

2. Let's talk.
(Vamos conversar.)

GOOD MORNING!	GOOD AFTERNOON!	GOOD NIGHT!
(Bom dia!)	(Boa tarde!)	(Boa noite!)
HI!	GOOD NIGHT!	HELLO!

3. Let's greet.
(Vamos cumprimentar.)

GOOD MORNING!   GOOD AFTERNOON!

HI!   GOOD NIGHT!   HELLO!

LESSON 2

I AM 7 YEARS OLD
(Eu tenho 7 anos)

> I AM LUANA.
> I AM 7 YEARS OLD.
> AND YOU?

> I AM MARY.
> I AM 8 YEARS OLD.

(Eu sou a Luana. Eu tenho 7 anos. E você?) (Eu sou a Mary. Eu tenho 8 anos.)

Numbers
(Números)

1 one	2 two
3 three	4 four
5 five	6 six
7 seven	8 eight
9 nine	10 ten

ACTIVITIES

1. Let´s copy.
(Vamos copiar.)

10 _____   3 _____

1 _____   7 _____

8 _____   2 _____

6 _____   4 _____

9 _____   5 _____

LÍNGUA INGLESA

2. Count the candles and complete the sentences.
(Conte as velas e complete as frases.)

EXAMPLE:
ANA IS **FIVE** YEARS OLD.

a) Jack is _____ years old.

b) Lia is _____ years old.

c) Louis is _____ years old.

Colors
(Cores)

WHITE	RED	BLUE	GREEN	BROWN	BLACK	YELLOW
(branco)	(vermelho)	(azul)	(verde)	(marrom)	(preto)	(amarelo)

3. Let's color.
(Vamos colorir.)

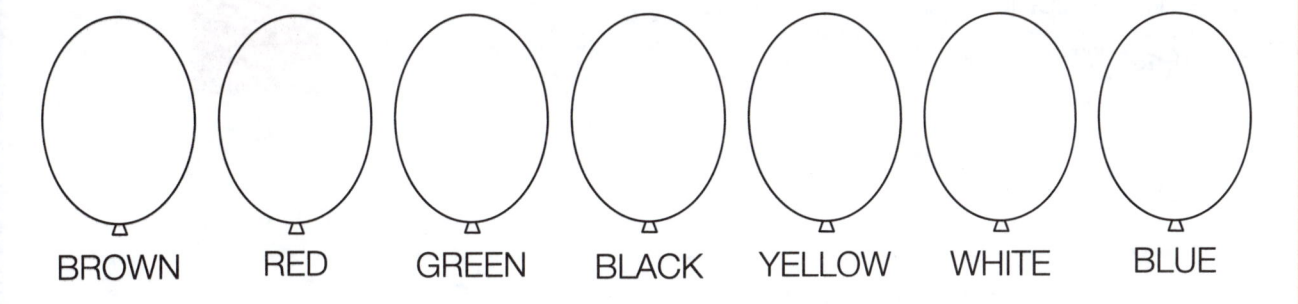

BROWN   RED   GREEN   BLACK   YELLOW   WHITE   BLUE

4. Write the numbers and colors you see.
(Escreva os números e as cores que você vê.)

a) _____ apples.

b) _____ cars.

c) _____ dog.

453

5. Let's write.
(Vamos escrever.)

> **Model:**
> – What color is it?
> (Que cor é esta?)
> – It is **blue**.
> (É azul.)

a) – What color is it?
– It is _____.

b) – What color is it?
– It is _____.

c) – What color is it?
– It is _____.

d) – What color is it?
– It is _____.

e) – What color is it?
– It is _____.

f) – What color is it?
– It is _____.

g) – What color is it?
– It is _____.

LESSON 3

I AM A STUDENT
(Eu sou estudante)

Professions and occupations
(Profissões e ocupações)

Saleswoman
(vendedora)

Manager
(gerente)

Architect
(arquiteto/a)

Truck driver
(motorista de caminhão)

Waiter
(garçom)

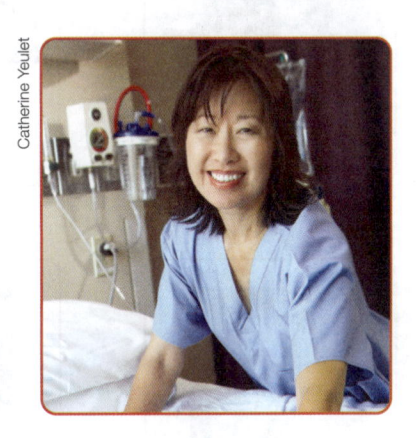

Nurse
(enfermeiro/a)

Cook
(cozinheiro/a)

Firefighter
(bombeiro/bombeira)

Artist
(artista)

LÍNGUA INGLESA

455

ACTIVITIES

1. Link.
(Ligue.)

Homemaker

Hospital

Factory

House/home

Nurse

Cook

Restaurant

Manager

2. Let's write.
(Vamos escrever.)

Model

He is a teacher.
He works at school.

a) She is a _____.

She works at _____.

housewife   home

b) He is a _____.

He works in a _____.

waiter   restaurant

c) He is a _____.

He works in a _____.

nurse   hospital

456

Attention!
(Atenção!)

- in a hospital
- an engineer
- a cook
- a doctor
- a teacher
- at the office
- a nurse
- at home
- a student
- at school
- an artist
- an administrator

2. Complete with the corresponding professions or occupations.
(Complete com as profissões ou ocupações correspondentes.)

DENTIST   TEACHER   ENGINEER   VETERINARIAN

I am a _____.

I am a _____.

I am an _____.

I am a _____.

457

Animals

(Animais)

I HAVE AN IGUANA.

I HAVE A DOG.

I HAVE A MONKEY.

I HAVE A CAT.

3. Match.
(Relacione.)

a	monkey	**c**	dog	**e**	cow
b	cat	**d**	pig	**f**	sheep

458

Shapes
(Formas)

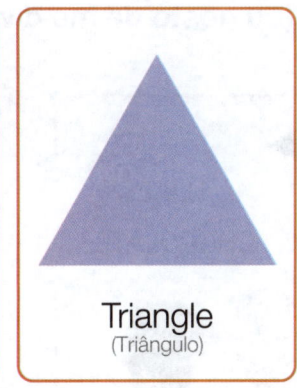

Star	Circle	Triangle	Square
(Estrela)	(Círculo)	(Triângulo)	(Quadrado)

4. Let's draw the right shape and color.
(Vamos desenhar a forma e a cor corretas.)

A blue square.

A black triangle.

A green star.

A red circle.

LÍNGUA INGLESA

459

LESSON 4

I LIKE TO HAVE FUN
(Eu gosto de me divertir)

I LIKE CHOCOLATE.

I LIKE VIDEO GAMES.

I LIKE DOLLS.

I LIKE SOCCER.

I LIKE BOOKS.

I LIKE ICE CREAM.

ACTIVITIES

1. Let's write.
(Vamos escrever.)

| I like | or | I don't like |

a) _____ dolls.

b) _____ cars.

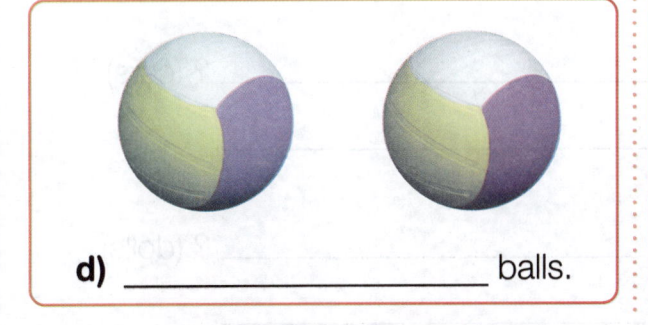

c) _____ games.

d) _____ balls.

2. Let's draw and write.
(Vamos desenhar e escrever.)

These are the things
I like.

These are the things
I don't like.

3. Let's write and practice.
(Vamos escrever e praticar.)

> DO YOU LIKE SOCCER?
> NO, I DON'T. DO YOU LIKE VIDEO GAMES?
> YES, I DO.

Do you like
(Você gosta de...)

| soccer? |
| books? |
| dolls? |
| chocolate? |
| ice cream? |
| computer games? |
| cars? |
| school? |
| TV? |

Models:

– Do you like chocolate?
– Yes, I do.
– Do you like soccer?
– No, I don't.

a) – Do you like _____? (ice cream)

  – _____.

b) – Do you like _____?
(computer games)

  – _____.

c) – Do you like _____? (animals)

  – _____.

d) – Do you like _____? (cars)

  – _____.

e) – Do you like _____? (dolls)

  – _____.

LESSON 5

I HAVE A NEW PENCIL CASE
(Eu tenho um estojo novo)

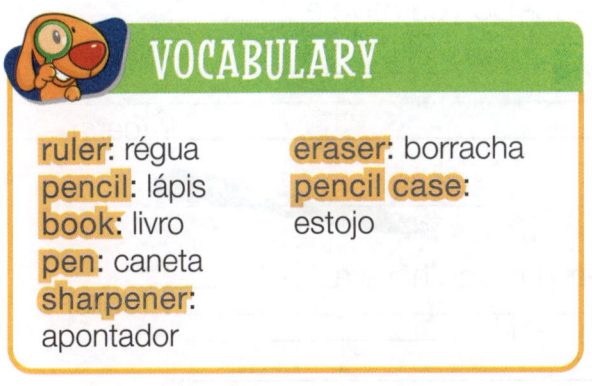

I HAVE A BOOK.
(Eu tenho um livro.)

I HAVE A PENCIL CASE.
(Eu tenho um estojo.)

I DON'T HAVE AN ERASER.
(Eu não tenho uma borracha.)

I HAVE A SHARPENER.
(Eu tenho um apontador.)

I HAVE A RULER.
(Eu tenho uma régua.)

I HAVE AN ERASER.
(Eu tenho uma borracha.)

VOCABULARY

ruler: régua
pencil: lápis
book: livro
pen: caneta
sharpener: apontador
eraser: borracha
pencil case: estojo

I HAVE A PEN.
(Eu tenho uma caneta.)

LÍNGUA INGLESA

Ilustrações: Lie Kobaiyashi

463

ACTIVITIES

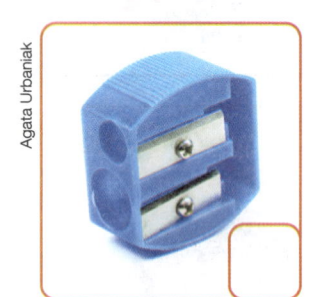

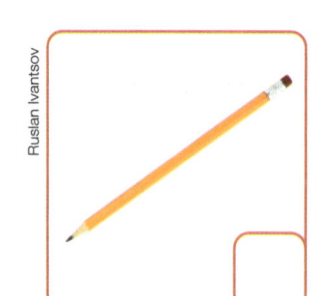

1. Match.
(Relacione.)

A book **B** pencil

C pen **D** sharpener

c) She has a _____.
(ruler)

d) She has a _____.
(pencil case)

3. Let's write.
(Vamos escrever.)

Yes, I do. or No, I don't.

DO YOU HAVE AN ERASER?
NO, SORRY.
YES, I DO. I HAVE ONE.

2. Let's write.
(Vamos escrever.)

a) I have a _____.
(sharpener)

b) She has an _____.
(eraser)

a) – Do you have a _____?
– Yes, _____.

b) Do you have a _____?
– No, _____.

464

LESSON 6

THE PARTS OF YOUR BODY
(As partes do seu corpo.)

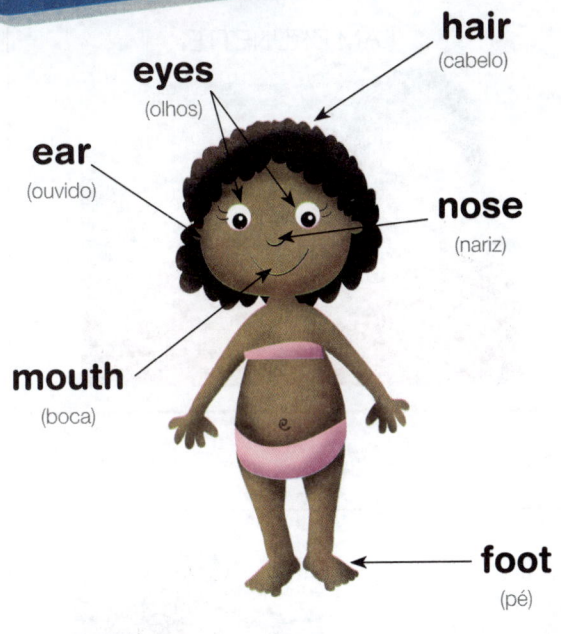

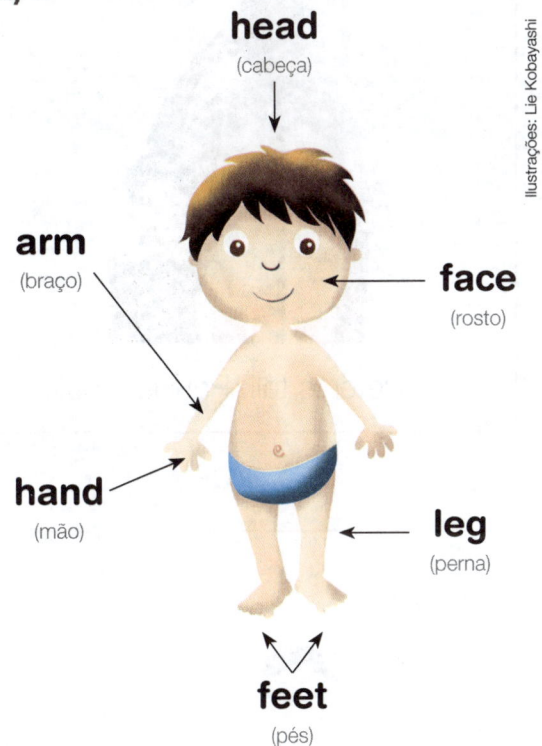

eyes (olhos)
hair (cabelo)
ear (ouvido)
nose (nariz)
mouth (boca)
foot (pé)
head (cabeça)
arm (braço)
face (rosto)
hand (mão)
leg (perna)
feet (pés)

ACTIVITIES

1. Let's copy.
(Vamos copiar.)

eyes
_____

nose
_____

mouth
_____

hair
_____

ear
_____

foot
_____

head
_____

arm
_____

hand
_____

face
_____

leg
_____

feet
_____

465

Peter is tall. Paul is small.

SHE'S BLOND. I AM BRUNETTE.

I AM THIN.

Jane has long hair.

He is overweight.

Ken has short hair.

Ann has curly hair.

Mary has straight hair.

2. Let's describe some friends.
(Vamos descrever alguns amigos.)

3. Let's write.
(Vamos escrever.)

Example:

Melissa has long **black** hair and **brown** eyes.

a) Naomi has short _____ hair and _____ eyes.

b) Dylan Jr. has _____ straight hair and _____ eyes.

c) Grace has long _____ hair and _____ eyes.

LESSON 7

MY FAMILY
(Minha família)

This is Peter's family!
(Esta é a família de Peter!)

> I AM PETER. LET ME INTRODUCE MY FAMILY! I LOVE MY FAMILY. I LOVE EVERYBODY TOGETHER: MY GRANDPARENTS AND PARENTS, MY BROTHERS AND MY SISTER IN MY HOUSE. REALLY LOVE IT!

Ilustrações: Ivan Coutinho

Grandparents
(avós)

Grandmother (avó) — Beth
Grandfather (avô) — Robert

Grandmother (avó) — Mary
Grandfather (avô) — John

Parents
(pais)

Father (pai) — Charles

Mother (mãe) — Ann

Sons (filhos) — John and Adam

Daughter (filha) — Mary Ann

John and Adam are Peter's brother.
(John e Adam são irmãos de Peter.)

Mary Ann is Peter, John and Adam's sister.
(Mary Ann é irmã de Peter, John e de Adam.)

468

ACTIVITIES

1. Let's build our family trees!
(Vamos construir nossa árvore genealógica!)

2. Write the names of your family members.
(Escreva os nomes dos membros de sua família.)

Father's family

My grandfather
and my grandmother:
_____

_____

My father:
_____

Mother's family

My grandfather
and my grandmother:
_____

_____

My mother:
_____

My sister(s): _____

My brother(s): _____

3. Let's play crosswords.
(Vamos brincar de palavras cruzadas.)

Review
(Revisão)

I can say my name and age.
(Eu sei dizer meu nome e idade.)

1. Complete.
(Complete.)

a) – Hi, I am _____.

– I am _____ years old.

b) – Hello, my name is _____.

– I am _____.

c) – What is your name?
– _____.
(Peter)

d) – How old are you?
– _____.
(8)

I can greet other people.
(Eu sei cumprimentar outras pessoas.)

- Hi, I am Susan.
- Good morning.
- Good afternoon, Mrs. Johnson.
- Good night, Dad.

I can name these colors.
(Eu sei dizer o nome dessas cores.)

○ white	● black
● blue	● red
● green	● yellow
● brown	● pink

I can count to ten.
(Eu sei contar até dez.)

1 one	**2** two
3 three	**4** four
5 five	**6** six
7 seven	**8** eight
9 nine	**10** ten

I can talk about these occupations and professions.
(Eu sei falar destas profissões e ocupações.)

teacher	dentist
engineer	driver
salesman	doctor
administrator	architect
waiter	homemaker/ housewife
nurse	artist

LÍNGUA INGLESA

471

I can name these animals.
(Eu sei dizer o nome destes animais.)

- monkey
- cat
- dog
- bird

3. Match.
(Relacione.)

(a) macaco ( ) bird

(b) pássaro ( ) dog

(c) gato ( ) monkey

(d) cachorro ( ) cat

2. Answer the questions.
(Responda às perguntas.)

a) – What animal do you like?
– _____
_____.

b) – What animal does he like? (cats)
– _____
_____.

c) – Do you like dogs?
– _____
_____.

d) – Do you like birds?
– _____
_____.

I can name these shapes.
(Eu sei dizer o nome destas formas.)

star

square

triangle

circle

I can talk about what I like or don't like.
(Eu sei falar sobre as coisas de que gosto ou de que não gosto.)

doll	game
ball	TV
car	soccer

I can name these school objects.
(Eu sei dizer o nome destes objetos escolares.)

pencil	
pen	
eraser	
ruler	
pencil case	

LÍNGUA INGLESA

4. Write your preferences.
(Escreva suas preferências.)

a) I like _____

b) I like _____

c) I like _____

d) I don't like _____

e) I don't like _____

5. Write your friend's preferences.
(Escreva as preferências de seus amigos.)

a) My friend likes _____.

b) My friend likes _____.

c) My friend doesn't like _____
_____
_____.

d) My friend doesn't like _____
_____
_____
_____.

6. Answer the questions.
(Responda às perguntas.)

a) Do you have a red pen?
_____

b) Do you have an eraser?
_____

c) Do you have a computer?
_____

d) Do you have a black pencil?
_____

473

7. What do you have in your pencil case?
(O que você tem no seu estojo?)

☐ pencils

☐ book

☐ a blue pen

☐ a ruler

☐ an eraser

8. Match the opposites.
(Ligue os opostos.)

(a) tall ( ) young

(b) overweight ( ) straight

(c) long ( ) short

(d) big ( ) short

(e) old ( ) thin

(f) curly ( ) small

I can describe people.
(Eu sei descrever pessoas.)

tall	long hair	curly hair	short
overweight	straight hair	blond	thin
young	short hair	brunette	old

474

GLOSSARY

administrator – administrador (a)
age – idade
and – e
animal – animal
answer – responder
apple – maçã
architect – arquiteto/a
arms – braços
artist – artista
ask – perguntar, pedir
at – em, no, na
attention – atenção
ball – bola
bird – pássaro
black – preto (a)
blond – loiro (a)
blue – azul
body – corpo
book – livro
brother – irmão
brown – marrom
brunette – morena
car – carro
cat – gato (a)
circle – círculo, circular
color – cor, colorir
complete – completar

computer – computador
computer games – jogos de computador
cook – cozinheiro (a), cozinhar
copy – copiar
corresponding – correspondente
count – contar
crosswords – palavras cruzadas
cow – vaca
curly – cacheado (a), encaracolado (a)
daughter – filha
dentist – dentista
describe – descrever
doctor – médico (a)
dog – cachorro (a)
doll – boneca
draw – desenhar
driver – motorista
ear – ouvido
engineer – engenheiro (a)
eraser – borracha
everybody – todo mundo, todas as pessoas
example – exemplo
eyes – olhos
face – rosto
factory – fábrica
family – família

LÍNGUA INGLESA

father – pai
feet – pés
firefighter – bombeiro(a)
flower – flor
foot – pé
friend – amigo (a)
games – jogos
good afternoon – boa tarde
good bye – tchau
good morning – bom dia
good night – boa noite
grandfather – avô
grandmother – avó
grandparents – avós
green – verde
greetings – cumprimentos
hair – cabelo
hands – mãos
have – ter
head – cabeça
hello – oi
hi – oi
home – lar
homemaker – dono (a) de casa
hospital – hospital
house – casa
housewife – dona de casa
how – como, quanto
how old – que idade
ice cream – sorvete
iguana – iguana

introduce – apresentar
large – grande
legs – pernas
let's – vamos
like – gostar
link – ligar, unir
long – comprido (a), longo (a)
love – amar, gostar muito
manager – gerente
match – relacionar, combinar, corresponder
model – modelo
monkey – macaco (a)
mother – mãe
mouth – boca
my – meu, minha
name – nome, nomear
new – novo (a)
nose – nariz
number – número
nurse – enfermeiro (a)
occupation – emprego, trabalho
office – escritório
old – velho (a)
opposite – oposto, contrário
overweight – acima do peso
part – parte
pen – caneta
pencil – lápis
pencil case – estojo
pig – porco (a)

pink – rosa (cor)
play – jogar, tocar, brincar
practice – praticar
preferences – preferências
profession – profissão
red – vermelho (a)
restaurant – restaurante
review – revisar, revisão
right – certo (a), direito
ruler – régua
saleswoman – vendedora
say – dizer
school – escola
see – ver
sentences – frases
shape – forma
sharpener – apontador
sheep – ovelha, carneiro
short – curto (a), baixo (a)
sister – irmã
small – pequeno (a)
soccer – futebol
some – alguns, algumas
son – filho
sorry – sinto muito
square – quadrado
star – estrela
straight – liso (a), reto (a)
student – estudante
talk – conversar

tall – alto (a)
teacher – professor (a)
the – o, os, a, as
these – estes, estas
thin – magro (a)
thing – coisa
this – este, esta, isto
together – juntos (as)
toys – brinquedos
tree – árvore
triangle – triângulo
truck – caminhão
truck driver – motorista de caminhão
TV – televisão
veterinarian – veterinário (a)
waiter – garçom
what – qual, o que
white – branco (a)
who – quem
word – palavra
work – trabalhar
write – escrever
year – ano
years old – anos de idade
yellow – amarelo (a)
you – você
your – sua, suas, seu, seus

LÍNGUA INGLESA

Coleção Eu gosto m@is

ALMANAQUE

Material Dourado

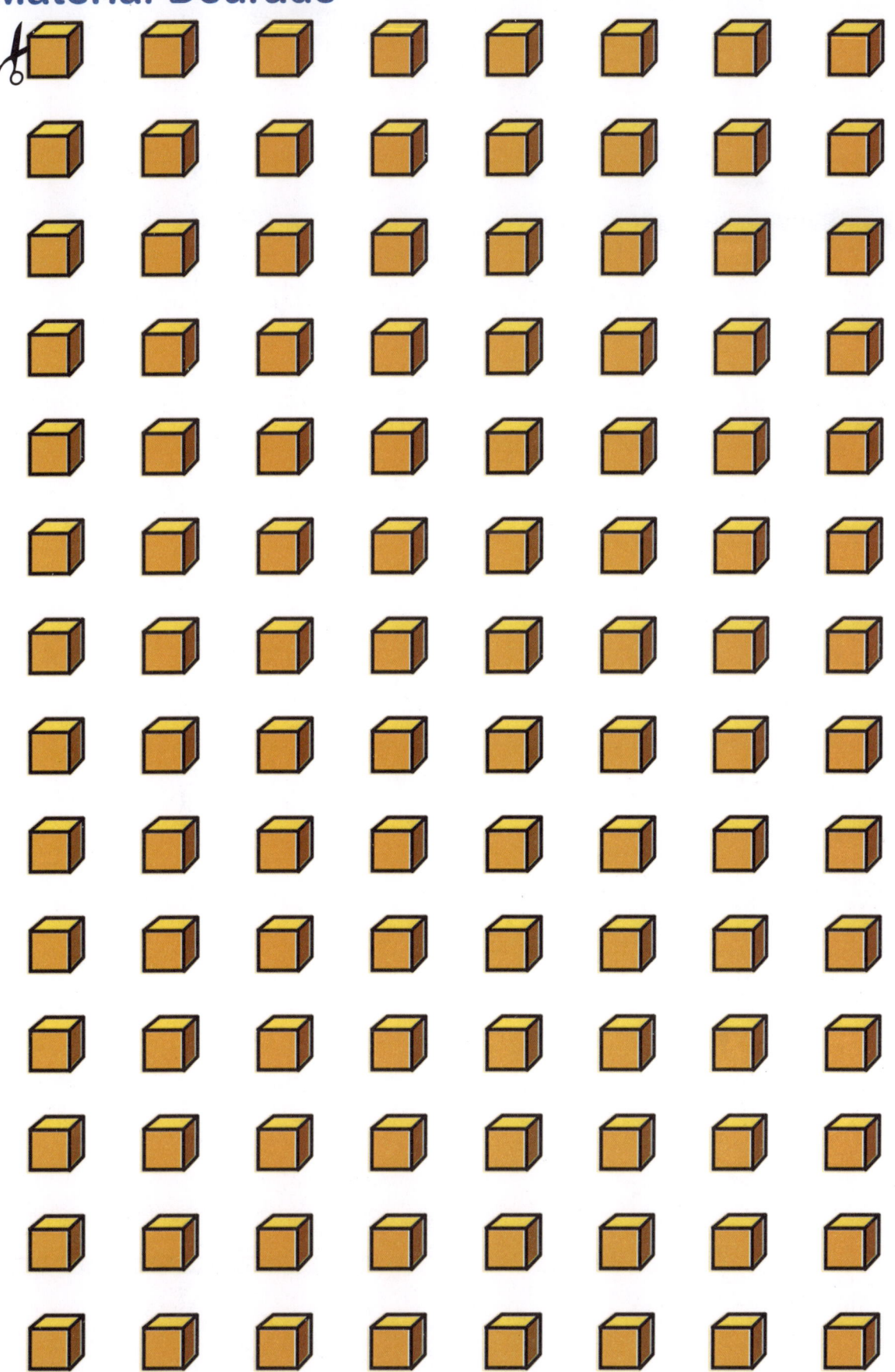

ALMANAQUE

Material Dourado

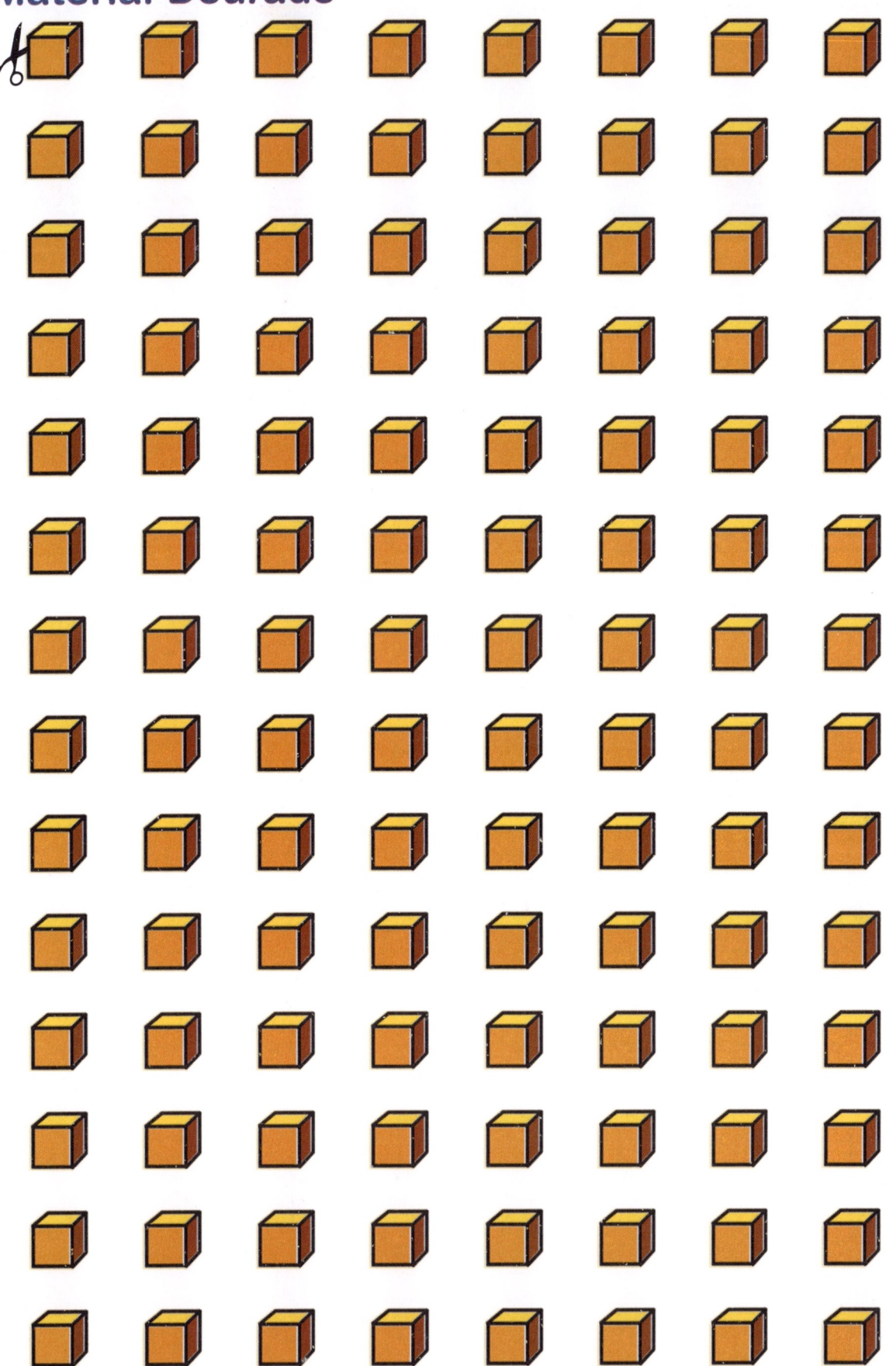

ALMANAQUE

Material dourado

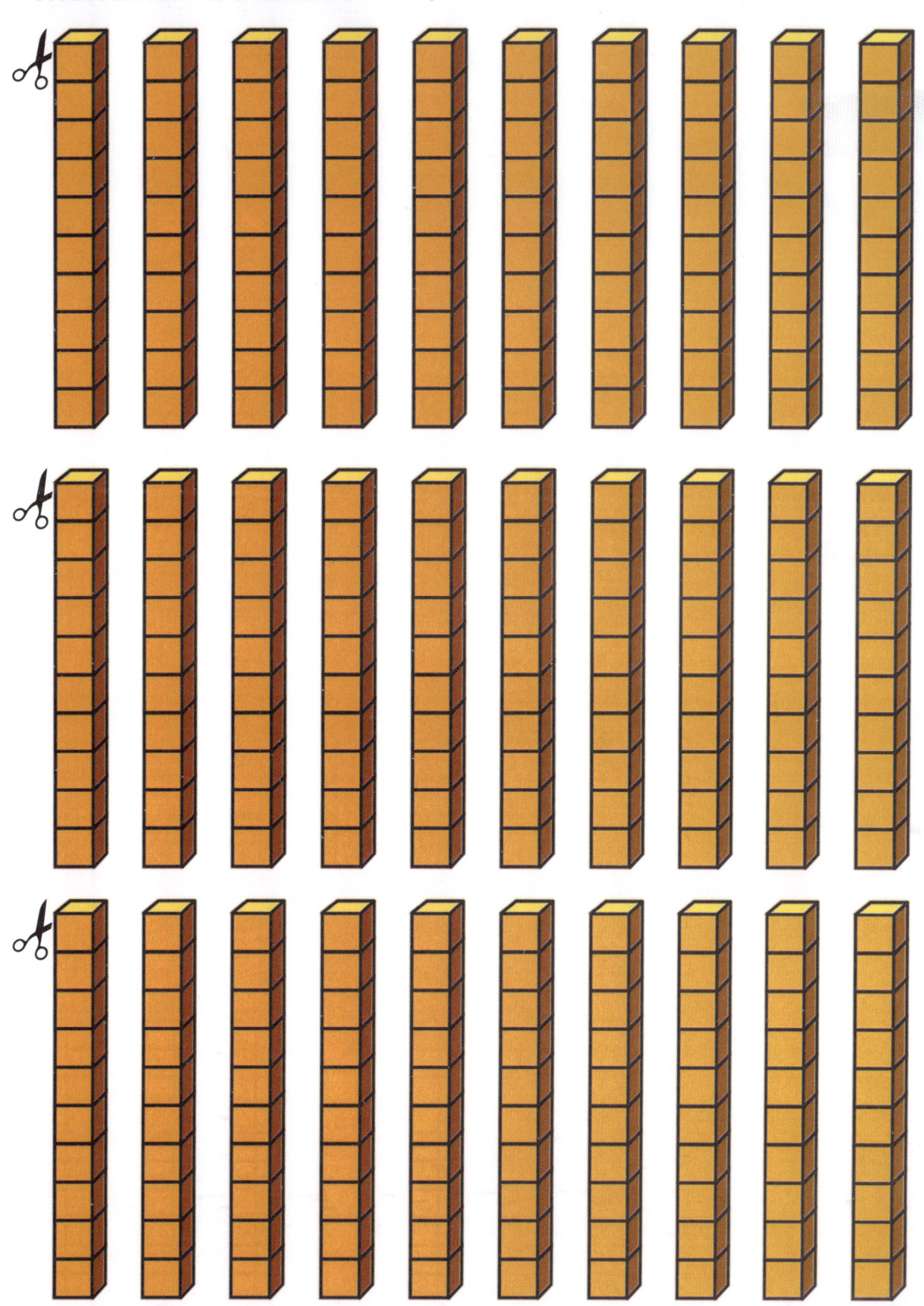

Parte integrante da Coleção Eu gosto m@is – Integrado 2º ano – IBEP.

Material dourado

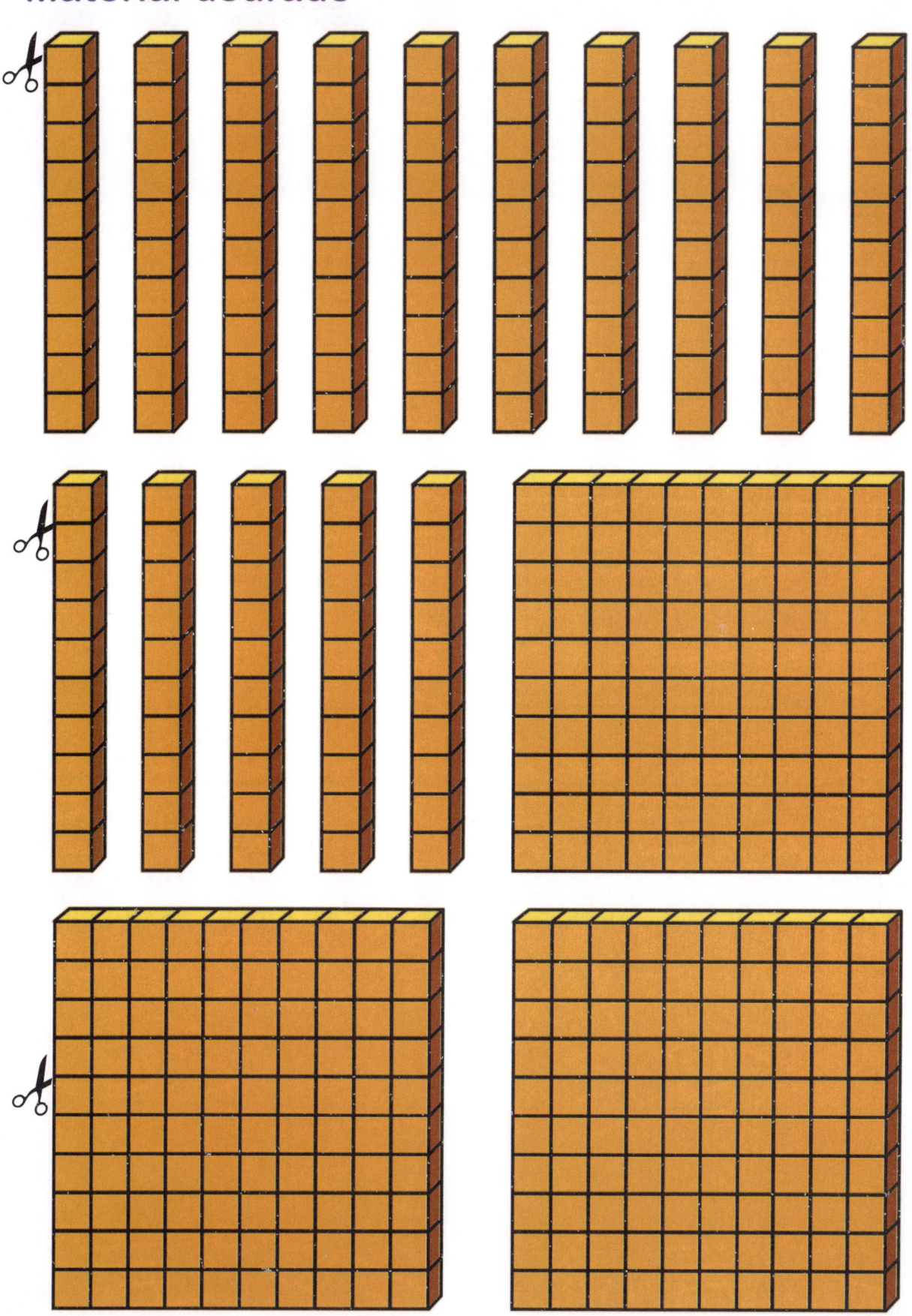

Material dourado

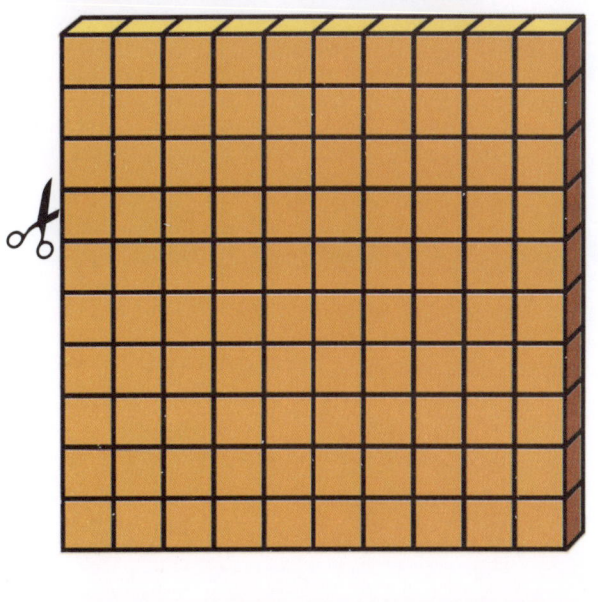

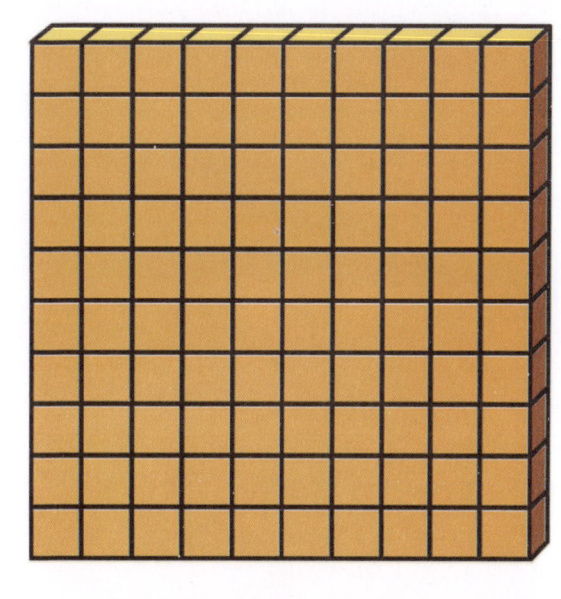

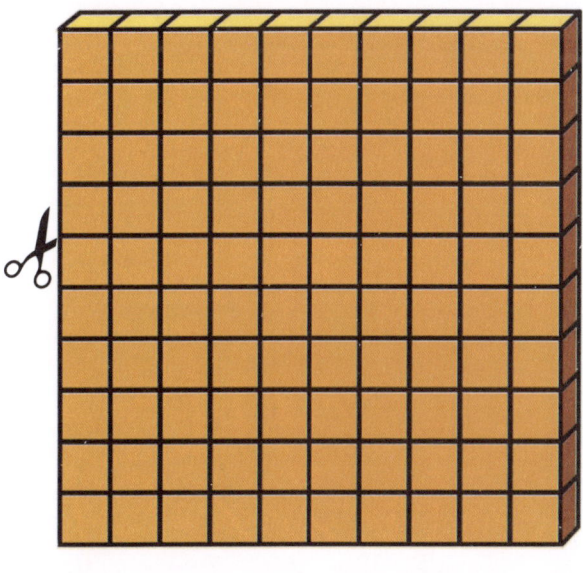

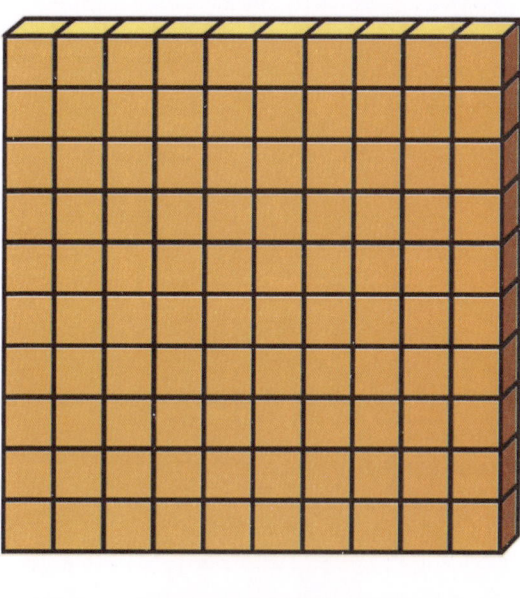

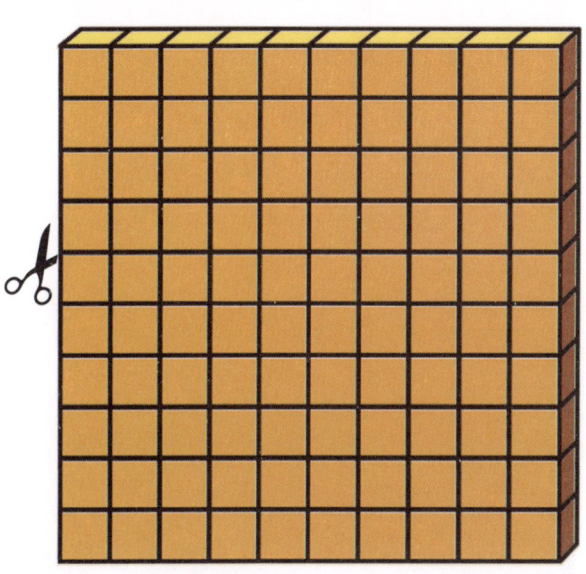

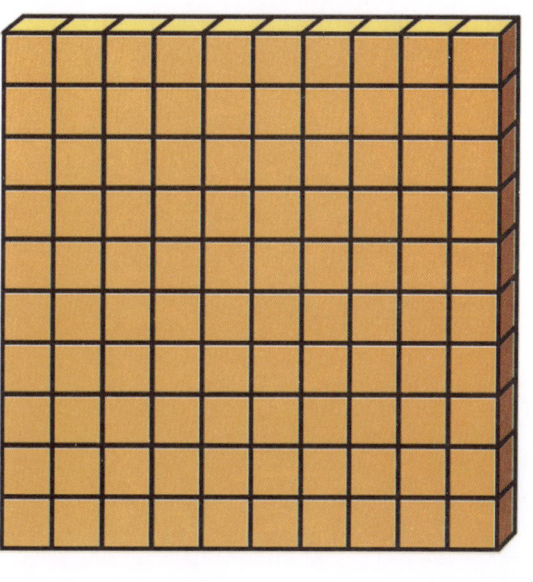

2023

ALMANAQUE

JANEIRO						
S	T	Q	Q	S	S	D
						1
2	3	4	5	6	7	8
9	10	11	12	13	14	15
16	17	18	19	20	21	22
23	24	25	26	27	28	29
30	31					

FEVEREIRO						
S	T	Q	Q	S	S	D
		1	2	3	4	5
6	7	8	9	10	11	12
13	14	15	16	17	18	19
20	21	22	23	24	25	26
27	28					

MARÇO						
S	T	Q	Q	S	S	D
		1	2	3	4	5
6	7	8	9	10	11	12
13	14	15	16	17	18	19
20	21	22	23	24	25	26
27	28	29	30	31		

ABRIL						
S	T	Q	Q	S	S	D
					1	2
3	4	5	6	7	8	9
10	11	12	13	14	15	16
17	18	19	20	21	22	23
24	25	26	27	28	29	30

MAIO						
S	T	Q	Q	S	S	D
1	2	3	4	5	6	7
8	9	10	11	12	13	14
15	16	17	18	19	20	21
22	23	24	25	26	27	28
29	30	31				

JUNHO						
S	T	Q	Q	S	S	D
			1	2	3	4
5	6	7	8	9	10	11
12	13	14	15	16	17	18
19	20	21	22	23	24	25
26	27	28	29	30		

JULHO						
S	T	Q	Q	S	S	D
					1	2
3	4	5	6	7	8	9
10	11	12	13	14	15	16
17	18	19	20	21	22	23
24	25	26	27	28	29	30
31						

AGOSTO						
S	T	Q	Q	S	S	D
	1	2	3	4	5	6
7	8	9	10	11	12	13
14	15	16	17	18	19	20
21	22	23	24	25	26	27
28	29	30	31			

SETEMBRO						
S	T	Q	Q	S	S	D
				1	2	3
4	5	6	7	8	9	10
11	12	13	14	15	16	17
18	19	20	21	22	23	24
25	26	27	28	29	30	

OUTUBRO						
S	T	Q	Q	S	S	D
						1
2	3	4	5	6	7	8
9	10	11	12	13	14	15
16	17	18	19	20	21	22
23	24	25	26	27	28	29
30	31					

NOVEMBRO						
S	T	Q	Q	S	S	D
		1	2	3	4	5
6	7	8	9	10	11	12
13	14	15	16	17	18	19
20	21	22	23	24	25	26
27	28	29	30			

DEZEMBRO						
S	T	Q	Q	S	S	D
				1	2	3
4	5	6	7	8	9	10
11	12	13	14	15	16	17
18	19	20	21	22	23	24
25	26	27	28	29	30	31

Datas comemorativas

- 1/1 Confraternização universal
- 21/2 Carnaval
- 7/4 Sexta-feira da Paixão
- 9/4 Páscoa
- 21/4 Tiradentes
- 1/5 Dia do Trabalho
- 14/5 Dia das Mães
- 8/6 Corpus Christi
- 13/8 Dia dos Pais
- 7/9 Dia da Independência
- 12/10 Nossa senhora Aparecida
- 15/10 Dia do Professor
- 2/11 Finados
- 15/11 Proclamação da República
- 25/12 Natal

Parte integrante da Coleção Eu gosto m@is – Integrado 2º ano – IBEP.

2024

JANEIRO
S	T	Q	Q	S	S	D
1	2	3	4	5	6	7
8	9	10	11	12	13	14
15	16	17	18	19	20	21
22	23	24	25	26	27	28
29	30	31				

FEVEREIRO
S	T	Q	Q	S	S	D
			1	2	3	4
5	6	7	8	9	10	11
12	13	14	15	16	17	18
19	20	21	22	23	24	25
26	27	28	29			

MARÇO
S	T	Q	Q	S	S	D
				1	2	3
4	5	6	7	8	9	10
11	12	13	14	15	16	17
18	19	20	21	22	23	24
25	26	27	28	29	30	31

ABRIL
S	T	Q	Q	S	S	D
1	2	3	4	5	6	7
8	9	10	11	12	13	14
15	16	17	18	19	20	21
22	23	24	25	26	27	28
29	30					

MAIO
S	T	Q	Q	S	S	D
		1	2	3	4	5
6	7	8	9	10	11	12
13	14	15	16	17	18	19
20	21	22	23	24	25	26
27	28	29	30	31		

JUNHO
S	T	Q	Q	S	S	D
					1	2
3	4	5	6	7	8	9
10	11	12	13	14	15	16
17	18	19	20	21	22	23
24	25	26	27	28	29	30

JULHO
S	T	Q	Q	S	S	D
1	2	3	4	5	6	7
8	9	10	11	12	13	14
15	16	17	18	19	20	21
22	23	24	25	26	27	28
29	30	31				

AGOSTO
S	T	Q	Q	S	S	D
			1	2	3	4
5	6	7	8	9	10	11
12	13	14	15	16	17	18
19	20	21	22	23	24	25
26	27	28	29	30	31	

SETEMBRO
S	T	Q	Q	S	S	D
						1
2	3	4	5	6	7	8
9	10	11	12	13	14	15
16	17	18	19	20	21	22
23	24	25	26	27	28	29
30						

OUTUBRO
S	T	Q	Q	S	S	D
	1	2	3	4	5	6
7	8	9	10	11	12	13
14	15	16	17	18	19	20
21	22	23	24	25	26	27
28	29	30	31			

NOVEMBRO
S	T	Q	Q	S	S	D
				1	2	3
4	5	6	7	8	9	10
11	12	13	14	15	16	17
18	19	20	21	22	23	24
25	26	27	28	29	30	

DEZEMBRO
S	T	Q	Q	S	S	D
						1
2	3	4	5	6	7	8
9	10	11	12	13	14	15
16	17	18	19	20	21	22
23	24	25	26	27	28	29
30	31					

Datas comemorativas

- 1/1 Confraternização universal
- 21/2 Carnaval
- 7/4 Sexta-feira da Paixão
- 9/4 Páscoa
- 21/4 Tiradentes
- 1/5 Dia do Trabalho
- 14/5 Dia das Mães
- 8/6 Corpus Christi
- 13/8 Dia dos Pais
- 7/9 Dia da Independência
- 12/10 Nossa senhora Aparecida
- 15/10 Dia do Professor
- 2/11 Finados
- 15/11 Proclamação da República
- 25/12 Natal

Parte integrante da Coleção Eu gosto m@is – Integrado 2º ano – IBEP.

Moedas

ALMANAQUE

CASA DA MOEDA DO BRASIL

493

Parte integrante da Coleção Eu gosto m@is – Integrado 2º ano – IBEP.

Moedas

Cédulas

497

Parte integrante da Coleção Eu gosto m@is – Integrado 2º ano – IBEP.

Cédulas

ALMANAQUE

499

Parte integrante da Coleção Eu gosto m@is – Integrado 2º ano – IBEP.

Cédulas

Parte integrante da Coleção Eu gosto m@is – Integrado 2º ano – IBEP.

Envelope para Cédulas e Moedas

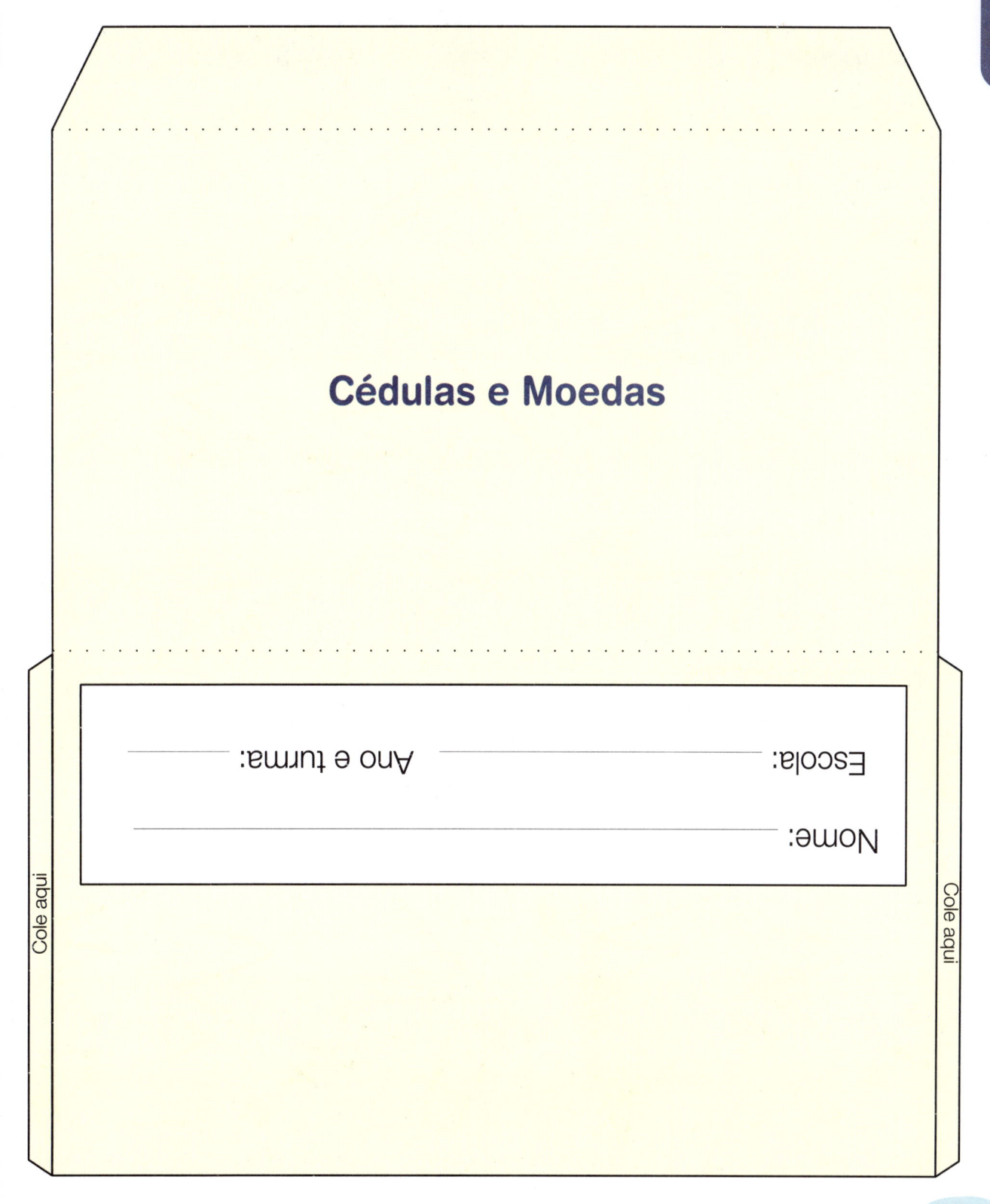

ALMANAQUE

Cédulas e Moedas

Nome:

Escola: Ano e turma:

Cole aqui

Cole aqui

Parte integrante da Coleção Eu gosto m@is – Integrado 2º ano – IBEP.